LA PRÉCOCITÉ INTELLECTUELLE

Sous la direction de
Jean-Claude Grubar
Michel Duyme
Sophie Côte

La précocité intellectuelle
de la mythologie à la génétique

Deuxième édition

MARDAGA

ONT CONTRIBUÉ À CET OUVRAGE :

Christiane CAPRON, INSERM U 155, Paris, France.
Christiane CHARLEMAINE, INSERM U 155, Paris, France.
Sophie COTE, Association Française pour les Enfants Précoces (AFEP), Le Vésinet, France.
Michel DUYME, CNRS et INSERM U 155, Paris, France.
François-Michel DURAZZO, Collège du Cèdre, Le Vésinet, France.
Bruno FACON, Université Charles de Gaulle-Lille III, Tourcoing, France.
Thérèse FACON-BOLLENGIER, Inspection Départementale de l'Education Nationale, Jeumont, France.
Joan FREEMAN, Université du Middlesex, European Council for High Ability (ECHA).
Jean-Claude GRUBAR, Université Charles de Gaulle-Lille III, Tourcoing, France.
Catherine HUBER, Université René Descartes-Paris V, Paris, France.
Franz MONKS, Université de Nimègue, European Council for High Ability (ECHA), Nimègue, Pays-Bas.
Sylviane MONNIER, Collège du Cèdre, Le Vésinet, France.
Jean-Pierre ROSSI, Université Paris Sud, CNRS, Orsay, France.
Jacques VAUTHIER, Université Sorbonne-Paris VI, Paris, France.

REMERCIEMENTS

Nous tenons à remercier Monsieur Pierre BOURDELLE pour la parfaite traduction d'anglais en français de divers chapitres de cet ouvrage, ainsi que Mademoiselle Christelle VANSUYPEENE et Monsieur Nam-Thomas NGUYEN VAN pour la qualité et la diligence de la frappe du manuscrit.

© 1997 Pierre Mardaga, éditeur
Hayen, 11 - B-4140 Sprimont (Belgique)
D. 2000-0024-42

PREMIÈRE PARTIE

MYTHES ET RÉALITÉS DE LA PRÉCOCITÉ INTELLECTUELLE

Chapitre 1
Les enfants précoces : une étude historique

Jacques Vauthier

Pour mettre en perspective notre regard sur les enfants précoces, il est nécessaire de faire une étude rapide des cas qui sont apparus dans l'histoire et qui ont suscité des réactions. Il n'y a pas eu que Mozart pour provoquer admiration mais aussi interrogation ! L'existence du phénomène de ces enfants hors norme a amené une création linguistique, un oxymoron[1], le *« puer senex »* (enfant vieillard) dont Marc Fumaroli attribue l'étude à un grand philologue allemand Ernst-Robert Curtius. Dans son ouvrage « La littérature européenne et le Moyen Age latin (1946) », Curtius décrit ce terme comme un « universel de la littérature européenne ». C'est un *« topos »* (lieu linguistique) médiéval qui associe une argumentation à une idée rendue par une image ; par exemple, le *« locus amoenus »* (lieu amène) sera le paysage délicieux qui pourrait être symbolisé par la Toscane au printemps. Le *puer senex* attestera la supériorité héroïque de celui qui en est empreint. La trouvaille linguistique du puer senex est d'autant plus forte qu'elle lie deux contraires, l'enfance et le grand âge, qui provoque l'étonnement. La logique semble vaciller et cette contradiction ouvre la porte au merveilleux et même au miraculeux. Le Moyen Age, que sa foi religieuse rend si ouvert aux merveilles, va ancrer ce concept dans l'Écriture Sainte. Le *puer senex* est du même ordre que le Dieu-Homme. La rhétorique médiévale est, on le sait, inséparable d'une foi religieuse très profonde : qu'on le veuille ou non, ses topoi[2] se sont dégradés en poncifs au fur et à mesure de l'affaiblissement des convictions religieuses au cours des siècles. Paradoxalement, en même temps que Rousseau fait l'éloge de la spontanéité et du naturel enfantin on tolère de moins en moins l'exceptionnel. L'enfant devient ce « mortel ange et démon, autant dire Rimbaud » pour reprendre les mots de Verlaine et le vingtième siècle sera celui du désenchantement avec les mesures « scientifiques » du génie : crâniométrie, quotient intellectuel, etc. Il n'est donc pas sans intérêt de retracer les grandes figures ou au moins celles de ces enfants précoces.

I. L'ANTIQUITÉ

Pour les Grecs, le héros est une sorte de demi-dieu. Ainsi, Cyrus destiné par songe à régner sur toute l'Asie est écarté et remis à une femme de la montagne qui lui évite la mort. Son destin est raconté par Hérodote : l'enfant à dix ans est élu roi des enfants de son village et se conduit comme tel. Le roi l'apprend et voit que le songe est réalisé déjà à l'échelle d'une petite communauté : l'histoire rejoint alors le mythe, ils se confondent pour exprimer la venue sur terre d'un être d'exception.

Les Latins voient un signe d'élection chez les jeunes gens qui manifestent une maturité et une gravité de personnes d'âge mur. Ainsi Virgile parle-t-il de Iule dans l'Enéide : « avant l'âge il porte une âme et un sérieux d'homme mûr ». Pline le Jeune parle de la « sagesse de mère-grand » d'une fillette morte à treize ans. L'empereur Julien était, paraît-il « un vieillard dans un enfant ».

II. LE MOYEN AGE

Au Moyen Age, dans l'Église latine, Grégoire le Grand parle de Saint Bernard comme d'un « homme d'une vie vénérable, portant un cœur de vieillard dès le temps de l'enfance ». Le prodige est détecté dès les langes : Saint Thomas d'Aquin se comporte déjà en adulte et le futur saint Nicolas jeûne deux fois par semaine en refusant le sein de sa mère. Saint Cyr répond à trois ans devant le tribunal qui le condamne au martyr. Hildegarde de Bingen se remémorait sa prime enfance : « Dès mon enfance, depuis l'âge de cinq ans, d'une manière admirable, je sentais en moi comme maintenant la vertu des mystères, de secrètes et merveilleuses visions. » Au Moyen Age la précocité est liée au religieux ; l'enfant précoce sera donc confié à un monastère, sa précocité sera donc plus spirituelle qu'intellectuelle. Mais plus encore, la souche mère des développements médiévaux se trouve dans le texte évangélique lui-même. La théologie du *puer senex*, pourrait-on dire, est là dans le miroir des deux enfants que sont l'Enfant-Dieu et Saint Jean-Baptiste. Dès la Visitation, les manifestations de la maturité des deux enfants encore dans le sein de leur mère est lieu d'émerveillement. Jésus devant les docteurs est un autre moment typique tandis que Jean est présenté comme le Précurseur, le Père des Pères du désert. Plus tard, les représentations des Vierges à l'Enfant, que ce soient celles de Donatello, d'Andrea del Sarto, de Leonardo da Vinci montrent la conscience adulte de l'Enfant-Dieu méditant sur les mystères de la Croix. Le Caravage montrera le jeune Jean-Baptiste au désert dans de dramatiques clairs obscurs en proie à des tourments pour s'identifier à Jésus dans ses luttes à venir.

Est-ce que cela influence les parents face à l'école et à la réussite scolaire de leurs enfants ? Le chevalier de la Tour-Landry, à la fin du Moyen Age, n'hésite pas : « C'est bonne chose de mettre ses enfants jeunes à l'école. Au XVe siècle, six puis cinq ans apparaissent comme l'âge le plus adapté. Floire et Blancheflor commencent à étudier le latin et lisent Ovide à cet âge... On a retrouvé des bols sur lesquels était dessiné l'alphabet. En revanche Raymond Lulle, auteur d'une *Doctrine d'enfant* au XIIIe siècle préfère ne pas forcer l'enfant à étudier même à sept ans révolus. Il faut savoir que les enfants étaient acceptés très jeunes dans les monastères, haut lieu de la culture médiévale : ils étaient lecteurs au chapitre et au réfectoire à Cluny... Les écoles monastiques étaient hautement recherchées pour la qualité de la formation qui y était dispensée...

L'admiration vouée à l'enfant précoce allait à Dieu et non pas à l'homme. La précocité intellectuelle était inquiétante non pas par la différence qu'elle créait avec une norme, mais parce qu'on savait que la vie de l'enfant serait courte : « Les bonnes gens déclarent » dit Datini, marchand de Prato, « lorsqu'un enfant dit ou fait une chose qui n'est pas de son âge, cet enfant ne vivra pas ». La précocité étant une intervention divine, Dieu rappelle à lui celui qu'il a investi de sa puissance.

III. LES ENFANTS ARTISTES A LA RENAISSANCE ET A L'AGE CLASSIQUE

L'âge d'or de la précocité sera celui de la période du XVIe au XVIIIe siècles où les arts déploieront les talents des « putti », petits enfants au service de peintres de talent avant de devenir eux aussi des artistes reconnus. On identifie maintenant les parties confiées au jeune Raphaël dans l'atelier du Pérugin, au jeune Michel-Ange dans celui de Ghirlandaio. Vélasquez entra à douze ans chez le peintre Pacheco et fut reçu à dix huit dans la corporation des peintres de Séville. Bernini fut remarqué par une tête en marbre sculptée à huit ans. Boucher fera de Fragonard son élève préféré et le poussera à se présenter au prix de Rome.

Et Léonard de Vinci ? Vasari, en 1550, décrit l'activité de Léonard dans l'atelier de Verrochio comme celle d'un être « admirable et céleste » qui loin de se limiter « à la pratique d'un métier, s'adonna à toutes les activités qui relèvent du dessin. Avec son intelligence supérieure et ses dons mathématiques, il ne se contenta pas de la sculpture, tout en ayant modelé, encore adolescent, des têtes de femmes souriantes et des figures d'enfants traitées de main de maître, il fit également de nombreux dessins d'architecture, en plan et élévation et fut le premier à préconiser la canalisation de l'Arno entre Pise et Florence et donna des projets pour des moulins, des foulons, des machines actionnées par l'eau. » Mais pour Vasari, le sommet est atteint par Michelangelo dont la maturité était considérée comme miraculeuse : « Un jour, un des jeunes apprentis de Domenico dessina à la plume quelques portraits de femmes en costume d'après Ghirlandaio. Michel-Ange s'empara de la feuille et avec une plume plus grosse reprit les contours d'une des femmes avec les lignes qu'elle aurait dû avoir pour être parfaite. C'est chose admirable de voir la qualité de jugement d'un jeune garçon au tempérament si affirmé qu'il avait assez de caractère pour corriger le travail de son maître. » Vasari n'appréciait pas autant Raphaël qui n'était que « charmant ». Il ajoutait « il est remarquable que Raphaël, étudiant l'art de Pérugin, l'imita si bien en tout point que ses œuvres ne pouvaient se distinguer de celles de son maître. » Et pourtant, surtout en France, il était considéré comme le maître de tous, tel Fragonard, lors de son voyage en Italie. « En voyant les beautés de Raphaël, j'étais ému jusqu'aux larmes et le crayon me tombait des mains. »

IV. LES MUSICIENS

Le monde des peintres et sculpteurs n'était pas le seul à adopter des enfants précoces dès leur plus jeune âge. Le monde de la musique, lui aussi, fut un des lieux privilégiés de la révélation des talents mais surtout après la seconde moitié du XVIIIe siècle. Les œuvres de jeunesse d'un Purcell, d'un Bach ou d'un Haydn ne manifestaient que les débuts de talents qui allaient se révéler plus tard. L'arrivée du jeune Mozart est considérée à juste titre comme le début de cette entrée en scène des *puer senex* dans le domaine musical. A son époque, il suscitera envie et animosité de la part de certains de ses contemporains : pensons à l'Amedeus de Milos Forman qui au travers une fable sur Saliéri évoque cette énigme du génie.

Léopold Mozart eut très vite conscience du talent de son fils, « un miracle que Dieu a fait naître à Salzbourg », comme il l'écrit à Lorentz

Hagenauer en 1768. Père et impresario de Wolfang mais aussi de sa sœur, Léopold organise une tournée de concerts en Europe avec les deux enfants, qui est un triomphe. Le baron de Grimm écrit en 1763 : « Les vrais prodiges sont assez rares pour qu'on en parle quand l'occasion se présente d'en voir un. Un maître de chapelle de Salzbourg, nommé Mozart, vient d'arriver ici avec deux enfants de la plus jolie figure du monde. Sa fille, âgée de onze ans, touche le clavecin de la manière la plus brillante ; elle exécute les plus grandes pièces et les plus difficiles avec une précision à étonner. Son frère, qui aura sept ans au mois de février prochain, est un phénomène si extraordinaire qu'on a de la peine à croire ce qu'on voit de ses yeux et ce qu'on entend de ses oreilles. C'est peu pour cet enfant d'exécuter avec la plus grande précision les morceaux les plus difficiles avec des mains qui peuvent à peine atteindre la sixte ; ce qui est incroyable, c'est de le voir jouer de tête pendant une heure de suite et là s'abandonner à l'inspiration de son génie et à une foule d'idées ravissantes qu'il sait encore faire succéder les unes aux autres avec goût et sans confusion. Le maître de chapelle le plus consommé ne saurait être plus profond que lui dans la science de l'harmonie et des modulations qu'il sait conduire par les routes les moins connues mais toujours exactes. » En 1766, il continue en écrivant « ce qu'il y a de plus incompréhensible, c'est cette profonde science de l'harmonie et de ses passages les plus cachés qu'il possède au plus haut degré. » Pour couper court à la cabale des musiciens qui accusent Léopold d'écrire les partitions de son fils, il lui fait composer un opéra italien à douze ans, suprême consécration pour un musicien. Il a déjà composé *Bastien et Bastienne* en 1768 et il proposera *La finta simplice*. Pourtant l'Italie reconnaît son talent puisqu'il est admis à l'Accademia filarmonica de Bologne à l'âge de quatorze ans.

Tout le monde n'est pas un génie et Darcis qui se produit à la cour de France à l'âge de neuf ans comme claveciniste « prodige » en 1769 ne pourra assumer ce que l'on attendait de lui. Le même baron Grimm écrira : « Les connaisseurs ne se méprirent pas du talent du jeune Darcis et ne firent pas l'injure au jeune et charmant Mozart de lui comparer ce jeune avorton. » Une autre imitation fut Hummel, censé avoir su lire la musique à l'âge de quatre ans, jouer du violon à cinq et du piano à six. Mozart le prit comme élève et s'il fut un bon musicien, il n'atteint jamais le niveau de son maître. Il faut ici dire combien le talent n'est jamais séparé d'une masse de travail et de concentration. Une lettre de Léopold Mozart à son fils fait état de cette tension qui habitait Wolfang quand il était au piano : « Tu avais l'air si grave que souvent j'ai pris peur pour ta santé. »

Le père de Ludwig van Beethoven est souvent présenté comme un tyran pour son fils dont il voulait faire un deuxième Mozart. Beethoven sera moins précoce que Mozart mais il n'est point besoin de dire que son œuvre reste incomparable. Carl Maria von Weber développe des dispositions très jeune mais comme Beethoven ne développera son talent que plus tard : il est nommé Kappelmeister de Breslau à dix sept ans. C'est l'époque romantique qui consacrera le mythe du jeune compositeur. Que ce soit Schubert avec le lied Erlkönig publié avant ses vingt ans, Mendelssohn qui compose dès onze ans et aura à son catalogue cent trente œuvres pour ses vingt et un ans. Il y a aussi Chopin, Liszt. Les contemporains s'inquiètent du destin de ces enfants si précoces et se demandent quelle sera la durée de leur vie : Mozart meurt à trente cinq ans, Weber à trente neuf, Schubert à trente et un ; Mendelssohn à trente huit et Chopin à trente neuf...

V. LES ENFANTS ÉCRIVAINS

Et la République des Lettres ? Baillet publie en 1688 un ouvrage intitulé *Des enfants devenus célèbres par leurs études ou par leurs écrits*. Il cite en particulier le cas du petit hollandais, Grotius, connu aujourd'hui pour son *De jure belli ac pacis*. Ainsi « ses progrès furent si extraordinaires même dans les commencements qu'à l'âge de huit ans il se trouva poète latin et fit de lui-même des poésies fort jolies dès l'an 1591. Mais il eut dès lors assez de jugement pour voir qu'il ne devait pas s'en tenir à cette espèce de littérature où le naturel a souvent plus de part que le travail. » Il entreprit l'étude des auteurs grecs et devint expert en « philologie en moins de deux ans et demi. » Il entre à l'Université de Leyde à douze ans et en sort à quinze ayant parcouru tout le cycle des humanités, de mathématiques et de théologie. Son érudition était reconnue par tous, témoin son édition à quatorze ans de Martianus Capella... Avant vingt ans, il avait publié ses thèses, une tragédie, des recueils de poésies, un ouvrage sur Simon Stévin, une étude sur la situation politique de l'époque.

Encore plus exceptionnelle est la vie de « l'enfant de Lübeck », appelé Christian Henri Heinecken. Dès qu'il sut parler, il étudia l'histoire sacrée, puis l'histoire, la géographie, se passionna pour la généalogie, fit de petits discours à trois ans et demi devant le roi et la reine de Danemark. Il s'intéressa à l'anatomie, apprit le latin et le français et peu avant sa mort à quatre ans et demi, il savait écrire et calligraphier de fort jolies lettres.

Il faudrait aussi citer le Duc du Maine, auteur à sept ans d'une traduction d'Erasme. François de Beauchâteau publia un recueil de poésies sous le titre *La lyre du jeune Apollon* à l'âge de onze ans. Il reçut une pension de cent écus du chancelier Séguier et du cardinal de Mazarin un prix de mille livres. Tous ces enfants avaient pour univers plus les bibliothèques et les universités que les cours des Grands même s'il leur arrivait d'y être invités. Les enfants précoces étaient rares et leurs pères s'occupaient d'eux avec beaucoup de diligence. On pense à Montaigne. Claude Hardy, alors âgé de onze ans, rendit à son père un vibrant hommage en tête de sa traduction des *Distiques* de Vérin : « Monsieur mon Père, je publierai toute ma vie que vous m'avez été doublement père... ». Baille notait que ces esprits « nobles et libres ne pouvaient s'assujettir à la discipline des collèges, se plier aux règles universelles que ces États d'un genre particulier avaient édictées ».

La précocité était d'autant plus fascinante que les données de l'époque concernant les enfants étaient déterminées par l'ouvrage du médecin espagnol Huarte. Pour ce disciple d'Hippocrate, il y avait une unité profonde entre le physique et le mental. La constitution de l'individu s'expliquait par la combinaison des éléments à savoir le froid, le chaud, l'humide et le sec qui étaient en relation avec les trois facultés de l'âme raisonnable à savoir l'imagination, la mémoire et l'entendement. L'humidité était plus grande chez l'enfant et son cerveau devait être d'une « grande douceur et mollesse ». D'où une bonne mémoire. Mais pour ce qui concerne l'entendement, il fallait attendre beaucoup plus tard. On comprend la force de l'éloge de Voltaire du petit Baratier : « Un prodige de science et même de raison [...] Il savait parfaitement le grec et l'hébreu dès l'âge de neuf ans, et ce qu'il y a de plus étonnant, c'est qu'à son âge il avait déjà assez de jugement pour n'être plus l'admirateur aveugle de l'auteur qu'il traduisait ; il en fit une critique judicieuse, cela est plus beau que de savoir l'hébreu. » Pas de filles dans ce tableau car disait Huarte « à cause de la froideur et de l'humidité de leur sexe, elles ne sauront jamais avoir un esprit profond » ! Et pourtant Jacqueline Pascal, sœur du grand Pascal, si elle ne manifeste pas beaucoup d'empressement pour les études, montre très vite une très grande sensibilité poétique et écrit dès huit ans des vers. Madame de Morangis l'introduit à la cour et fait éditer un recueil de ses poésies. Grâce à Jacqueline, son père tenu en disgrâce sera rappelé après qu'elle eût récité devant Richelieu ce petit épigramme après une représentation théâtrale :

« Ne vous étonnez pas, incomparable Armand
Si j'ai mal contenté vos yeux et vos oreilles ;
Mon esprit agité de frayeurs sans pareilles

Interdit à mon corps et voix et mouvement
Mais pour rendre ici capable de vous plaire,
Rappelez de l'exil mon misérable père. »

Il y eut des escrocs — rappelons-nous Minou Drouet... — et « tous les enfants sont des poètes à neuf ans » disait Cocteau.

VI. LES ENFANTS DOUÉS EN SCIENCES

Précoces par leur esprit, ces enfants seront aussi précoces dans la mort. Le *puer senex* vivait donc sous le coup d'une terrible fatalité. Mais il faut nous tourner enfin vers les enfants qui ont montré des dispositions scientifiques. Pascal est le prototype de ces enfants dont les capacités se sont exprimées très jeunes dans le domaine des sciences, pourtant peu représentées dans les collèges où les humanités latines et grecques étaient prépondérantes. On connaît l'épisode des démonstrations de la géométrie d'Euclide retrouvées seul, alors que Blaise, âgé de douze ans, était enfermé dans la bibliothèque paternelle. Quatre ans plus tard, il publie un essai sur les coniques et à dix huit ans, il invente sa célèbre machine à calculer. Mais Clairaut fit mieux encore. A sept ans, il avait renouvelé l'exploit géométrique de Pascal. A douze, il dépose à l'Académie un mémoire sur de nouvelles courbes. Il travaillait sur les œuvres du Marquis de l'Hospital, lui-même mathématicien réputé, dès l'âge de quinze ans. A treize, il fonde une société des arts. La tradition se perpétue avec Ampère au XVIIIe siècle que Sainte Beuve appelait « le jeune émule de Pascal ». Il redécouvre Euclide à douze ans et l'année suivante, il présente un mémoire à l'Académie des sciences de Lyon intitulé : « Sur la rectification d'un arc quelconque de cercle plus petit que la circonférence. » Cuvier crée une société savante à douze ans à Montbéliard, en 1781, et commence un extraordinaire *Diarium zoologicum*. Clairaut entre à l'Académie des Sciences de Paris grâce à une dispense à dix huit ans, Euler est correspondant de cette même académie à vingt ans tout en étant déjà depuis deux ans membre de celle de Saint Petersbourg. On sait enfin qu'Évariste Galois avait fondé la théorie des groupes avant d'être tué en duel à vingt ans.

Les enfants prodiges au sens médiéval du terme vont se raréfier quand l'*Emile* de J.J. Rousseau aura « remplacé la foi évangélique par la *Profession du Vicaire savoyard* et renouvelé radicalement la doxa européenne relative à l'enfance » (Marc Fumaroli). Le respect de la différence et l'accueil des enfants précoces étaient naturels au Moyen Age. On rendait grâce pour ces enfants qui étaient investis en quelque sorte d'une mission particulière. Après Rousseau, il n'est plus question d'aider un enfant qui a des dispositions intellectuelles : le mythe du bon sauvage va dominer. L'enfant exceptionnel sera gratifié du terme de « génie » qui le repoussera dans une sorte de ghetto. On sait que la connotation du terme « clever » en anglais est aussi péjorative : un tel enfant est inquiétant car différent. Il faut le préserver le plus longtemps possible de la culture corrompue des adultes...

Cet aperçu historique doit se terminer pour redire combien il est nécessaire de redécouvrir avec fraîcheur la différence entre les enfants et leur permettre d'assumer leur destin en harmonie avec leurs capacités et avec leurs contemporains. Y-a-t-il plus grande merveille que de voir s'épanouir l'enthousiasme et la contemplation chez de jeunes intelligences ?

RÉFÉRENCES

Magny C.E., *Les enfants célèbres*, Paris, 1949.

Matoré G. et Greimas A.J., *La naissance du « génie » au XVIIe siècle. Étude lexicologique*, Le français moderne XXV, 1957.

Ouvrage collectif, *Le printemps des génies*, R. Laffont, 1969.

NOTES

[1] Oxymoron : mot composé d'antonymes comme par exemple *puer senex*, enfant vieillard.
[2] Topoï : pluriel de topos.

Chapitre 2
Les représentations mythiques de l'intelligence dans le débat sur l'enfant précoce

François-Michel Durazzo

La cause des enfants précoces, quand bien même elle excite la curiosité, voire un certain engouement, provoque souvent de l'antipathie. La précocité intellectuelle, considérée sous l'angle de «l'inégalité des esprits», pour reprendre l'expression de Descartes, et comprise comme une forme de supériorité, ne suscite pas la même adhésion que celle d'enfants en grande difficulté scolaire. Elle commence à intéresser, en revanche, dès qu'on met à jour les risques importants d'échecs auxquels sont soumis, contre toute attente, ces élèves trop rapides et trop montrés du doigt, trop fréquemment en butte aux quolibets de leurs camarades, quand ce n'est pas de leurs maîtres même. Au-delà de cette souffrance, de cette solitude pathétique, il y a tout simplement des enfants qui méritent de n'être pas laissés pour compte sous prétexte qu'ils semblent mieux armés que d'autres pour les études. Aussi convient-il de réfléchir à notre attitude vis-à-vis de l'enfance précoce, et de l'intelligence en général. Peut-être n'est-il pas inutile d'aller chercher du côté des représentations que nous avons héritées pour comprendre pourquoi la précocité intellectuelle provoque des réactions si passionnées et si contradictoires.

I. LA PERCEPTION DE L'INTELLIGENCE DANS L'OPINION

La grande méfiance dont sont l'objet les tests de QI, surtout de la part de ceux qui en exagèrent les enjeux, le goût immodéré de l'égalitarisme, revendiquant, au prix de la légitime égalité des chances, une égalité de traitement pour tous les enfants, comme si l'Éducation Nationale devait se conduire en bon père de famille soucieux de ne pas faire de jaloux entre ses enfants, témoigne, semble-t-il, de l'ambivalence de nos représentations de l'intelligence.

L'idée de sélection est odieuse au pays des droits de l'homme, ce qui n'empêche nullement la floraison de tests censés mesurer les capacités intellectuelles et la personnalité, en vogue dans les cabinets de recrutement, les directions des relations humaines, les centres d'information et d'orientation et l'armée.

1. Acceptation et rejet de la notion d'élite

La mesure des capacités intellectuelles d'un groupe se fonderait sur la nécessité de mettre à jour une sorte d'élite, dans un objectif de rentabilité et d'efficacité. C'est celle-ci qui accède, par exemple, à l'issue des tests effectués lors des «trois jours», aux postes d'officiers aspirants. La sélection joue à plein aussi au sein de la société civile. Les grandes écoles l'assument, les cabinets de recrutement la pratiquent. L'intelligence des sujets qui ont passé brillamment ou non ces épreuves est reconnue, mais avant? Avant, l'école offre une sorte de miroir inverse des réalités sociales qui lui succèdent. Elle affirme son rôle — et il faut lui savoir gré de ses louables intentions —, d'aider les plus défavorisés, de les former, de tenter en quelque sorte de remédier à un déficit souvent d'origine socioculturelle. Elle retarde le plus loin possible la sélection. Il ne faut donc pas s'étonner que le monde des enfants et des adolescents châtie impitoyablement l'excellence, parfois avec la bienveillante complicité du corps enseignant, chaque fois qu'elle est ressentie comme dominatrice. Pourtant — comment ne pas se rendre à la réalité? —, le jeu des examens et des filières corrige ce comportement et la sélection dégage impitoyablement des élites.

2. Le mythe de l'âge d'or

Pourtant, le monde des enfants n'échappe pas aux relations qui structurent nos rapports sociaux. La démocratie indirecte accepte, par nature, que l'on délègue à quelques-uns le pouvoir de gouverner leurs concitoyens. Et elle semble entendre que les meilleurs d'entre elle se présentent à son suffrage. On n'est pas éloigné de l'idée platonicienne selon laquelle le pouvoir devrait être confié à ceux chez qui le *nous*, l'esprit, est prépondérant par rapport au *thumos*, au cœur et à l'*épithumia*, le désir.

Cependant, la société moderne repousse le plus tard possible au sortir de l'adolescence les conséquences de l'inégalité intellectuelle entre les individus. Le mythe de l'âge d'or, tel qu'on le trouve exprimé chez Hésiode[1], imagine une « enfance » de l'humanité exempte de tous les maux. Tous les individus y sont égaux, ne manquent de rien, tout appartient à tout le monde, il n'existe ni conflit ni maladie. Cette vie sans responsabilités sous le regard protecteur d'adultes divinisés est le fantasme qu'en parents justes et bienveillants nous continuons de nourrir pour nos enfants. Mais l'adolescence, comme apprentissage de cette imposture, découvre vite que la société, en retardant les mécanismes de sélection, a agi sur les enfants comme un rouleau compresseur de toutes les différences. Le système éducatif tient donc des discours rassurants aux démunis et réprime l'excellence jugée tapageuse. Par esprit de justice, elle s'occupe des moins favorisés et laisse à l'abandon ceux qui semblent les plus doués, cette disgrâce faisant office de compensation à l'excessive générosité de la nature.

3. Ambivalence des représentations

Cette ambivalence témoigne à la fois de la méfiance et de la fascination qu'exerce sur nous l'intelligence. Tout se passe comme si cette dernière, pour être acceptable, devait aller de pair avec une extrême modestie de manière à s'affranchir et à se laver d'un péché originel. L'enfant que ses dispositions intellectuelles affranchissent de la tutelle du maître est diabolisé. On pourrait se demander si l'enfant précoce n'est pas un petit Satan, un ange révolté contre son créateur et destiné à être déchu, précipité dans l'enfer de l'échec scolaire. En revanche, quand elle est drapée d'une vertueuse humilité, l'intelligence qui sait se faire oublier semble moins dangereuse, moins avide de pouvoir, moins susceptible de dominer et d'écraser autrui. Il n'est donc pas inutile d'interroger les représentations de l'intelligence à travers les mythes et l'histoire des idées.

II. DE LA DIFFICULTÉ D'UNE DÉFINITION DE L'INTELLIGENCE

Ce qui, d'emblée, peut paraître étonnant, c'est la résistance des représentations devant les travaux des chercheurs dans le domaine des neurosciences, et devant les progrès actuels dans le domaine de l'intelligence artificielle. Celle-ci, que l'on pourrait réduire, en simplifiant, à une série d'opérations logiques, est totalement dépourvue de volonté et ne peut assigner aucune fin aux calculs qu'on lui soumet. Enchaînée à la continuité du raisonnement à l'intérieur d'une séquence donnée, elle fonctionne comme un être privé d'expérience. Dans le domaine du jeu d'échecs, on a vu que les systèmes les plus performants n'étaient pas à égalité avec l'esprit humain. On est donc amené à revenir à la fameuse distinction pascalienne entre «l'esprit de finesse et l'esprit de géométrie». Pascal pense qu'«il y a donc deux sortes d'esprits : l'une, de pénétrer vivement et profondément les conséquences des principes, et c'est là l'esprit de justesse; l'autre, de comprendre un grand nombre de principes sans les confondre, et c'est là l'esprit de géométrie. L'un est force et droiture d'esprit, l'autre amplitude d'esprit. Or l'un peut bien être sans l'autre, l'esprit pouvant être fort et étroit, et pouvant être ample et faible.[2]» La pensée 670 précise : «Les géomètres qui ne sont que géomètres ont donc l'esprit droit, mais pourvu qu'on leur explique bien toutes choses par définitions et principes; autrement ils sont faux et insupportables, car ils ne sont droits que sur les principes bien éclaircis. Et les fins qui ne sont que fins ne peuvent avoir la patience de descendre jusque dans les premiers principes des choses spéculatives et d'imagination qu'ils n'ont jamais vues dans le monde, et tout à fait hors d'usage.[3]» Ce qui est frappant dans le postulat de Pascal, et qu'on retrouve avant chez Avicenne[4] qui distingue l'*ingenium* et la *subtilitas*, c'est la difficulté à donner une définition unitaire de l'intelligence. Or cette dernière, comme faculté de discerner, applique à elle-même une distinction qui rejette d'un côté les opérations logiques plus facilement identifiables, et d'un autre l'activité de l'esprit la moins conceptualisable. Or, c'est précisément ce dont on ne peut doter aucun calculateur. Pascal l'avait bien senti, lorsqu'il décrivait sa machine arithmétique : «Elle fait des effets qui approchent plus de la pensée que tout ce que font les animaux; mais elle ne fait rien qui puisse faire dire qu'elle a de la volonté, comme les animaux.[5]»

Cependant, le caractère apparemment irréductible de l'intelligence, qu'on l'appelle *subtilitas*, pénétration d'esprit ou esprit de finesse, tient sans doute dans le fait que la volonté s'en mêle, et distingue l'homme de l'animal encore plus puissamment que ne le font ses capacités purement opératoires. L'homme attribue à l'objet une fin qui oriente son intellection, et il réactive les expériences imprimées dans sa mémoire pour tendre à cette fin plus efficacement. Ne peut-on ainsi supposer que le perfectionnement de l'intelligence humaine serait de l'ordre de la volonté? Alain se risquera à dire dans ses *Propos sur l'éducation*[6] que «chacun est juste aussi intelligent qu'il veut». Si tel était le cas, la clé de l'inégalité des esprits ne serait ni héréditaire, ni génétique, mais environnementale, soit qu'on entende par environnement la civilisation et le contexte socioculturel, la famille, l'éducation soit qu'on l'identifie comme l'ensemble des expériences sensibles qui affectent l'inconscient.

1. La force du mythe du don

Faute de pouvoir aller beaucoup plus loin, on est tenté de réhabiliter des conceptions anciennes. D'après Georges Gusdorf, «l'expulsion du mythe n'est pas définitive. Suivant un dynamisme fréquent dans la vie mentale, et dont la psychanalyse offre d'abondants exemples, l'élément censuré revient comme une mauvaise conscience, avec d'autant plus d'insistance que l'on a mis d'énergie à la repousser. Les succès même de la science ne peuvent pas faire illusion sur son incapacité à satisfaire pleinement l'exigence de l'homme»[7].

Or, les thèses qui opposent les partisans de l'inégalité naturelle des esprits et ceux qui affirment, avec Descartes que l'intelligence est «une faculté dont nous sommes tous équitablement pourvus»[8] ne sont pas à armes égales. La plupart de nos représentations, une fois écartées les croyances en la métempsycose et en une vie intellectuelle de l'âme qui précéderait l'incarnation, vont dans le sens des thèses environnementalistes. On peut émettre de nombreuses hypothèses pour expliquer la supériorité intellectuelle d'un individu sur un autre : son milieu socioculturel, l'éducation, la transmission de valeurs, le désir, la volonté ou l'inconscient. Mais on aboutit à une aporie et on retrouve le mythe, dès que l'on tente de démontrer le caractère inné de l'inégalité des esprits.

2. L'intelligence comme don-qualité

Bien avant Aristote qui, en parlant de l'esprit, du *nous*, lui reconnaît un caractère immortel et éternel, en tant qu'il était «capable de produire toutes les choses» les systèmes religieux, et surtout ceux qui croyaient en une forme de métempsycose, attribuaient à l'esprit un caractère divin[9]. C'est encore le cas, par exemple, en Afrique de l'Ouest, où un enfant surdoué est encore considéré, d'après les croyances populaires, comme un ancêtre réincarné. Ses qualités de pénétration lui confèrent le respect qui leur est dû. Toutefois, parmi les mythes de l'Antiquité, celui qui pose le plus clairement le caractère divin de l'intelligence est le mythe de Sénosiris, fils du scribe Satni. Ce dernier manifeste, dès sa plus tendre enfance[10], des progrès stupéfiants et ne tarde pas à étonner ses maîtres par sa sagesse, sa mémoire phénoménale et sa maîtrise des hiéroglyphes, jusqu'au jour où il se révèle être la réincarnation de Panishni, venu pour confondre les ennemis des Égyptiens. Les adultes, ses parents et le

Pharaon témoignent une admiration mêlée de crainte et de respect pour Sénosiris. Sa précocité est source de surprise, mais jamais d'incrédulité, et on apprend à la fin du récit que la puissance intellectuelle de Sénosiris est liée non seulement au fait qu'il a conservé les connaissances de sa première vie, mais aussi à l'idée antique qu'avant la naissance, l'âme a eu accès au savoir. Ce qui frappe dans le mythe égyptien, c'est la mesure de la précocité : ses progrès physiques et intellectuels sont indiqués, de manière très moderne, en terme de comparaison par rapport à un âge donné.

Pour les peuples de l'Antiquité, l'inégalité était naturelle, les dieux se mêlaient d'assigner telle ou telle qualité aux hommes, l'intelligence était un don, elle faisait partie du lot, du *mèros* assigné à chacun. On trouve cette idée aussi bien à la fin de *La République* de Platon, que dans le *Timée*[11]. Toutefois, la croyance dans le fait que l'âme a contemplé la Vérité avant de s'incarner n'est pas uniquement platonicienne. La littérature rabbinique fait aussi état d'une telle croyance : un ange pose, sur les lèvres de l'enfant qui va naître, son doigt pour lui enjoindre le silence sur ce qu'il a vu et plonger son âme dans l'oubli et lui laisse définitivement sa marque sur sa lèvre supérieure. Quoi qu'il en soit, l'idée selon laquelle l'intelligence est un «don» fait encore partie des croyances contemporaines, bien qu'on voit qu'elles s'appuient sur des idées religieuses et des mythes dépassés par les conceptions monothéistes.

3. L'intelligence comme don-faculté

Le christianisme, à partir de saint Augustin, reprend la théorie du don, non pas comme qualité individuelle, mais comme faculté, trait distinctif de l'âme humaine[12], marque et preuve de la nature divine de l'homme. Elle est ce en quoi l'homme ressemble à son créateur, «Dieu étant l'intelligence suprême»[13] et ce qui distingue fondamentalement l'homme de l'animal. Fait à l'image de Dieu, il témoigne de sa ressemblance à son modèle par cette faculté innée et partagée qu'est l'intelligence, c'est-à-dire le bon sens. Bossuet reprend cette conception dans son traité à l'usage du Dauphin, le fils de Louis XIV : «l'entendement est la lumière que Dieu nous a donnée»[14]. Encore faut-il que l'illumination divine opère. Car tout se passe comme si quelque chose d'extérieur venait allumer la lampe de l'intelligence, faute de quoi elle serait vouée à l'obscurité de l'erreur. Nous l'avons vu chez Descartes, le fait que l'intelligence soit pour lui innée, n'induit pas pour autant l'inégalité des esprits. Le concept d'intelligence en tant que qualité particulière d'un individu, et non faculté humaine échue en partage à tous les hommes, ne prendra forme qu'au XVIIᵉ siècle.

L'inégalité platonicienne, qui tire sa cause de l'inégalité du lot, du don, *mèros*, échu à la naissance à chaque individu, n'est pas compatible avec le christianisme. En effet, la pensée antique, du moins jusqu'à Platon, était holiste : elle ne posait pas l'individu au cœur des préoccupations divines et humaines, mais ne le connaissait qu'en tant que membre d'un groupe, d'une cité. La supériorité intellectuelle était toujours considérée comme une qualité donnée à un individu, mais dont la société toute entière devait profiter, un cadeau fait à la communauté. Il faut imputer la naissance de la notion de personne, la naissance du moi à Socrate et la valeur qui lui est reconnue au christianisme. Or, l'intérêt particulier que Dieu porte à l'homme, se traduit par la théorie augustinienne de l'illumination. Considérer que chaque être humain ne jouit pas à la naissance exactement des mêmes facultés est donc incompatible avec la notion de personne prenant place dans le projet divin. Hegel note à ce sujet que «le christianisme a imposé que l'individu comme tel a une valeur infinie»[15]. Il dit aussi : «La nature est le règne de l'inégalité et de la servitude». Par conséquent, placer l'intelligence du côté de la matière, comme l'activité neurologique d'un cerveau, serait admettre l'inégalité des esprits. Or le dualisme chrétien, accepte bien l'inégalité naturelle des corps, mais pas celle des âmes qui ne sont pas de l'ordre de la nature.

III. L'INÉGALITÉ EST-ELLE D'ORDRE CULTUREL ET DUE A L'ENVIRONNEMENT?

L'idée de l'égalité des esprits ne repose donc pas au départ sur un postulat matérialiste. L'enfant, «cire molle» que son éducation façonne, se trouve chez Descartes, mais appartient déjà au Moyen Age et imprégnera les théories de l'éducation de Montaigne et Rabelais. Le fameux mot «mieux vaut une tête bien faite, qu'une tête bien pleine», laisse entendre que, chez l'enfant, l'intelligence n'est qu'à l'état d'ébauche, comme trait constitutif de la nature humaine. De fait, pour Descartes, «la nature humaine est entière en chacun de nous»[16]. Aussi faut-il «travailler sérieusement à s'élever». Dans ce cas, l'environnement, l'éducation seraient fortement responsables des différences entre les individus. Il est assez cocasse de noter au passage que le matérialisme marxiste trouve dans la pensée rationaliste chrétienne un puissant soutien, bien que l'intelligence n'attende plus de Dieu l'étincelle de la grâce qui viendrait l'activer. Toutefois, il y a bien là un postulat qui vise à faire de l'intelligence une faculté humaine qu'un élément extérieur viendrait stimuler.

Pascal lui-même notait dans une pensée sur la gloire que « l'admiration gâte tout dès l'enfance. O que cela est bien dit, ô qu'il a bien fait, qu'il est sage, etc. Les enfants de Port-Royal auxquels on ne donne point cet aiguillon d'envie et de gloire tombent dans la nonchalance »[17]. Voilà bien un exemple à ne pas suivre si on se donne pour projet de développer les facultés intellectuelles des enfants dont nous avons la charge.

1. De l'impossibilité de trancher la question de l'hérédité

La part importante et incontestable de l'environnement sur le développement des facultés cognitives de l'individu aveugle trop souvent les partisans de l'égalité biologique des cerveaux humains. Faute de pouvoir mesurer l'activité intellectuelle d'un fœtus, il semble plus prudent de ne pas conclure trop rapidement, si l'on ne veut pas retomber dans le mythe. On se gardera tout autant de déduire, de notre incapacité à expliquer le rôle exact de l'environnement interne ou externe, que le postulat héréditaire est fondé. C'est pourquoi les thèses américaines sur ce sujet, comme l'ouvrage tristement célèbre de R. Herrnstein et C. Murray[18] qui prétend justifier les inégalités sociales par les inégalités du QI entre les différents groupes ethniques américains, sont inacceptables. Et pas seulement parce qu'elles choquent notre morale et notre conception unitaire de l'humanité, mais parce que, méthodologiquement, elles ne prennent pas sérieusement en compte la relation entre l'individu et son milieu. L'individu naît d'abord dans un milieu donné qui le façonne et le structure et non l'inverse.

2. Vider le débat de son contenu mythique

Il faut tenter de sortir du débat acquis inné. Nous savons qu'au sein d'une même famille, il peut exister des différences de quotient intellectuel très grandes, nous savons aussi que l'environnement joue son rôle. Il en irait peut-être des capacités intellectuelles comme des qualités physiques. Elles pourraient exister virtuellement, sans qu'on les développe... Ce que nous savons, c'est que l'humanité est perfectible, que le quotient intellectuel moyen augmente et qu'il faut évacuer les contenus mythiques et idéologiques du débat pour adopter une attitude de justice vis-à-vis des enfants.

Les enfants précoces ne doivent pas payer à l'école le prix de leur précocité mais jouir d'un enseignement qui suive leurs rythmes. Ils doivent ainsi être considérés, au même titre que les enfants plus lents que la moyenne, comme des sujets auxquels le rythme moyen ne convient pas. Aller dans ce sens devrait éviter en grande partie l'échec scolaire, et faire des adultes mieux équilibrés et moins désireux d'écraser les autres.

Si notre réflexion pouvait éclairer nos choix éducatifs, cela consisterait peut-être à ne plus aborder la question de la précocité intellectuelle et de l'inégalité des esprits sous l'angle des représentations de l'intelligence, mais de faire le plus grand cas de l'individu. Hors, c'est ce que l'enseignement de masse a le plus de mal à prendre en compte, malgré ses pétitions de principe et, nous l'avons vu, pour des raisons structurelles. Il faut éviter de statuer trop rapidement sur l'intelligence de l'enfant, ne pas sacraliser le QI et permettre avant tout aux individus de se développer chacun à son rythme. Je ne sais pas si la solution du problème est à attendre de la science, en tout cas, elle pourrait sans doute nous apporter une connaissance plus précise du fonctionnement du cerveau, préalable méthodologique à tout discours rationnel sur l'intelligence.

NOTES

[1] Hésiode : Les travaux et les jours.
[2] Pascal, *Pensées*, Les dernières pensées mêlées, 669, dans l'édition de Philippe Sellier.
[3] Pascal, *op. cit.*, 670.
[4] Avicenne : philosophe arabe néoplatonicien (980-1037), *De anima*.
[5] Pascal, *op. cit.*, 617.
[6] Alain, *Propos sur l'éducation*, Chapitre XXIV.
[7] *Mythe et métaphysique*, Le retour de la conscience mythique refoulée, Flammarion, Champs, p. 245, Paris, 1984.
[8] Descartes, *Règles pour la direction de l'esprit*, I, AT X, 360.
[9] «L'intellect est quelque chose de divin», *Éthique à Nicomaque*, X, 1177b, 26-30.
[10] *Contes et légendes de l'Égypte ancienne*, Nathan. Le récit rapporté par Féron est tiré des mythes relevés par Maspéro.
[11] *Timée*, 51e.
[12] Cicéron, *De Natura deorum*, II, 133.
[13] Thomas d'Aquin, *Questions disputées sur la vérité*, XV.
[14] Bossuet, § XVIII, Ad usum Delphini.
[15] Hegel, *Encyclopédie des sciences philosophiques*, § 535, Rem. p. 315.
[16] Bossuet, *op. cit.*
[17] Pascal, *op. cit.*, Misère, 97.
[18] R. Herrnstein, C. Murray, *The Bell curve, Intelligence and Class Structure in American Life*, Free Press/Simon & Schuster, 1994.

Chapitre 3
La créativité : source de conflits
Joan Freeman

La plupart des psychologues s'accordent pour admettre que le talent créateur n'est ni un don « miraculeux » des dieux, ni le résultat de processus mentaux exceptionnels. Il résulte au contraire de connaissances acquises et de dispositions intellectuelles tournées vers des buts particuliers. On pourrait appeler ça un « style » d'intelligence. De nombreuses influences s'exercent sur le produit créatif final, comme par exemple la mode qui affecte le marché de l'art. Il y a aussi des aspects d'ordre émotionnel ou spirituel individuels. La créativité est en effet un concept très complexe.

Le développement créatif des enfants est bien plus que la combinaison de connaissances scolaires, de compétences techniques et d'intelligence sociale. C'est aussi le développement de l'idée de sa propre intelligence. Pour qu'elle ait de la valeur, l'expérience expressive doit être intense et personnelle, ce qui dépend dans une certaine mesure de la manière dont l'enfant apprend à se situer par rapport au monde. Les efforts créateurs des gens sont souvent fonction de leurs systèmes de valeur et de leurs convictions. La musique, notamment, occupe une place particulièrement importante dans la vie de la plupart des gens et s'affranchit souvent des frontières culturelles.

Le facteur qui manque dans tant de descriptions de l'expérience créative est la synthèse des éléments essentiels de la pensée et du sentiment. La créativité exige des forces émotionnelles particulières, notamment le courage nécessaire pour affronter la critique et différer la récompense afin de parfaire davantage le produit, malgré la pression sociale en faveur du respect des normes communément acceptées. C'est parce que c'est dans la nature même de l'acte créatif d'exprimer plutôt que de réprimer les pulsions que les individus doivent moins inhiber leurs émotions et plus s'ouvrir à l'expérience intérieure pour moins s'en laisser imposer par la désapprobation sociale, des hommes «créatifs» dans le domaine esthétique, par exemple, donnent plus de place à leurs sentiments qu'il n'est normalement acceptable un peu partout dans le monde et sont quelquefois décrits comme étant «efféminés».

Les sentiments sont cruciaux pour le processus de créativité en ce qu'ils sont utilisés pour sélectionner les connaissances et parce qu'ils sont aussi une forme de connaissance en eux-mêmes : ils sont une façon de connaître — ce qu'on pense être bon pour atteindre le but fixé — et ils changeront au cours de la production. Par exemple, les sentiments qui viennent en premier, comme la curiosité, disparaîtront au cours de l'élaboration de l'œuvre pour être remplacés par d'autres, comme le désir de se montrer. Mais les sentiments peuvent aussi induire en erreur ou se révéler peu appropriés de sorte que ce qui semble juste peut ne pas l'être : la froide raison de l'esprit a aussi un rôle à jouer dans la production. Il est dans la nature de la créativité d'activer plutôt que d'inhiber les pulsions, de sorte qu'à l'école moins les enseignants sont directifs, plus les élèves peuvent penser de façon créative et plus les effets de l'éducation ont de chances d'être plus profonds et donc plus durables.

I. L'ENVIRONNEMENT DE L'ENSEIGNEMENT

On ne peut considérer ni le développement, ni la performance de ces enfants, en les séparant de l'environnement dans lequel ils ont vécu. Dans la vie, on n'entend, ni ne voit rien isolément de son contexte, de sorte que le contexte dans lequel les enfants font leurs expériences a des effets subtils mais importants sur la perception même des dessins au trait ou des sons les plus simples. L'enseignement traditionnel n'est assurément pas la seule façon de développer les aptitudes. Il suffit de considérer l'art dans les sociétés sans école pour le constater. Bien plus, des gens qui pensent visuellement peuvent être confrontés à des problèmes particuliers dans une classe normalement organisée parce que leur façon d'apprendre n'est pas compatible avec l'enseignement dispensé (West, 1991). C'est probablement la raison pour laquelle des personnalités visuelles, telles qu'Einstein, Edison et Churchill, n'ont pas réussi à l'école. Picasso haïssait l'école pendant le peu de temps qu'il y passa et n'apprit jamais vraiment ni à bien lire et ni à bien écrire.

Toutes les études menées pendant des périodes longues sur le développement des aptitudes ont montré les effets majeurs de l'attitude de la famille. La conclusion la plus importante qui en a été tirée est que le jugement porté par les enfants sur leur propre valeur affecte leurs objectifs de vie (Freeman, 1993a ; Freeman 1993b). Bien que de la créativité entre dans la résolution des problèmes quotidiens de tout un chacun, elle ne peut atteindre le niveau du talent sans aide, quel que soit le potentiel de l'individu. On a besoin du matériel de base : on ne peut pas jouer du violon sans l'instrument, pas plus que sans leçon, ni sans soutien émotif. Ceci vient d'ordinaire de la famille plutôt que de l'école. Cependant, trop souvent les recherches sur l'éducation du développement de la créativité se limite à l'expérience scolaire et souvent à des tests du type « papier-crayons ».

Entre croire que soi-même ou des enfants peuvent être « créatifs » et croire que c'est vrai, il n'y a pas loin. Le hongrois Zoltan Kodally croyait que tout le monde était capable d'apprendre la musique et parce que ses théories ont été mises en pratique, tous les jeunes Hongrois apprennent à chanter. Mais pourtant beaucoup de gens qui sont sortis d'autres systèmes éducatifs pensent qu'ils sont incapables de chanter.

Les variables de la personnalité ont été aussi associées à différents niveaux de créativité, bien que jusqu'à présent personne n'ait jamais pronostiqué la créativité à partir de la personnalité. Pas plus qu'assurer un enseignement amélioré aux élèves supérieurement intelligents ne permet de pronostiquer la créativité. A partir d'un échantillon de 210 enfants new-yorkais sélectionnés pour entrer à l'École Hunter pour enfants surdoués (QI moyen de 157) auquel on a dispensé un enseignement général diversifié, pas un seul d'entre eux ayant atteint l'âge de 40-50 ans n'a réalisé une contribution éminente à la vie créative significativement supérieure à ce qu'on pouvait normalement attendre d'eux, compte tenu du niveau social (Subotnik et coll., 1993). De nombreuses études s'accordent pour déterminer qu'un QI minimum de 120 est nécessaire pour formuler des idées en utilisant des capacités mentales élevées, pour identifier des voies et des œuvres efficaces et utiles, tant par les créatifs, que par les autres.

La créativité paraît exiger un sentiment d'insatisfaction et de désapprobation vis-à-vis de la manière dont les choses ont lieu — vis-à-vis même de soi-même — c'est donc tout le contraire de la passivité et du conformisme. C'est loin d'être une situation de tout repos. Cependant, la production de tout travail créatif est contrôlée. La condition fondamentale pour que la créativité se manifeste est peut-être la souplesse contrôlée

— un relâchement temporaire de la structure — qui permet à l'artiste de prendre conscience de ses émotions et pulsions et d'accepter des processus de pensée irrationnels et primitifs. La créativité contient peut-être un élément de pensée immature et indécise. Mais en étant ouverts aux expériences, les gens «créatifs» doivent manifester une plus grande tolérance à l'angoisse qui naît de l'ambiguïté et du conflit.

II. OU LA PENSÉE CRÉATIVE COMMENCE

L'apprentissage de la perception commence à la naissance. La perception esthétique commence par la reconnaissance de modèles — l'extraction d'une forme du fond — tel que le thème d'un morceau de musique orchestrale. Mais dans la vie rien n'est vu ou entendu isolément et le contexte dans lequel les enfants font leurs expériences a des effets subtils et importants sur leur perception et sur leurs habitudes de perception sensorielles. Il faut ajouter à cela que les jeunes enfants ont des «problèmes de production» frustrants lorsqu'ils utilisent dans un sens créatif leur perception qui est en train de se développer. Ils peuvent savoir à quoi ils veulent aboutir, mais ils n'ont pas encore acquis les compétences supérieures et les connaissances techniques indispensables pour la production d'une œuvre d'art. La frustration peut être douloureusement angoissante pour les très doués qui ont besoin d'un surcroît de soutien émotionnel pendant qu'ils se mesurent aux difficultés.

Il est important de faire la distinction entre les aspects biophysiques de la lumière et du son et leurs effets psychologiques qui interagissent tous deux avec les sens de l'enfant pour influencer sa perception esthétique. Par exemple, les rayons de lumière qui impressionnent la rétine atteignent le cerveau et sont «traités» psychologiquement. Les sensations particulières à chaque personne sont façonnées par le recueil physique des images, l'expérience et les émotions. La mémoire aussi affecte la perception; il y a une différence entre le souvenir d'une image et l'impression de cette image. La mémoire à court terme paraît conserver l'impression immédiate pendant quelques minutes, de sorte que les premiers éléments d'une séquence sont plus facilement reproduits. En revanche, la mémoire à long terme demande quelque effort pour ramener en mémoire de travail l'image qui a tendance à disparaître. Puisque même les enfants ne disposent que d'une énergie limitée, la plupart d'entre eux choisiront la voie du moindre effort, le chemin le plus court et le moins compliqué. Ce sont normalement ceux qui ont du talent qui prennent plaisir à relever le défi que représentent les images et les musiques. Cependant la familiarité peut améliorer la mémoire et on peut s'attendre à ce que la familiarité avec le sujet, la matière artistique accroisse à la fois l'intensité du souvenir et, surtout, son appréciation. (Freeman, mars 1995 ; Freeman, 1995b).

III. LE COUT D'UNE BRILLANTE RÉUSSITE UNIVERSITAIRE EN TERME DE CRÉATIVITÉ

On voit clairement la contradiction qui existe entre la réussite scolaire et la créativité dans l'étude menée pendant 14 ans en Grande-Bretagne (Freeman, 1991). La méthodologie utilisée s'appuyant sur des entretiens-conseils approfondis avec les 169 jeunes concernés par cette étude de longue durée — comprenant à la fois des doués et des non-doués — et avec leurs familles dans toute la Grande-Bretagne. On pouvait clairement voir qu'au fil des années, quelques membres de l'échantillon des enfants ouverts et curieux étaient devenus de jeunes adultes tristes au regard terne qui montraient peu d'intérêt pour ce qui se passait dans le monde, bien que beaucoup d'entre eux aient obtenu d'excellents résultats scolaires.

La dernière question : « Qu'est-ce qui vous procure le plus grand plaisir ? » était initialement tout simplement destinée à terminer une séance de plusieurs heures sur une idée agréable. De fait, les réponses ont été tellement individualisées qu'il a été possible de comparer statistiquement les deux sous-groupes : les « diplômés » — les 23 % qui choisirent la réussite scolaire comme leur plus grand plaisir — et les 7 % qui trouvaient leur plus grand plaisir dans les activités créatives : les « créatifs » (Freeman, 1995a). Qu'ils le trouvent dans la réussite scolaire ou dans la créativité, le plaisir que les jeunes décrivaient n'était pas passif, mais en général suivi d'action. La découverte majeure était que presque la totalité de l'échantillon avait éprouvé de la satisfaction dans l'activité créative au cours de leur motivation, que les « diplômés » avaient changé radicalement. Enfants, les « diplômés » avaient pris du plaisir à faire des efforts créatifs, mais cela avait commencé à diminuer au début de leur adolescence pour atteindre le plus bas niveau entre 18 et 20 ans, époque à laquelle seulement quelques-uns d'entre eux ont déclaré n'avoir eu aucune activité créative de loisir. En fait, parmi les 169 personnes suivies, 6,5 % seulement ont trouvé leur plus grande satisfaction dans la créativité.

1. Les deux profils

Chacun de ces deux groupes, « diplômés » et « créatifs », diffère significativement. Notamment, la plupart de ceux qui ont trouvé leur satisfaction dans la réussite scolaire, les « diplômés » étaient des garçons et la plupart de ceux qui l'ont trouvée dans une activité créative étaient des filles. Il est apparu que leurs comportements respectifs se sont exprimés dans les résultats qu'ils ont obtenus à l'issue de leurs études secondaires. Les « créatifs » avaient obtenu une moyenne inférieure à leurs examens de fin d'études secondaires, les « diplômés » obtenant deux fois plus de réussite à l'équivalent anglais du baccalauréat que les « créatifs ».

Par ailleurs, au plan émotionnel, il existait aussi une grande différence entre les deux groupes. A un test d'adaptation émotionnelle, les « diplômés » ont montré un degré d'hostilité très supérieur à tous les autres groupes de l'échantillon, mais les « créatifs » ne montraient pratiquement pas d'hostilité. Les « diplômés » avaient aussi les scores de loin les plus élevés dans l'inadaptation à leurs pairs, c'est-à-dire qu'ils éprouvaient des difficultés à se faire des amis. A l'inverse, les « créatifs » n'avaient pas de problèmes dans leurs amitiés et semblaient plus populaires. Aussi bien les résultats aux tests que les entretiens montraient clairement que les « diplômés » avaient de réelles difficultés à gérer leurs émotions et leurs relations à autrui, ce qui les menait parfois à la dépression. Non seulement leur appréhension de leur propre valeur dépendait souvent de leurs réussites scolaires, mais aussi leur conscience d'eux-mêmes, dans le sens : « Si je ne peux pas prouver mon intelligence, qui suis-je ? ». Plusieurs ont été tout à fait explicites à propos de cette anxiété. Kaufman (1992) l'a aussi mise en évidence dans son étude suivie des Écoliers des Présidentielles Américaines 1964-1968.

Les « diplômés » et les « créatifs » avaient tous des QI très élevés identiques, mais chaque groupe percevait ces QI de façon radicalement différente, les « diplômés » percevant souvent leurs aptitudes exceptionnelles comme un aspect d'eux-mêmes peu sympathique pour les autres. A l'inverse, les créatifs, soit faisaient peu de cas de ces aptitudes exceptionnelles, soit ils en étaient fiers, mais dans tous les cas disaient que ça ne changeait pas grand chose à leur réseau amical. Ainsi ce n'était pas le QI élevé lui-même qui affectait les relations de ces jeunes gens, mais leurs sentiments vis-à-vis d'eux-mêmes.

Cependant, la vie n'était pas totalement sereine pour les « créatifs » car ils avaient beaucoup plus de problèmes avec leurs enseignants. Ils semblaient avoir plus de difficultés à s'adapter au système scolaire, ou bien le système scolaire n'était pas assez souple pour eux.

Les « diplômés » étaient souvent soumis à une pression considérable car ils étaient dans des écoles renommées où les matières ayant trait aux beaux-arts étaient moins valorisées et leurs tentatives créatives avaient quelquefois été étouffées par leurs enseignants. On observait des différences significatives dans les contextes familiaux. Dans les familles de « diplômés », la valorisation de la réussite scolaire, spécialement dans les matières scientifiques, prenait souvent le pas sur celle des beaux-arts. Les familles des « créatifs » étaient généralement plus concernées par les arts : il y avait plus de tableaux aux murs et une plus grande variété de livres. Leurs parents étaient aussi plus sérieux dans leurs attitudes vis-à-vis de la musique. Les familles écoutaient plus souvent ensemble de la musique, utilisaient rarement la musique comme fond sonore et jouaient plus fréquemment eux-mêmes d'un instrument.

Chaque groupe avait un profil caractéristique. Le diplômé acceptait les objectifs et l'autorité de son établissement d'enseignement qui étaient confrontés par une plus grande considération de la part des professeurs et par le soutien qui était fourni en vue d'une réussite exemplaire. Il a transporté son acceptation de l'autorité dans les systèmes extra-scolaires de ses activités de loisir. Un grand nombre d'entre eux sont entrés à l'université. Quelques-uns l'ont perçue comme une sorte d'école en plus agréable, où ils travaillaient intensément, étaient parfois stimulés par l'enseignement mais étaient souvent insensibles aux opportunités de plus grande ouverture qu'ils y trouvaient. La plupart des « diplômés » avaient choisi des études scientifiques. Certains avaient beaucoup d'amis, d'autres aucun. Ils manquaient, aussi, incontestablement d'imagination, ce qui rendait leur conversation plutôt ennuyeuse. Il semblait que parce que les jeunes étaient capables de réussir leurs examens, on décourageait le développement d'une approche ludique, créative, de l'enseignement.

Les effets négatifs de la pression de l'institution école sur la créativité étaient évidents. La pression pour l'excellence scolaire sur certains de ces jeunes doués paraît avoir inhibé leurs pulsions créatives. Cette pression venait à la fois de l'école et de la famille, son effet était plus évident chez les garçons que chez les filles et chez la plupart des scientifiques. La durée considérable des études exigées pour obtenir des bourses d'études et la considération a coûté cher à l'élan créatif, et, dans quelques cas, semble avoir occasionné à ces jeunes « diplômés » brillants une vie sociale handicapée et de désarroi. Il y avait trop souvent un coût élevé en créativité aux résultats scolaires de premier ordre.

IV. UN ENSEIGNEMENT POUR LA CRÉATIVITÉ

En tant que façon de développer les niveaux les plus élevés des aptitudes à la création, la conception de l'enseignement traditionnel actuel destiné aux enfants les plus brillants paraît bien rétrécir d'autres aspects de leurs vies. Parce qu'ils manquent d'assurance et de connaissances, les enseignants ne reconnaissent, ni n'encouragent toujours leurs élèves doués. Leurs attitudes vis-à-vis de tels élèves peuvent aller d'une certaine réticence à admettre leurs aptitudes ou à les surestimer.

La résolution créative des problèmes exige une rapidité d'esprit et une flexibilité suffisantes pour réexaminer les problèmes nouveaux en fonction des expériences passées. Mais même aux niveaux d'intelligence élevés, cette procédure peut être sévèrement limitée, spécialement dans ses aspects créatifs, par l'acceptation de catégories «préformées», comme celles qui sont fournies par les parents et les enseignants. (Les maths sont ce qu'on apprend en leçon de maths et l'art ce qu'on apprend en leçon d'art et il n'y a pas de relations entre ces deux disciplines.) Il en résulte que les membres d'une même culture ou une même école ont tendance à coder l'environnement de la même manière.

Lorsque les enfants tentent de mettre la créativité en valeur, enseignants et parents s'intéressent non seulement aux compétences et à la production de l'enfant, mais aussi à sa conscience, à ses perceptions, à son imagination et à ses sentiments sur soi. Dans tous les processus éducatifs, il existe des conflits entre deux tendances naturelles, mais cependant opposées : s'élancer avec courage et bâtir son propre monde, ou rechercher la sécurité d'un monde familier fermé autour de connaissances et de modes de pensée acceptables par les autres. Le penseur ordinaire qui a le moins confiance en lui acceptera vraisemblablement un mode de pensée socialement acceptable, plus sécurisant, et ne remettra en cause que relativement peu de ce qu'il perçoit. Si la norme sociale à laquelle il doit se conformer est contraignante, même l'élève créatif s'en satisfera facilement et pourra même éliminer son talent créatif pour être admis par la société.

L'atmosphère la plus propice à l'enseignement créatif est avant tout faite de sécurité, ce qui implique de disposer de la liberté d'être soi-même et une confiance en soi suffisante pour prendre le risque de penser autrement. Jung (1964) a décrit comment les gens érigent souvent des mécanismes de défense pour se protéger du «choc de la confrontation à la nouveauté», conséquence d'une «peur inquiète et profonde de la nouveauté» qu'il a appelé «misonéisme» (NDLT : aversion pour tout ce qui est nouveau, pour tout changement). Mais l'enfant qui se conforme à l'enseignement scolaire peut ressentir une anxiété accablante et ne peut alors accepter que l'enseignement qui lui paraît sûr, c'est-à-dire provenant d'une source sûre telle que le professeur et se posera donc peu de questions. Cependant, s'ils sont soutenus au plan émotif et guidés, tous les enfants peuvent développer davantage leurs aptitudes à l'apprentissage dans le but de traiter et de générer leurs propres idées et leur conscience de soi. Par exemple, des individus de tous âges peuvent atténuer l'angoisse née d'un nouvel enseignement en utilisant des stratégies analogiques, rendant le non-familier familier, et en jouant avec les idées.

1. Jeu imaginatif

La façon naturelle pour un jeune enfant, aussi intelligent soit-il, d'aborder une expérience nouvelle est le jeu qui est un aspect souple et créatif du développement de la pensée. Le jeu est une activité qui ne vise pas un but de façon évidente. Bien que l'enfant puisse essayer de tout simplement refaire ce qu'il a observé, tous les jeux sont différents. Il est imaginatif dès que l'enfant y apporte de nouvelles mises en scène, modifie le temps et les personnages. Les éducateurs peuvent utiliser ce potentiel ludique des enfants comme guide d'évaluation de leur développement.

Le jeu fait appel à la fois à la pensée et aux émotions. Piaget (1962) le tenait pour vital pour l'intellect en voie de développement de l'intelligence par le processus d'assimilation d'une information nouvelle dans les schémas ancrés. Les enfants s'en servent pour traiter leurs propres freins et fantasmes et pour comprendre le comportement social en jouant ce qu'ils ont vu faire par d'autres. Lorsque la qualité du jeu imaginatif est freiné, il y a vraiment de quoi se faire du souci.

Il est tristement vrai que les parents et les enseignants qui ont des ambitions pour un enfant doué peuvent mettre trop d'accent sur la réussite objective et considérer que «jouer c'est perdre son temps», et le jeu une «faiblesse», l'interdisant même jusqu'à ce que le travail scolaire soit accompli, l'interdisant parfois totalement. Souvent, on perçoit même les très jeunes enfants doués comme des quasi-adultes qui ont peu de besoins ludiques, de sorte que le seul enseignement admis et dispensé est souvent relativement sophistiqué et «livresque». Cependant, le jeu est un point de départ essentiel pour toutes sortes de réalisations de premier plan. Pour qu'elle devienne productive et experte, l'activité doit cependant être dirigée vers un but, effort qu'il faut ajouter à ceux déjà exigés par l'apprentissage et l'entraînement (Elshout, 1995).

Cependant, il existe une aptitude ludique à s'interroger et à chercher des idées, à prendre plaisir à leurs contradictions et à les réarranger dans des associations hypothétiques. Einstein a décrit comment il se délectait dans sa recherche ; il a écrit une fois qu'il n'aurait jamais réussi s'il l'avait considérée comme un travail (Einstein et Infeld, 1938). L'esprit de recherche ludique aide les personnes douées de créativité à éviter de se prendre trop au sérieux, tout en les dotant de la souplesse nécessaire pour examiner les choses sous de nouvelles perspectives. Les conditions nécessaires pour bien jouer sont les mêmes que celles qui sont nécessaires pour bien apprendre — sécurité et permissivité par essais et erreurs.

CONCLUSIONS

Il est évident qu'il faille donner au talent potentiel les occasions de s'affirmer, entr'autres les matériels nécessaires aux apprentissages, l'enseignement, l'encouragement à s'entraîner et le sentiment que les choses peuvent ne pas se passer comme prévu. Plutôt que de continuer cette poursuite du Saint Graal qu'est la recherche de la définition, de l'identification de ceux qui ont des aptitudes créatives, je suggère qu'il serait plus productif d'observer les interactions des enfants et de l'enseignement qui leur est donné, c'est-à-dire d'adopter une approche de psychologie développementale. A long terme, l'objectif majeur de l'enseignement devrait être de rendre les gens capables de poursuivre leurs études et leurs réflexions de façon créative dès qu'ils sortent de leur scolarité. Ce que les éducateurs peuvent faire de mieux tant que les jeunes sont entre leurs mains est de leur donner tout ce qui leur faut en utilisant leur potentiel de pensée créatrice comme une préparation de leur vie future.

L'environnement dans lequel l'enfant exceptionnellement doué pourra se développer pleinement d'une manière créative doit être équilibré, ce qui implique qu'il puisse consacrer suffisamment de temps aux autres pour établir de bonnes relations sociales et qu'il prenne part à des activités très variées. Cet environnement social est très sensible car non seulement l'apport créatif de l'enfant peut y être sous-estimé facilement, mais aussi les élèves qui se sentent contraints d'y assujettir leur propres personnalités y voient leur conscience de soi lésée. C'est l'essence même du comportement créatif des élèves qui est mis en danger par la conformité à l'opportunisme social. Le monde a besoin des pensées et des œuvres de gens très doués, aidons-les à réaliser leurs rêves.

RÉFÉRENCES

Einstein A. & Infeld L., *The Evolution of Physics*, 1938, New York : Simon and Schuster.

Elshout J., «Talent : the ability to become an expert», *in* J. Freeman, P. Span & H. Wagner (eds), *Actualising Talent : a Lifelong Challenge*, 1995, London : Cassell.

Freeman J., *Gifted Children Growing Up*, 1991, London : Cassell; Portsmouth NH : Heinemann Educationnal.

Freeman J., «Parents and families in nurturing giftedness and talent», *in* K.A. Heller, F.J. Monks, A.H. Passow (eds), *International Handbook for Research on Giftedness and Talent*, 1993a, Oxford : Pergamon Press.

Freeman J., *Pour une Éducation de base de qualité : comment developper la competence*, 1993b, Paris : UNESCO.

Freeman J., «Conflicts In Creativity», *European Journal for High Ability*, 1995a, 6, 188-200.

Freeman J., «Talent van kinderen in beeldende vakken en musiek» (Children's talent in fine-art and music), 1995b, Katernen Kunsteucatie Art&Fact Utrecht : LOKV Nederlands Instituut voor Kunsteducatie.

Freeman N., «The emergence of pictorial talents», *in* J. Freeman, P. Span & H. Wagner (eds), *Actualising Talent : a Lifelong Challenge*, 1995, London : Cassell.

Jung C.G., «Approaching the unconscious», *in* C.G. Jung (ed.), *Man and his Symbols*, 1964, London : Aldus Books.

Kaufman F.A., «What educators can learn from gifted adults», *in* F.J. Monks & W. Peters (eds), *Talent for the Future*, 1992, Maastricht : Van Gorcum.

Piaget J., *Play, Dreams and Imitation in Childhood*, 1962, New York : W.W. Norton.

Subotnik R., Kassan L., Summers E. & Wasser A., *Genius Revisited : High IQ Children Grow Up*, 1993, New Jersey : Ablex.

West T., *In the Mind's Eye*, 1991, Buffalo : Prometheus.

Chapitre 4
Génétique, environnement et précocité des performances intellectuelles

Michel Duyme, Christiane Capron

Une question souvent posée, à propos des enfants précoces, concerne les facteurs génétiques ou environnementaux qui pourraient expliquer la précocité intellectuelle. Les auteurs font souvent référence à une note de quotient de Quotient Intellectuel (QI) pour définir le seuil à partir duquel un sujet particulier pourra être classé parmi les enfants précoces. Il s'agit généralement d'un QI supérieur à 130. Indiquons dès à présent que le QI est un indice insuffisant pour définir la précocité. Celle-ci relève également d'autres catégories comportementales qui sont exposées dans certains chapitres de ce livre. De même, plusieurs auteurs de cet ouvrage ont souligné que les nombreuses composantes de l'intelligence ne pouvaient être appréhendées par les seuls tests de QI. Quant aux facteurs génétiques, qui pourraient rendre compte de ces QI très élevés, tous les chercheurs peuvent affirmer que l'on n'a jusqu'à présent localisé aucun gène lié à ce trait. Rappelons qu'un gène est une unité structurale et fonctionnelle de l'hérédité et que le génotype fait référence à un ensemble de gènes. En revanche, pour les QI faibles (inférieur à 70), plus d'une centaine de gènes ont été localisés. Il s'agit de génotypes liés à des maladies ou à des troubles neurologiques associés à des déficits intellectuels. Pour certains d'entre eux, l'enfant pourra être intellectuellement normal ou présenter un retard mental en fonction de l'environnement. C'est le cas, par exemple de la phénylcétonurie pour laquelle un régime alimentaire approprié, dès la naissance, permet à l'enfant d'avoir un développement intellectuel normal.

Dans tous les pays occidentaux où des tests donnant lieu à un calcul de QI ont été élaborés, les chercheurs ont maintes fois constaté que les membres de certaines familles avaient en moyenne des QI plus élevés que les membres d'autres familles. Il est notamment bien établi que les enfants de milieu favorisé ont un QI supérieur aux enfants de milieu défavorisé. Par exemple, dans une enquête portant sur cent mille enfants français, les enfants de cadres avaient un QI moyen de 109,7 alors que les enfants d'ouvriers non qualifiés avaient un QI de 95,6 (Schiff et coll., 1986). En conséquence, le nombre d'enfants ayant un QI supérieur à 130 est plus important dans les familles de cadres que dans les familles ouvrières. Ce constat n'indique rien sur l'origine de ces différences. On ne peut pas affirmer que ce sont des parents génétiquement doués qui deviennent cadres, puis donnent naissance à des enfants génétiquement doués. On ne peut pas non plus affirmer que ces QI supérieurs sont le seul fruit du milieu économiquement et culturellement favorisé offert par les parents. Cette stratification sociale du QI pourrait être aussi bien attribuée aux facteurs génétiques qu'au milieu social. Pour tenter de dissocier en partie les effets respectifs des facteurs génétiques de ceux des facteurs environnementaux, la méthode dite des adoptions a été développée depuis le début du siècle. L'adoption crée des situations où des enfants partagent l'environnement des parents adoptifs mais ne partagent pas de gènes en commun par transmission génétique. Dans les familles où les parents élèvent leurs propres enfants, ces derniers partagent avec leurs parents à la fois leur patrimoine génétique et leur milieu social.

Il s'ensuit que pour pouvoir mettre en évidence un lien entre environnement et QI, il faudrait étudier des enfants issus de milieu défavorisé et adopté dans des milieux favorisés, et inversement des enfants issus de milieu favorisé et adoptés dans des milieux défavorisés. Le présent chapitre a pour objectif d'exposer les résultats d'études d'adoption qui ont poursuivi ce but.

I. EFFET DE L'ENVIRONNEMENT POSTNATAL

1. But de trois études d'adoption française

Parmi l'ensemble des travaux internationaux (voir tableau 2), ce sont en fait trois études françaises d'adoption qui ont eu pour objectif principal d'examiner les liens entre environnement et QI. Elles pouvaient notamment répondre à la question : De combien « pouvons-nous augmenter le QI et/ou la réussite scolaire ? ». Dans un article intitulé : « De combien pouvons-nous augmenter le QI et/ou la réussite scolaire ? »,

Jensen (1969) répondait que le milieu social avait une très faible influence sur les gains de QI. Nous pensions que cette réponse n'était pas satisfaisante, c'est pourquoi nous avons commencé nos travaux au début des années 70. Dans ce but, il était nécessaire d'avoir des plans de recherches qui répondent à la question posée par Richardson en 1913 : Qu'arriverait-il si « des enfants issus de parents pauvres étaient élevés par des familles de haut niveau éducatif ? ».

Le plan de la première étude d'adoption française (Schiff et coll., 1978) répondait directement à cette question. Nous avons examiné les performances intellectuelles d'enfants issus de la classe ouvrière et adoptés, très tôt, dans des classes économiquement favorisées. Le cursus scolaire et les scores de QI d'un échantillon, non biaisé, de 32 sujets ont été obtenus. Les comparaisons ont été faites avec leur demi-frères et sœurs nés de la même mère biologique mais qui n'avaient pas été adoptés. Des comparaisons ont également porté sur un échantillon représentatif de la population générale.

Le plan de recherche de la seconde étude d'adoption comparait des enfants issus d'un niveau socio-économiquement bas et adoptés dans des familles de différents niveaux socio-économiques (Duyme, 1981). Dans la première étude, les adoptés étaient comparés à des demi-frères ou sœurs non adoptés et ainsi il n'était pas possible de dissocier l'effet de l'adoption en soi de celui du Niveau Socio-Economique (NSE) des parents adoptifs. L'amélioration du QI pouvait simplement provenir de l'effet bénéfique que pourrait procurer la situation d'être élevé par des parents adoptifs. Ces derniers fourniraient à l'enfant un meilleur environnement éducatif que les autres parents parce qu'ils ont fortement désiré cet enfant. Dans ce cas, cette amélioration du QI ne proviendrait pas du fait que le NSE des parents adoptifs était plus élevé que celui des parents biologiques. La seconde étude était donc plus informative sur l'implication du NSE sur le niveau des performances intellectuelles. Etant donné que le plan de recherche incluait seulement des enfants adoptés, l'effet éventuel de l'adoption, en soi, pouvait être considéré comme semblable dans chaque NSE. Il était alors possible d'évaluer clairement le lien entre NSE et performances intellectuelles. Cependant, le seul indicateur de ces performances était la réussite scolaire. Dans cette étude, le QI n'était pas connu.

La troisième étude fournissait une nouvelle information. Le plan de recherche avait été construit pour répondre à la question : « Est-ce-que l'environnement postnatal a un effet général sur le QI ? ». C'est-à-dire : quel que soit le NSE des parents biologiques, y a t-il un effet statistique du NSE des parents adoptifs sur les performances de QI des enfants adoptés ? Cette étude utilisait un plan complet d'adoption croisée pour examiner le QI des enfants adoptés. Ce plan incluait deux variables indépendantes, le statut socio-économique à la fois des parents adoptifs et des parents biologiques. Ils se différenciaient en deux niveaux très contrastés : très élevé *versus* très faible.

Les résultats de ces trois études peuvent être résumés ainsi (voir fin du tableau 2) : les études 1 et 3 montraient un effet de l'environnement postnatal, c'est-à-dire du niveau socio-économique des parents adoptifs. Cet effet est général (étude numéro trois). En d'autres termes, il y a une liaison entre les performances de QI des enfants adoptés et les niveaux de l'environnement postnatal fournis par les parents adoptifs, indépendamment du NSE des parents biologiques (Capron & Duyme, 1991). Les études 1 et 2 montraient que cet effet est également significatif pour augmenter la réussite scolaire. L'étude de l'effet général sur la réussite scolaire est également en cours pour la troisième étude.

2. Des confusions à éviter

Pour étudier le lien entre environnement et QI, nous avons utilisé un indicateur statistique portant sur les différences de QI entre groupes en fonction des niveaux socio-économiques (NSE). Pour estimer l'implication des facteurs génétiques et/ou environnementaux sur les différences de QI, de nombreux auteurs anglo-saxons ont utilisé un autre indicateur ou procédé statistique : du coefficient de corrélation et la décomposition de la variance. Le coefficient de corrélation est une évaluation statistique du degré auquel la variation d'une variable est liée à celle d'une autre, par exemple pour évaluer le lien entre QI et NSE. La variance est une mesure de la variation d'une distribution. Ces deux types d'estimation (différence entre groupes et corrélation) sont parfois confondus, alors que, comme nous allons l'indiquer à propos de nos travaux, elles peuvent aboutir à des conclusions très différentes. Par exemple, en comparant les moyennes, on pourrait trouver un lien important entre QI et environnement alors qu'on ne trouverait pas de lien avec l'origine biologique des enfants. En utilisant la corrélation, certains auteurs pensent trouver un lien important entre QI et facteurs génétiques et une absence de lien entre QI et environnement. Sur la base du premier type de constat, certains déduisent qu'il n'y a pas d'effet des facteurs génétiques, tandis que sur la base du deuxième constat ils déduisent qu'il n'y a pas d'effet de l'environnement. Ces déductions sont erronées. Elles proviennent de la confusion faite entre ces deux approches. Deux types d'erreurs sont à éviter.

Erreur n° 1 : confusion entre l'estimation des composantes de la variance entre apparentés et estimation des différences entre groupes en fonction du NSE

Certains commentateurs de nos travaux semblent avoir fait cette confusion (Hay, 1990, p. 641; Willerman, 1990, p. 708; Detterman et coll., 1990, p. 383). Ils comparent nos résultats, qui mettent en évidence un lien entre deux NSE contrastés et des performances de QI, à des résultats issus d'estimation des composantes de la variance entre apparentés. De nombreux auteurs ont déjà montré l'indépendance de ces deux estimations. Pour illustrer cette indépendance Schiff et Lewontin (1986) ont utilisé un exemple portant sur des enfants adoptés. Celui-ci est présenté dans le tableau 1. Les QI des enfants adoptés peut être plus fortement corrélé aux QI de leurs parents biologiques qu'à ceux de leurs parents adoptifs. Cependant en tant que groupe (comparaison de moyennes) leur QI est plus proche de celui de leurs parents adoptifs que de celui de leurs parents biologiques.

Tableau 1 — **Rangs et moyennes dans une étude d'adoption hypothétique.**

QI					
Enfants adoptés		*Parents biologiques*		*Parents adoptifs*	
Rang		Rang		Rang	
1	105	1	92	1	111
2	106	2	93	1	102
3	107	3	94	3	107
4	108	4	95	5	113
5	109	5	96	1	102
Moyenne	107	Moyenne	94	Moyenne	107

Sur la base de ces données fictives, la corrélation de Pearson entre les QI des enfants adoptés et ceux de leurs parents biologiques est parfaite (r = 1). Cependant, la corrélation est quasiment nulle entre les enfants et leurs parents adoptifs. Mais si les différences entre groupes sont considérées, il y a, alors, un effet statistique significatif de l'environnement des parents adoptifs sur le QI moyen des enfants adoptés. En appliquant une nouvelle analyse à partir des données de Horn (1983), Walker et Emory (1985) montraient un phénomène semblable. En effet, sur la base des analyses des ressemblances entre apparentés, ils trouvaient que les différences entre corrélations étaient statistiquement significatives, la conclusion pouvait être que «les différences individuelles de QI des enfants adoptés montrent un plus grand lien avec les différences de QI des parents biologiques qu'avec le QI des parents adoptifs» (p. 775); mais si les différences entre groupes sont analysées «les enfants adoptés avaient des notes de QI plus élevées que ceux de la mère biologique mais ne différaient pas de celles des mères adoptives» (p. 776). Ainsi, en utilisant le calcul de corrélation les enfant ressemblent à leur parents biologiques et certains auteurs, effectuant des calculs d'héritabilité, en déduisent que le QI est hautement héritable. Cependant, en examinant les moyennes, les enfants ressemblent à leurs parents adoptifs (i.e. lien important avec l'environnement postnatal).

Curieusement, certains auteurs bien qu'ils n'ignorent pas cette indépendance, parfois l'oublient, parfois la suggèrent. Par exemple, dans un article souvent cité dans des revues scientifiques et intitulé : «De combien pouvons-nous augmenter le QI et/ou la réussite scolaire?», la réponse de Jensen (1969) peut être résumée ainsi, «pas beaucoup, parce que le QI est hautement héritable». Mais dans un autre article (1981), il estimait que quand l'héritabilité au sens large est élevée (80%), la variance environnementale peut être responsable des différences de QI à l'intérieur d'un empan de 35 points. Sur la base de cette affirmation, Spitz (1986) concluait que, dans l'étude d'adoption de Schiff et coll. (1978), la différence de moyenne d'environ 16 points de QI est compatible avec les limites théoriques attribuables à la variance environnementale, si l'héritabilité au sens large est de 80%. En fait, avec une marge de variation de 35 points de QI, la principale conclusion de cette argumentation pourrait être que l'héritabilité n'offre aucune information valable sur la prédiction individuelle du QI. Rappelons que par construction du test, 82% de la population ont des notes de QI comprises entre 80 et 120, c'est-à-dire comprises dans un empan de 40 points.

En d'autres mots, la réponse la plus satisfaisante à la question de la prédiction est obtenue en considérant les différences entre groupes. Les résultats des études françaises d'adoption (Schiff et coll., 1978; Capron & Duyme, 1989) permettent d'établir des prédictions sur les différences entre groupes de niveaux socio-économiques extrêmes pour les performances de QI. Notons que ceci est valable seulement pour le trait évalué par le test particulier utilisé. De plus ces données ne permettent aucune prédiction sur les scores individuels des sujets.

Erreur N° 2 : analyse des corrélations entre groupes et analyse des différences entre groupes

Un second type d'erreurs concerne la confusion entre a) l'étude des corrélations entre performances intellectuelles et NSE et b) l'étude des comparaisons des performances entre groupes définis par les Niveaux Socio-Economiques.

Un exemple de cette confusion est fourni par Willerman. La démarche de celui-ci amène à des prises de position contradictoires : un effet faible, c'est-à-dire «2% à 9%» (Willerman, 1990, p. 708; Locurto, 1990, p. 288) quand les corrélations entre les différents niveaux socio-économiques et le QI des enfants sont considérés, mais un effet très élevé, soit une différence de 13 points de QI, c'est-à-dire environ un écart-type, quand les différences de moyennes sont prises en compte.

Dans un article antérieur (Duyme, 1988), il a été souligné que la corrélation entre les niveaux socio-économiques des parents adoptifs et les performances des enfants adoptés n'offre aucune information sur les scores moyens des adoptés en fonction du niveau socio-économique des parents adoptifs, ni sur l'ampleur des différences entre moyennes. Appliquant ceci à la réussite scolaire, Duyme (1988, p. 109) écrivait, «même si la corrélation observée entre les différentes classes sociales des parents adoptifs et réussite scolaire des adoptés était la même que celle observée dans la population générale entre classes sociales et le taux de réussite scolaire, ceci n'implique pas que le taux d'échec scolaire des adoptés, qui varie en fonction du niveau de la classe sociale des familles adoptives, soit identique au taux observé chez les enfants élevés par leurs parents biologiques dans la même classe sociale dans la population générale». Ce taux d'échec pourrait, par exemple, être systématiquement 10% plus faible dans chaque classe sociale des adoptés que dans celles de la population générale. De plus, seules les comparaisons des moyennes peuvent fournir une réponse à la question «de combien peut-on augmenter la réussite scolaire des enfants des classes sociales défavorisées?».

Ainsi de même que pour l'erreur n° 1, l'analyse des composantes de la variance et l'analyse des différences entre groupes donnent des types d'informations complètement indépendantes. C'est pourquoi, dans un article antérieur (Duyme, 1988) fournissait à la fois les résultats sur la corrélation et ceux sur les différences entre les taux de réussite scolaire. Il trouvait une corrélation significative, mais faible, entre réussite scolaire et NSE des parents adoptifs mais une variation importante des taux de réussite en fonction du NSE de ces mêmes parents adoptifs. Il n'y a jusqu'à présent aucun autre travail du même type. L'étude la plus proche serait celle de Teasdale et Owen (1984). Ils ont étudié le lien entre le nombre d'années d'étude des parents adoptifs et le QI des adoptés. Cependant, ils ne donnent que les résultats portant sur les corrélations mais n'indiquent pas les résultats portant sur les différences entre groupes en fonction du niveau socio-économique des parents adoptifs.

3. Petit nombre de sujets et originalité

a) *Petit nombre de sujets et importance de l'étude*

Un petit nombre de sujets d'une étude signifie-t-il que celle-ci n'est pas importante? Le terme *petite étude* a été utilisé par plusieurs auteurs pour caractériser les études françaises d'adoption (Hay, 1990; Locurto, 1990; Bouchard et coll., 1985; Loehlin, 1980). En fait, ces études ont été effectuées sur respectivement 32, 87, 38 enfants adoptés. Par exemple, concernant nos travaux, Bouchard et coll. (1985, p. 424) indiquent «finalement à cause du très petit échantillon, nous hésitons à accorder trop d'importance à l'étude de Schiff et coll. Il est bien connu que la valeur des résultats d'une étude ne peut être jugée sur la base de la taille d'un échantillon. Sa valeur est déterminée (1) par le fait que l'échantillon n'est pas biaisé, c'est-à-dire ici, pas de placement sélectif, pas de perte des sujets sélectionnés, (2) par la puissance des résultats statistiquement significatifs issus de petits échantillons qui conduisent à attendre à des résultats analogues pour des échantillons, plus importants, issus de la même population parente, (3) et par la duplication des résultats d'études antérieures à partir d'échantillons issus de la même population (Fisher, 1943).

Les résultats de chacune des trois études ont été exposés en détail dans différentes publications (Schiff et coll., 1986; Duyme, 1981, 1988; Capron & Duyme, 1991, 1996). Elles indiquent que ces résultats ne peuvent être attribués à des biais et plus spécifiquement à un placement sélectif. Notons que dans une analyse critique très détaillée de la troisième étude, Locurto soulignait «la remarquable absence de placement sélectif» (1990, p. 289).

Le plan de la première étude portant sur le QI a été dupliqué par deux groupes du plan complet d'adoption croisée et les résultats vont dans le même sens pour les deux études. De même, les résultats, sur le succès scolaire de la première étude, ont été dupliqués par ceux trouvés dans l'étude de Duyme (1988). On peut donc considérer qu'à la question : «De combien pouvons-nous augmenter le QI et/ou la réussite scolaire?», la réponse est : «une augmentation entre groupes des notes de QI d'environ 15 points, soit un écart-type».

Willerman affirmait (1990, p. 709) que «le milieu éducatif pouvait avoir un impact plus important sur les performances scolaires que sur le QI». Il citait notre seconde étude (Duyme, 1988), ainsi que celle de Teasdale et Owen (1984). Ces citations ne sont pas pertinentes pour son propos car dans l'étude de Duyme le QI n'a pas été étudié. Aucune comparaison entre QI et réussite scolaire ne peut donc être faite sur la base des résultats de ce travail. L'étude de Teasdale et Owen visait uniquement les ressemblances entre apparentés et ne fournissait aucune information sur les comparaisons entre groupes. Ainsi, les conclusions de Willerman ne peuvent être acceptées sur la base de ces résultats.

Cependant dans la première étude française des comparaisons ont été faites entre échecs scolaires et échecs «psychométriques». L'échec scolaire ou psychométrique sont définis par : «être en retard dans le cursus scolaire» ou «avoir un QI inférieur à la moyenne des enfants du même âge». Les résultats de cette comparaison n'indiquent pas pas un effet plus grand de la NSE sur les échecs scolaires que sur les échecs psychométriques.

b) *Est-ce que les études françaises sont originales?*

Des auteurs tels que Willerman ont souligné que nos résultats ne sont pas une révélation (1990, p. 709). Dans la publication de 1978 (Schiff et coll.), nous indiquions qu'aucune étude n'avait répondu à la question posée par Richardson en 1913, à savoir : «Que deviendraient des enfants issus de parents pauvres s'ils étaient élevés dans des familles culturellement favorisées?». Se centrant sur les différences entre groupes, Capron (1986), a fait une revue de question des études d'adoption qui ont tenté d'examiner la relation entre QI ou réussite scolaire (voire tableau 2). Elle distinguait les travaux qui visaient cet objectif avec un plan de recherche défini *a priori*, de ceux, moins informatifs, avec un plan de recherche *a posteriori*. Ces derniers réarrangeaient les données d'études antérieures dans un plan d'adoption partiel. A cette époque (1986), la principale conclusion de cette revue de question était qu'aucune étude antérieure n'avait montré un lien entre environnement postnatal, défini par le NSE des parents adoptifs, et le QI. Il s'avérait en effet nécessaire d'élaborer *a priori* un plan complet d'adoption croisée évaluant les QI de groupes d'enfants nés de parents biologiques de NSE hautement contrastés et adoptés par des parents de NSE hautement contrastés. Les résultats d'une telle recherche ont été publiés en 1989 par Capron et Duyme. L'étude de Scarr et Weinberg (1976) aurait pu évaluer le gain de QI en fonction

48 LA PRÉCOCITÉ INTELLECTUELLE

Tableau 2 — Objectifs, caractéristiques et principaux résultats des études d'adoption qui ont comparé des moyennes de QI.

Référence	Constitution des groupes	Groupes de comparaison	Moyenne QI du groupe		Questions ou objectifs des auteurs
			d'adoptés	comparé	
Burks (1928)	a priori (1)	- même ville, même quartier, même âge, même sexe, même milieu familial que les adoptés	107.4	115.4	estimer les variations de QI en fonction des facteurs génétiques et environnementaux
Burks (1938)	a posteriori (1)	- emplois qualifiés - professions libérales	104.6 109.1	106.1 118.7	estimer l'effet du niveau professionnel sur les QI moyens
Leahy (1935)	a priori a posteriori	- identique à Burks (1928) - qualité élevée du foyer - qualité faible du foyer	110.5 112.6 107.8	109.7 118.6 102.1	identiques à Burks
Skodak & Skeels (1945)	a priori	- QI des mères biologiques	106.0	85.7	que deviennent les enfants nés de mères de QI bas et adoptés par des familles de NSE (2) élevés ?
Skodak & Skeels (1949)	a posteriori	- QI des mères biologiques N = 11 N = 8	*112-105 *116-125	< 70 > 105-110	
Scarr & Weinberg (1976)	a priori	- enfant biologique de la famille adoptive	blanc : 111.5 métis : 109.0 noir : 96.8	116.7	l'origine des différences de QI moyens entre blancs et noirs est-elle génétique ou environnementale ?

Référence	Constitution des groupes	Groupes de comparaison	Moyenne QI d'adoptés	Moyenne QI comparé	Questions ou objectifs des auteurs
Scarr & Weinberg (1976)	a posteriori	- familles semblables aux familles biologiques des adoptés noirs - noirs et métis adoptés très tôt	 110.4	90.0 	la stratification sociale du QI a-t-elle une origine génétique ?
Scarr & Weinberg (1978)	a priori	- même revenu, profession, éducation et QI des parents que ceux des parents adoptifs	106.9	112.8	estimer l'ampleur de la variance génétique et environnementale pour la variation du QI ?
Horn, Loehlin & Willerman (1979)	a priori	- enfant biologique dans une famille adoptive	111.7	111.5	
Horn (1983)	a posteriori	selon le QI de la mère biologique : - QI bas - QI élevé selon le QI de la mère adoptive : - QI bas - QI élevé	 108.0 114.7 110.0 113.1	 100.1 114.5 107.6 116.5	quelle est la moyenne de QI des adoptés en fonction du QI bas et élevé des mères biologiques ou adoptives ?
Schiff et al. (1978)	a priori a posteriori	- demi-germains de la famille biologique (I) - groupe de référence (G) - enfants de NSE élevé scolarisés avec les adoptés (G) - enfants de NSE élevé scolarisés avec les demi-germains non adoptés	110.5 106.8 106.8 	94.2 110.0 116.4 107.0	quelle est la réussite scolaire et le QI moyen d'enfants nés de parents de NSE bas et adoptés par des parents de NSE élevé ?

Référence	Constitution des groupes	Groupes de comparaison	Moyenne QI du groupe d'adoptés	Moyenne QI du groupe comparé	Questions ou objectifs des auteurs
Duyme (1981)	a priori	- professions libérales - techniciens de haute qualification - ouvriers qualifiés - ouvriers	* absence d'échec scolaire (% d'enfants) 60 54 43 29	70 56 41 26	* quelle est la réussite scolaire d'enfants nés de parents de NSE bas et adoptés dans des familles de NSE différents ?
Capron & Duyme (1989)	a priori	enfants adoptés dans les différents groupes du plan complet d'adoptions croisées - NSE (bas et élevés) des parents biologiques - NSE (bas et élevé) des parents adoptifs	NSE des parents adoptifs bas élevé 99.1 111.6 NSE des parents biologiques bas élevé 98.0 114.2		l'effet de l'environnement postnatal est-il général ? existe-t-il un lien entre les différences de NSE des parents biologiques et le QI moyen des enfants adoptés ?

(1) *a priori* : groupes prévus dans le plan de l'étude avant le recueil des données; *a posteriori* : groupes constitués après le recueil de données pour des analyses suggérées par les résultats; (2) NSE = Niveau SocioEconomique; * les moyennes de QI ne sont pas fournies ou pas connues. I : test individuel [WISC], G : test collectif [ECNI].

du NSE des parents adoptifs, mais de leur propre point de vue, le but de leur recherche était d'étudier les différences entre «races» (noire versus blanche) et non pas entre NSE. Ils ont examiné les QI d'enfants noirs, issus de classes défavorisées, adoptés par des familles blanches de la classe moyenne. De fait, le NSE et la «race» étaient des variables confondues.

II. EFFET DU NSE DES PARENTS BIOLOGIQUES

1. Les buts des études françaises

Le plan de l'étude de Capron et Duyme [C&D, 1989] permettait de tester l'effet statistique du niveau socio-économique des parents biologiques sur les différences entre groupes, indépendamment du NSE des parents adoptifs. Les plans des l'études 1 et 2 ne visaient pas, et ne permettaient d'ailleurs pas, une telle analyse. Ils étudiaient seulement des enfants adoptés nés de parents biologiques de NSE bas. Seule la troisième étude permettait de tester l'effet du NSE des parents biologiques parce qu'elle incluait des parents biologiques de NSE à la fois bas et élevé. Il est ainsi impossible de comparer les résultats de ce troisième travail avec ceux de la seconde étude (Duyme, 1988) comme l'on fait Plomin et Rende (1991, p. 7). Dans l'étude de Duyme, seul un empan restreint du NSE des parents biologiques était considéré, et ainsi la variance du NSE était réduite. En conséquence, la corrélation entre NSE des parents biologiques et succès scolaire était faible (r = .16) et n'était pas significative. Cependant, l'auteur (Duyme, 1988, p. 208) indiquait que ces résultats étaient compatibles avec toutes les études d'adoption antérieure (Burks, 1928; Skodak & Skeels, 1945; Scarr & Weinberg, 1978) qui portaient sur le QI. Ces auteurs n'ont trouvé aucune corrélation significative entre le NSE de parents biologiques et le QI des enfants adoptés. Dans l'étude de Teasdale et Sorensen (1983), bien que la corrélation était significative (r = .20), celle-ci n'était pas significativement différente de la corrélation trouvée par Duyme (r = .16).

Malheureusement, des comparaisons exactes ne sont pas possibles puisque l'étude de Duyme portait sur l'échec scolaire et les autres sur le QI. Finalement, rappelons également que cette étude française ne portait pas *a priori* sur les différences entre apparentés.

2. Est-ce que l'effet statistique des parents biologiques est original ?

L'originalité de l'étude de Capron & Duyme réside, entre autres, dans la sélection très rigoureuse des sujets. Ce travail est le seul plan complet d'adoption croisée constitué *a priori* de manière à ce que les NSE soient le plus contrastés. En effet, trois variables ont été utilisées pour catégoriser ces NSE extrêmes des parents à la fois biologiques et adoptifs : nombre d'années d'études, statut professionnel des parents et statut professionnel d'au moins un des grands-parents. Pour être inclus dans l'étude, un sujet donné devait être au-dessus ou au-dessous de l'ensemble des niveaux extrêmes définis pour toutes les variables. S'il était en dehors des niveaux pour une des variables, il était exclu de l'étude. Des données de quatre études antérieures ont été réorganisées *a posteriori* en plans complets d'adoption croisée (Corley, 1990 ; Plomin & coll. 1977 ; Scarr & Weinberg, 1979). Tous, exceptés celui de Scarr et de Weinberg, trouvaient un effet du NSE des parents biologiques. Cependant, (1) il s'agissait de données réarrangées *a posteriori* dont le but des études ne visait pas cet objectif, et (2) dans plusieurs études réarrangées (Scarr et Weinberg, 1979 ; Plomin et coll., 1977) les niveaux étaient divisés à la médiane ou à la moyenne de la distribution du NSE et non pas à chaque extrême. De plus, d'un côté, les auteurs de ces études antérieures ne sélectionnaient pas les sujets sur la base des caractéristiques des grands parents, et d'un autre côté, s'ils avaient sélectionné leurs sujets sur la base à la fois du statut professionnel et du nombre d'années d'études des parents, ils auraient probablement abouti à une taille d'échantillon plus faible que celle de l'étude de Capron & Duyme. Il leur aurait été ainsi impossible d'opérer des analyses quantitatives (voir Corley, 1990).

3. Est-ce que les effets du NSE des parents biologiques peuvent être interpétés en tant qu'effet de facteurs génétiques ?

L'interprétation de l'effet du NSE des parents biologiques dans l'étude de Capron & Duyme est certainement le point crucial de désaccord avec d'autres auteurs (Hay, 1990 ; McGue, 1989 ; Willerman, 1990 ; Rutter, 1993 ; et autres). Ces derniers proposent une explication en termes génétiques. Certains auteurs (Loelhin et coll., 1988, p. 106) ont aussi suggéré une explication génétique pour la première étude, indiquant que : « un gain significatif sur la moyenne du QI apparaît possible lors d'un changement radical d'environnement. Mais les différences individuelles restent larges et il est clair qu'elles sont substantiellement influencées par des facteurs génétiques. » Le plan de la première étude française ne pouvait fournir aucune information sur l'effet des parents biologiques, parce que : (1) il n'y avait pas de variation du NSE des parents biologiques, et (2) le NSE des parents biologiques n'est pas un marqueur génétique. Cependant Duyme et plusieurs de ses coauteurs (*Science*, 1978) ont, semble t-il, fait le même type d'erreur. En effet, dans leur article (Schiff et coll., 1978), lorsqu'ils comparent les enfants adoptés dans des familles de milieux favorisés avec un groupe d'enfants élevés par leurs propres parents de milieu favorisé, ces auteurs concluaient que l'absence de différences entre le QI moyen des adoptés et le QI moyen du groupe de comparaison pouvait être interprétée comme indiquant un manque de différence imputable aux facteurs génétique entre les groupes. En 1986 (Schiff et coll., *in* Schiff & Lewontin, p. 92), les auteurs admettaient leur erreur et indiquaient que, contrairement à ce qu'ils avaient suggéré dans leur premier article, cette absence de différence entre groupes ne pouvait pas être interprétée comme indiquant une absence de différence liés à des facteurs génétiques. De même, une différence statistique ne pourrait être interprétée dans le sens d'une influence des facteurs génétiques.

Le plan complet d'adoptions croisé de Capron & Duyme incluait des parents biologiques de NSE très élevé et très faible dont les enfants étaient élevés dans des familles adoptives d'un même NSE (voir figure 1). Willerman (1990) rapporte des résultats d'un plan similaire mais les parents biologiques sont contrastés en fonction d'un haut ou bas QI et non du NSE. Il constate des différences de moyennes de QI entre ces deux groupes d'enfants adoptés. Une erreur d'interprétation, faite par Willerman, consiste à conclure que ces résultats indiquent les effets des facteurs génétiques provenant du QI des parents biologiques.

Avant d'aller plus loin dans cette discussion, il est nécessaire de rappeler certaines bases de la génétique appliquée au comportement. Référons-nous à Susuki et coll. (1989, chapitre 23) dans leur livre intitulé «Introduction à l'analyse génétique». Ils résument ainsi la méthode pour tester l'héritabilité dans des populations expérimentales, animales évidemment : «Des individus appartenant aux deux extrêmes de la distribution sont croisés avec leurs semblables et les descendances de ces croisements sont élevées dans le même milieu. Si une différence apparaît entre les deux groupes de descendants, le caractère est héréditaire.» L'application de ce raisonnement est fallacieuse en génétique, la situation n'y étant pas expérimentale. Notons a) que cet environnement commun doit être pré et postnatal, b) que dans les populations expérimentales le génotype des groupes est contrôlé, ce qui n'est pas le cas dans l'espèce humaine : pour le QI le génotype est inconnu. Même si on acceptait le raisonnement, cela supposerait que les mesures du même trait doivent être faites à la fois sur les parents et leurs enfants au même âge, et les enfants doivent vivre sous les mêmes conditions expérimentales que les parents. De plus, ce type d'étude demanderait une réplication des observations sur les différents génotypes (voir Falconer, 1972).

Dans l'étude de Capron & Duyme, nous ne pouvons pas ainsi estimer exactement le même trait chez les parents biologiques et chez leurs descendants. D'un côté, il s'agit du NSE des parents biologiques et de l'autre du QI des enfants. Mais supposons que ces traits soient corrélés et que toutes ces conditions théoriques soient remplies. Le plan complet d'adoption croisée de la troisième étude fournit apparemment un plan de ce type. Si pour les besoins de la présente explication ce plan est divisé (figure 1), il est possible de scinder le plan initial en deux groupes d'enfants nés de familles de NSE extrêmes et éduqués dans une seule NSE (la plus élevée). De même, il est possible d'avoir un second plan similaire composé d'enfants ayant été élevés dans des familles NSE très élevé. Dans chaque plan, qui pourrait être à tort considéré comme le même que ceux utilisés par Susuki et coll. (1989), le QI moyen des enfants varie significativement ($p < 0.05$) en fonction du NSE des parents biologiques. Cependant, pour pouvoir assigner cette différence à l'effet de facteurs génétiques, si la mesure était valide, il aurait été nécessaire qu'au cours de la période prénatale le développement fœtal ait lieu chez des mères de NSE identique. Ce n'est pas le cas. Ainsi, on ne peut pas considérer ces plans comme identiques à ceux proposés par Susuki et coll. La période prénatale peut donc constituer un biais dans

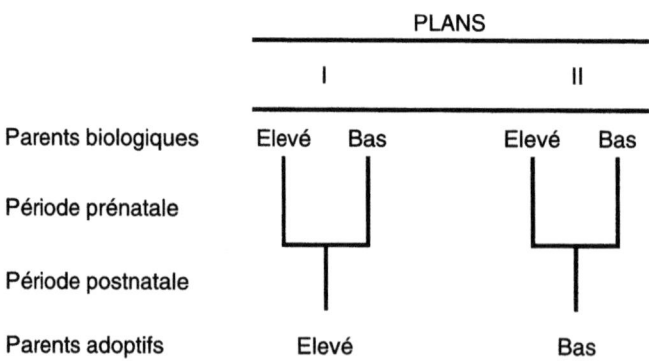

Figure 1 — *Plans composés d'enfants nés dans deux Niveaux Socio-Economiques (NSE) extrêmes et élevés dans le même NSE.*

la méthode des adoptions. Ce n'est une hypothèse «*ad hoc*» comme l'affirme Locurto (1990, p. 289).

Dans des recherches ultérieures, il reste à étudier chez l'homme (dans la marge de la variation normale) : (1) Les effets des facteurs environnementaux sur le développement du système nerveux central au cours du développement fœtal. (2) Leur effet durant la période postnatale. (3) L'interaction de ces facteurs en fonction de la période pré et postnatale. Le poids de naissance pourrait être un indicateur des effets prénataux, liés aux conditions socio-économiques de la grossesse maternelle et entraînant des anomalies du développement fœtal. Cependant, dans la troisième étude, les poids de naissance ne diffèrent pas en fonction du NSE des parents biologiques. En ce cas, il faut supposer que l'environnement utérin fourni par des mères de NSE faible pourrait provoquer des déficits du système nerveux central qui ne se manifesteraient pas par une différence du poids de naissance. L'étude directe, *in vivo*, de l'influence des conditions de grossesse des mères de NSE faible sur le développement du système nerveux central, durant la période fœtale est ainsi d'une importance cruciale.

III. GÉNÉRALISATION

Peut-on généraliser ces résultats sur des enfants adoptés à l'ensemble de la population ou sont-ils spécifiques à ces enfants? La question de la généralisation des résultats de ces études a été discutée par Hay et Willerman (1990) ainsi que par Herrnstein et Murray (1994). Avant d'entrer dans cette discussion, il est nécessaire de déterminer si les sujets étudiés sont atypiques. Pour chaque étude, nous avons montré qu'aucune pathologie infantile n'était incluse dans l'échantillon sélectionné (voir Schiff *et al.*, *in* Schiff et Lewontin, 1986; Duyme, 1981; Capron et Duyme, 1991). Si l'on en croit Hay (1990, p. 641), «on peut comprendre que des enfants défavorisés soient adoptés en milieu favorisé, mais l'inverse doit refléter des circonstances bizarres». Cette affirmation semble suggérer que de tels enfants seraient atypiques. Ces circonstances, bien que peu fréquentes, ne sont pas bizarres. En France, l'Aide Sociale à l'Enfance place parfois les enfants dans des familles de NSE bas avant leur adoption. La loi française permet à ces familles de les adopter. Ce fut le cas de plusieurs enfants adoptés dans notre échantillon. On pourrait supposer que les enfants adoptés en NSE faible présentaient certaines anomalies à la naissance. C'est pourquoi, ils auraient été adoptés dans ce type de famille. En fait, nous avons vérifié que ces enfants ne présentaient pas de telles anomalies : ils n'étaient pas significativement différents des adoptés en NSE élevé sur les variables néonatales classiques.

Concernant l'accroissement du gain du QI ou de la réussite scolaire en lien avec l'élévation du NSE, la question se pose de savoir s'il est possible d'extrapoler les résultats des enfants adoptés à la population générale. Une réponse positive à cette question peut être clairement fournie par les résultats de la seconde étude française d'adoption. Dans ce travail (Duyme, 1988), plusieurs niveaux de NSE de familles adoptives ont été étudiés et des comparaisons avec des enfants de la population générale ont été faites. Les résultats montrent que ce lien avec les niveaux de l'environnement postnatal peut être appliqué à tous les NSE et pas seulement aux NSE extrêmes. De plus, les résultats des enfants adoptés sont proches de ceux attendus dans la population générale. La stratification sociale de la réussite scolaire des enfants adoptés est semblable à celle de la stratification sociale des enfants dans la population générale. Cependant, ce travail visait seulement les échecs scolaires et les résultats ne peuvent être étendus au QI.

IV. ENVIRONNEMENT, PRÉCOCITE INTELLECTUELLE ET QI SUPÉRIEUR A 130

La signification des études françaises d'adoption a été résumée par Locurto (1990, p. 290) : « La démonstration la plus claire de la malléabilité du QI provient incontestablement du plan complet français d'adoption ». Storfer (1990) et Huteau (1995) ont une position similaire. Cependant, nous sommes en désaccord avec Locurto et Turkheimer (1990) quand ils affirment que l'augmentation du QI semble relativement modeste (11,6 points de QI). En effet, dans la population générale, les différences pour les QI moyens entre les groupes d'enfants issus de milieux sociaux extrêmes varient entre 10 et 15 points (voir Schiff et Lewontin, 1986, p. 143). Il n'y a aucune raison pour que cette différence soit plus grande dans les études d'adoption. Un autre résultat important est l'effet de la NSE des parents biologiques. A l'heure actuelle, les discussions scientifiques sont nombreuses à propos de l'interprétation de cet effet.

Précisons que, comme toutes les études dans ce champ de recherches, nous avons ignoré les effets de la pression sélective, c'est-à-dire la *fitness*, sur les groupes caractérisés par les niveaux socio-économiques. Pourtant, la question de la fitness est central en génétique quantitative. Comme les parents dans les différents groupes sociaux ont un nombre différent d'enfants viables, cela signifie que nous sommes dans une situation dans laquelle la sélection opère (Falconer, 1966, 1972; Kempthorne, 1973). Cela signifie que la fréquence des gènes et des génotypes est (a) non constante d'une génération à l'autre et (b) que la variation de ces fréquences peut être différente d'un groupe social à l'autre. Ajoutons que le nombre d'enfants abandonnés à la naissance n'est pas le même dans tous les groupes sociaux. Les biais qui en résultent sont inconnus. Il est clair que, dans ce champ d'études, des modèles réalistes devraient inclure les effets de la fitness.

Nous sommes en accord avec Wahlsten (1990, p. 699) qui conclut que les résultats sur les variations des performances de QI sont décisifs en ce qui concerne l'importance de l'implication des NSE. Mais, ils ne sont pas décisifs en ce qui concerne les influences des facteurs génétiques *versus* prénataux. La réponse doit être trouvée dans des recherches ultérieures.

En conclusion, un environnement favorable peut augmenter le QI et ainsi augmenter le nombre de sujets ayant un QI supérieur à 130, c'est-à-dire le nombre d'enfants précoces définis par le critère psychométrique : QI plus grand que 130. *A contrario*, un environnement défavorable peut diminuer le nombre de sujets dont le QI est supérieur à 130.

NOTE

[1] Certains arguments développés dans le présent chapitre ont été développés dans nos articles antérieurs.

RÉFÉRENCES

Bouchard T.J., Segal N.L., Environment and IQ, *in* B. Wolman (ed.), Handbook of intelligence : *Theories, measurements, and applications*, 1985 (p. 391-464), New York : Wiley.

Burks B.S., The relative influence of nature and nurture upon mental development : a comparative study of foster parent foster resemblance and true parent true child resemblance, *Twenty-Seventh Yearbook of the National Society for the Study of Education*, 1928, 27, 219-316.

Burks B.S., On the relative contributions of nature and nurture to average group differences in intelligence, *Proceedings of the National Academy of Science*, 1938, 24, 276-282.

Capron C., Analyse génétique et méthode des adoptions : le problème des groupes de comparaison dans l'analyse des composantes de la moyenne, *Psychologie Française*, 1986, 31, 261-267.

Capron C. & Duyme M., Assessment of effects of socio-economic status on IQ in a full cross-fostering study, *Nature*, 1989, 340, 552-553.

Capron C. & Duyme M., Children's IQs and SES of biological and adoptive parents in a balanced cross-fostering study, *Cahiers de Psychologie Cognitive/European Bulletin of Cognitive Psychology*, 1991, 11, 323-348.

Capron C. & Duyme M., Effect of socioeconomic status of biological and adoptive parents on WISC-R subtests scores of their french adopted children, *Intelligence*, 1996, 22, 259-275.

Corley R.P., Parental cognitive and SES predictors of year 7 IQ in Colorado adoption project adopted children, *Behavior Genetics*, 1990, 20, 712-713.

Detterman D.K., Thompson L.A., Plomin R., Differences in heritability across groups differing in ability, *Behavior Genetics*, 1990, 20, 369-384.

Duyme M., Les enfants abandonnés : rôle des familles adoptives et des assistantes maternelles, Paris : *CNRS, Monographie n° 56*, 1981.

Duyme M., School success and social class : An adoption study, *Developmental Psychology*, 1988, 24, 203-209.

Falconer D.S., Introduction to quantitative genetics (first ed., 1960), Glasgow : Oliver and Boy, 1972.

Fisher R.A., Note on Dr. Berkson's criticism of tests of significance, *Journal of the American Statistical Association*, 1943, 38, 103-104.

Herrnstein R.J., Murray C., *The bell Curve*, 1994, New York : The Free Press.

Hay D.A., Roubertoux and Capron are wrong-Behaviour genetics is very relevant to cognitive science, *Cahiers de Psychologie Cognitive/European Bulletin of Cognitive Psychology*, 1990, 10, 637-647.

Horn J.M., The Texas adoption project : Adopted children and their intellectual resemblance to biological and adoptive parents, *Child Development*, 1983, 54 (2), 268-275.

Horn J.M., Loehlin J.C., Willerman L., Intellectual resemblance among adoptive and biological relatives, *The Texas adoption project. Behavior Genetics*, 1979, 9, 177-207.

Huteau M., *Manuel de psychologie différentielle*, 1995, Paris : Dunod.

Jensen A.R., How much can we boost IQ and scholastic achievement?, *Harvard Educational Review*, 1969, 39, 1-12.

Jensen A.R., Raising the IQ : The Ramey and Haskins study, *Intelligence*, 1981, 5, 29-40.

Kempthorne O., *An introduction to genetic statistics*, 1973, Ames : The Iowa State University Press.

Leahy A.M., Nature-nurture and intelligence, *Genetics Psychology Monographs*, 1935, 17, 235-307.

Locurto C., The malleability of IQ as judged from adoption studies, *Intelligence*, 1990, 14, 275-292.

Loehlin J.C., Recent adoption studies of IQ, *Human Genetics*, 1980, 55, 297-302.

Loehlin J.C., Willerman L., Horn J.M., Human behavior genetics, *Annual Review of Psychology*, 1988, 39, 101-133.

McGue M., Nature-Nurture and intelligence, *Nature*, 1989, 340, 507-508.

Plomin R., DeFries J.C., Loehlin J.C., Genotype-environment interaction and correlation in the analysis of human behovior, *Psychological Bulletin*, 1977, 84, 309-322.

Plomin R., DeFries J.C., McClearn G.E., Quantitative genetic theory, *in* R.C. Atkinson, G. Lindzey, R.F. Thompson (eds), *Behavioral genetics, a primer*, 207-252, New York : W.H. Freeman and Compagny, 1990.

Plomin R., Rende R., Human behavioral genetics, *Annual Review of Psychology*, 1991, 42, 2-66.

Richardson L.F., The measurement of mental «nature» and the study of adopted children, *Eugenics Review*, 1913, 4, 391-394.

Rutter M. & Rutter M., *Developing minds*, 1993, Oxford : Penguins Books.

Scarr S., Weinberg R.A., IQ performance of black children adopted by white families, *American Psychologist*, 1976, 31, 726-739.

Scarr S., Weinberg R.A., The influence of «family background» on intellectual attainment, *American Sociological Review*, 1978, 43, 674-692.

Scarr S., Weinberg R.A., Nature and nurture strike (out) again, *Intelligence*, 1979, 3, 321-39.

Schiff M., Duyme M., Dumaret A., Stewart J., Tomkiewicz S., Feingold J., Intellectual status of working class children adopted early int upper-middle-class families, *Science*, 1978, 200, 1503-1504.

Schiff M., Lewontin R., *Education and class*, 1986, Oxford : Clarendon Press.

Skodak M., Skeels H.M., A follow-up study of children in adoptive homes, *The Journal of Genetic Psychology*, 1945, 66, 21-58.

Skodak M., Skeels H.M., A final follow-up study of one hundred adopted children, *Journal of Genetic Psychology*, 1949, 75, 85-125.

Spitz H.H., The raising of intelligence, 1986, London : Lawrence Erlbaum Associates.

Suzuki D.T., Griffiths A.J.E., Miller J.H., Lewontin R.C., An introduction to genetic analysis, 1989, New York : W.H. Freeman and Company.

Storfer M., *Intelligence and Giftedness*, 1990, San Francisco : Jossey Bass Publishers.

Teasdale T.W., Owen D.R., Heredity and familial environment in intelligence and educational level : a sibling study, *Nature*, 1984, 309, 620-622.

Teasdale T.W., Sorensen, Educational attainment and social class in adoptees : genetics and environmental contributions, *Journal of Biosocial Science*, 1983, 15, 509-518.

Turkheimer E., On the alleged independence of variance components and group differences, *Cahiers de Psychologie Cognitive/European Bulletin of Cognitive Psychology*, 1990, 10, 686-691.

Wahlsten D., The objectives of human behavior genetics, *Cahiers de Pscyhologie Cognitive/European Bulletin of Cognitive Psychology*, 1990, 10, 696-704.

Walker E., Emory E., Commentary : Interpretative bias and behavioral genetic research, *Child Development*, 1985, 56, 775-778.

Willerman L., Ideological denial of genetic effects on intelligence, *Cahiers de Psychologie Cognitive/European Bulletin of Cognitive Psychology*, 1990, 10, 704-715.

DEUXIÈME PARTIE

FONCTIONNEMENT MENTAL

Chapitre 5
Connexionisme et acquisition de connaissances

Jean Pierre Rossi

Si l'on admet que les capacités d'apprentissage des individus est un facteur déterminant de leur différenciation, il en découle que l'analyse des modèles d'apprentissage est un élément déterminant de la compréhension des différences entre individus. Le but de ce chapitre est de présenter rapidement les propriétés des modèles connexionistes ou modèles neuronaux et de décrire comment, dans cette perspective, sont conçues les acquisitions de connaissances. Ces modèles constituent un cadre permettant d'interpréter l'ensemble des connaissances obtenues en psychologie. C'est ce cadre qui va être décrit car, à ce jour, il n'existe pas un modèle connexioniste mais une grande variété de modèles. Chaque chercheur construit le système qui lui permet de résoudre les problèmes qu'il traite. L'ambition de ce texte n'est pas de présenter une vue exhaustive de ces modèles mais d'analyser leurs propriétés essentielles et de décrire des exemples d'applications étudiés par les chercheurs en psychologie cognitive. Ces exemples ont été préférentiellement choisis dans le domaine de l'apprentissage. Cette description sera complétée par une réflexion sur ce qui théoriquement, dans le cadre de ces modèles, peut faciliter ou améliorer un apprentissage et pourrait en partie expliquer ce que l'on nomme « la précocité intellectuelle ».

I. BASE COMMUNE A TOUS LES SYSTEMES CONNEXIONISTES

1. L'origine

Le terme de connexionisme est introduit en 1981 par Feldman. Il désigne l'ensemble des modèles structurés sur la base d'unités élémentaires interconnectées. Ces modèles sont utilisés dans d'autres disciplines que la psychologie. Leur développement a été important en intelligence artificielle, mais des applications ont été réalisées dans des disciplines aussi diverses que la biologie et l'économie. Les connexionistes utilisent un système d'analyse et de traitement des informations qui peut être appliqué à différents domaines. Il s'agit bien de modèles, c'est-à-dire de quelque chose « qui sert ou doit servir d'objet d'imitation pour faire ou reproduire quelque chose » (dictionnaire le Petit Robert, 1995). Ce modèle débouche sur un outil de simulation exigeant des moyens informatiques relativement simples. En effet, un des intérêts de ces modèles est de permettre des réalisations concrètes simulant des processus étudiés. Pour le psychologue, le connexionisme sera un outil lui permettant de simuler ses conceptions du fonctionnement cognitif et valider ses prédictions en comparant les résultats produits par les systèmes aux données qu'il a recueillies. Comme de plus cet outil semble utiliser les propriétés des systèmes neuronaux (ils sont souvent appelés réseaux neuronaux), le psychologue aura la double exigence d'une validation psychologique et d'une validation biologique. En bref, le chercheur dispose d'un système de simulation s'inspirant de l'organisation neuronale. Sachant que le support de toute la vie psychologique est le cerveau, la tentation est alors de re-conceptualiser l'ensemble des questions traitées en psychologie à partir de cette grille de lecture. On tentera, ainsi, de simuler la perception (Rosenblatt, 1958), la compréhension du langage (Pinker & Prince, 1988), la lecture (McClelland, Rumelhart & Hinton, 1986a,b), la résolution de problèmes (Memmi, 1990), l'acquisition des connaissances (Carbonnell, Michalski & Mitchell, 1993), bref la plupart des activités cognitives. Force est de constater qu'à ce jour, les activités mettant en œuvre le traitement des informations ont été privilégiées mais la possibilité de généralisation de ces modèles à l'ensemble des comportements n'a pas encore été analysée. La description de ces systèmes permet pourtant d'en appréhender les limites. Cette description porte sur les unités élémentaires et leurs systèmes de connexion. Même si les conceptions, les fonctions, les modes d'organisation, les relations ainsi que les processus d'activation de ces unités varient d'un modèle à l'autre, certains principes fondamentaux se retrouvent dans tous les modèles.

2. L'unité élémentaire

L'unité élémentaire est un neurone formel ou une unité de calcul. Comme le cerveau est constitué de neurones, le système connexioniste est formé d'unités élémentaires. Le contenu et la fonction de cette unité varient selon l'auteur et l'objet du réseau. Quatre catégories d'unités sont généralement distinguées : des unités que l'on qualifiera d'images, des unités procédures de calcul, des unités fonctions et des unités vides. Les premières catégories d'unités sont des représentations ou des images d'objets ou de symboles réels. Il peut s'agir des caractéristiques visuelles (traits distinctifs), d'une lettre, d'un mot, d'une proposition ou de toute autre unité de traitement (McClelland, Rumelhart & Hinton, 1986a). Dans ce cas, à chaque unité correspond un objet ou un symbole. Une unité correspondra, par exemple, à la lettre A.

Chaque unité peut être définie en fonction de ce qu'elle représente, de la nature de ses entrées, de son système d'activation et de propagation de l'influx ainsi que de la nature de la sortie. Le problème de la définition des unités de traitement a été au cœur des recherches qui, de «l'information processing» à la psychologie cognitive, conçoivent la cognition comme un système de traitement de l'information. Les discussions sur le format et les constituants des représentations mentales sont toujours actuelles. A ce stade, l'intérêt des modèles connexionistes est de travailler sur plusieurs catégories unités. En effet, les systèmes multicouches sont construits sur le principe de l'existence d'une couche neuronale par unité de traitement. Il est classique de regrouper dans la même couche neuronale toutes les unités correspondant à la même catégorie. C'est ainsi que dans leur modèle d'identification des mots, McClelland, Rumelhart & Hinton (1986b) prévoient une couche pour traiter les caractéristiques visuelles, une pour les lettres et une pour les mots. Une description de ce modèle est représentée dans la figure 1. La première couche contient des unités correspondant aux traits caractéristiques. Cette notion de traits caractéristiques renvoie aux recherches de Hubel et Wiesel (1962) qui ont mis en évidence des groupes de neurones qui répondent spécifiquement à certaines caractéristiques visuelles. Certains neurones sont activés par la présentation d'un angle aigu, d'autres par un déplacement de gauche à droite et ainsi de suite. Tout se passe comme si le stimulus était décomposé en unités élémentaires dont l'activation simultanée permettrait la perception de l'objet. La combinaison de l'activation d'un groupe de traits spécifiques débouche sur l'activation d'une lettre. On dispose ainsi d'une couche lettre qui elle-même peut être activée par la présentation de lettres. Ces deux couches font apparemment double emploi puisque l'activation d'une lettre peut avoir pour origine soit l'activation d'un groupe de traits caractéristiques soit l'activation directe de la lettre. En fait le système est très redondant de sorte que, selon les cas, un système peut prendre le pas sur un autre. L'existence d'une couche neuronale comprenant des mots (usuels) en entier ajoute encore de la redondance mais correspond au fait que le bon lecteur ne décode pas lettre par lettre mais appréhende des entités ayant au moins la taille d'un mot. La redondance du système est utile à plusieurs titres, en particulier lorsque des fautes d'imprimerie ou des difficultés de perception font que les unités de plus grandes tailles sont difficilement identifiables, dans ce cas, le traitement des unités de tailles inférieures devient utile. Le fait que les différentes unités sont activées dans des périodes temporelles proches, si ce n'est égales, permet des systèmes de compensation. Il n'y a pas exclusivement traitement séquentiel allant des traits caractéristiques aux mots globaux mais aussi traitement simultané des propriétés globales des mots, des propriétés des lettres et de celles des traits caractéristiques. La possibilité de mettre en œuvre simultanément plusieurs niveaux de traitements est une des propriétés intéressantes du système.

Les unités calculs sont bien définies par leur intitulé, chaque unité effectue un calcul particulier, par exemple multiplier une valeur d'entrée par une constante ou même multiplier des valeurs représentées dans d'autres unités, c'est dire que ces unités sont généralement connectées à des unités d'une autre nature, par exemple des unités que nous avons qualifiées d'images. L'essentiel des fonctions mathématiques peuvent être affectées à des unités, même si parfois il est économique de décomposer une fonction en ses différentes composantes, chaque composante correspondant à une unité différente.

Les fonctions et relations logiques peuvent elles aussi être affectées à des unités. Causalité, adversité, conditionnement, bref toutes les fonctions utilisées dans le langage et le raisonnement peuvent être représentées sous forme d'unités. La spécificité de cette catégorie d'unités tient au fait que leur rôle consiste à mettre en relation ou à modifier d'autres unités, c'est pourquoi certaines d'entre elles pourront être exprimées aussi facilement par une régulation du système de propagation de l'influx entre les unités. Dans ce cas, au lieu de créer une unité, on impose des contraintes de propagation de l'activation.

Les unités «vides» constituent une autre catégorie d'unités. Dans ce cas, l'unité est simplement un relais dont la fonction essentielle est de réguler et d'orienter la propagation de l'activation. On peut ainsi imaginer que les objets ou les symboles sont représentés non par une unité

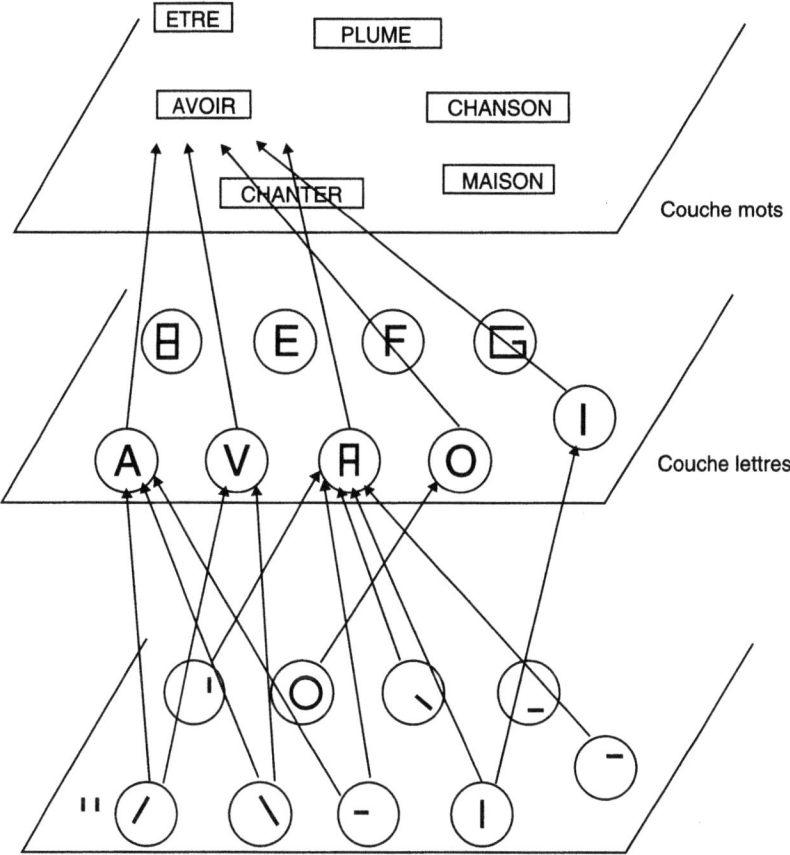

Figure 1 — Représentation du modèle d'identification de mots (McClelland, Rumelhart & Hinton, 1986a).

mais par un pattern d'activation mettant en jeu plusieurs unités. Cette propriété est particulièrement intéressante lorsque plusieurs objets présentent des qualités communes. Par ce système, ils peuvent partager certaines unités et certains parcours dans le circuit tout en ayant des parties spécifiques. Cette situation est habituelle en sémantique où deux synonymes ont en commun certaines propriétés sémantiques tout en se différenciant sur d'autres. La conséquence de l'application d'un tel système est que l'apprentissage ne consiste plus à affecter des propriétés à une unité mais à créer des patterns d'activation ce qui semble actuellement plus conforme aux données que l'on possède sur la biologie de l'apprentissage.

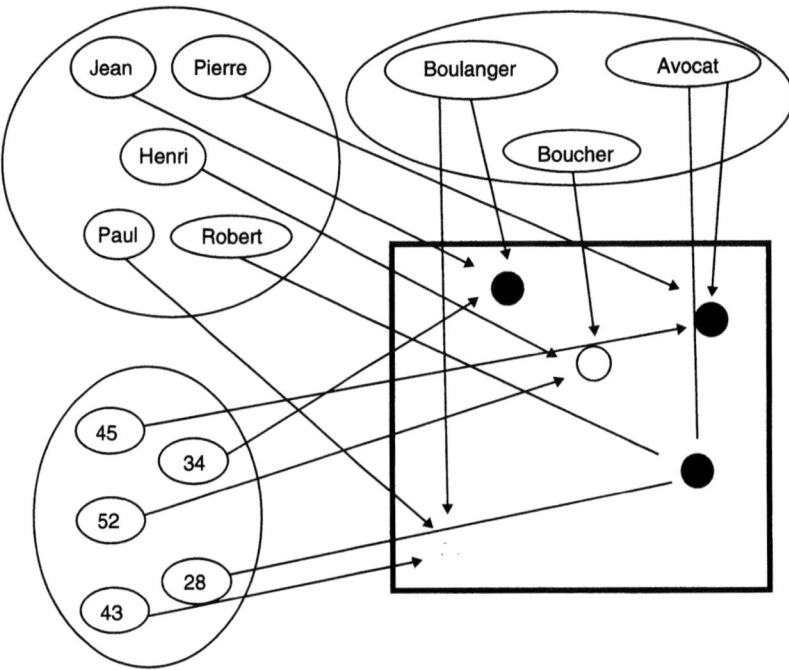

Figure 2 — *Représentation du système (McClelland, Rumelhart & Hinton, 1986b).*

A coté de ces unités, certains systèmes possèdent des nœuds (McClelland, Rumelhart & Hinton, 1986b). Le nœud est un lieu géométrique où convergent des activations provenant de différents répertoires. Sur le modèle du système de McClelland, Rumelhart & Hinton (1986b), supposons une liste de 5 personnes, chacune d'entre elles est caractérisée par son prénom, son métier, son âge, sa situation de famille. Chaque caractéristique est stockée dans un répertoire (fig. 2). A coté de ces répertoires sont situés des nœuds sur lesquels convergent les caractéristiques d'un individu particulier. En suivant les flèches représentées sur la figure 2, on peut, à partir d'un nœud, retrouver toutes les caractéristiques d'un individu donné ou bien, à partir d'une unité d'un des répertoires, retrouver tous les individus possédant une qualité particulière. Ainsi, peut-on lire qu'Henri, âgé de 52 ans, est boucher, tandis que Paul, qui a 43 ans, est boulanger. L'avantage d'une organisation de ce type est que chaque unité du répertoire peut être associée à toutes les autres de sorte qu'avec un nombre limité d'unités on peut créer un très grand nombre de combinaisons.

La description de ces différentes unités donne une idée des choix qui sont offerts au chercheur. Si l'on souhaite modéliser un processus biologique, il est nécessaire d'utiliser l'unité qui représente le mieux le neurone et dont le fonctionnement se rapproche le plus de celui des structures neuronales. Plusieurs questions sont alors posées. Un neurone ou un groupe de neurones peuvent-ils contenir la représentation d'un objet ou d'un symbole ? Si la réponse est positive, il faut alors préciser comment la représentation d'un symbole (ou d'un objet) vont être stockés par une structure neuronale. Ces questions ne peuvent être traitées qu'après avoir déterminé quelles unités possèdent les propriétés des neurones. Sur un point, les chercheurs sont unanimes, un neurone est un système qui peut être activé. Il faut donc décrire comment ce processus d'activation est conçu par les connexionistes.

3. Le processus d'activation

Chaque unité peut être activée. Dans les modèles les plus élémentaires les unités prennent deux valeurs : activées ou non activées. Cette activation peut être exprimée de façon numérique, par des modifications de couleur ou de fréquences. Dans la plupart des systèmes actuels, l'activation varie de façon continue entre deux bornes plus ou moins éloignées. Toutes les fonctions d'activation sont possibles sachant que dans ce cas, chaque unité se comporte comme un accumulateur d'activation qui va avoir deux propriétés : accumuler l'activation provenant de sources diverses et déclencher la propagation des influx après traitement le cas échéant. Pour rendre compte des phénomènes d'inhibition on utilise parfois des valeurs négatives. La fonction d'activation va osciller entre une valeur négative et une valeur positive tantôt symétrique, tantôt non symétrique. Les valeurs négatives ont pour but de diminuer le niveau d'activation et donc de ralentir ou même de bloquer la propagation de l'influx. Cette possibilité est liée au fait que chaque unité est connectée à plusieurs autres et donc reçoit différentes quantités «d'activation». Ainsi, une valeur positive peut être annulée par une valeur négative. Lorsque la valeur négative l'emporte, soit l'inhibition est propagée à d'autres unités, soit la propagation de l'activation est bloquée.

La vitesse de propagation aux autres cellules ou l'importance de l'activation propagée peuvent varier proportionnellement à la quantité d'influx stockée. C'est une nouvelle possibilité donnée au chercheur qui peut définir des fonctions de propagation dépendantes ou non de la fonction d'activation de l'unité. En fait, il est possible de jouer sur deux nouveaux paramètres : la fonction d'activation et la fonction de propagation. Augmenter ou baisser l'activation propagée aux unités voisines peut correspondre au fait d'augmenter ou de diminuer le nombre d'unités qui seront activées, de réguler l'importance de cette activation (par unité) ou même de faire varier la distance de propagation, c'est-à-dire le niveau auquel va s'étendre la propagation. Il est en effet possible soit d'augmenter le nombre d'unités activées, soit d'augmenter le nombre de niveaux qui seront affectés par cette propagation. Un autre système de régulation peut être utilisé, il correspond à la technique des seuils.

En effet, l'accumulateur (c'est-à-dire l'unité) peut de plus comporter un ou plusieurs seuils au-dessous duquel l'activation ne se propage pas et au-dessus duquel il y a propagation. L'existence de plusieurs seuils permet de grandes possibilités de modulations de la propagation limitant l'activation à certaines régions ou couches. Des règles interviennent pour réguler l'évolution temporelle de l'activation à l'intérieur de l'accumulateur, aussi bien lorsque l'activation est infraliminaire que lorsqu'elle est supra-liminaire. L'importance de cette propagation pouvant être régulée de différentes façons.

L'ensemble des paramètres décrits précédemment peuvent être affectés par des constantes temporelles qui agissent le plus souvent de sorte que l'activation décroît en fonction du temps. Cette dégradation peut être à la fois plus ou moins progressive et plus ou moins rapide. Il est évident que dans tout système de ce type, il faut prévoir des positions de repos. Ces positions ne correspondent généralement pas à une non activation mais plutôt à un état d'activité faible. Ce niveau de base peut varier d'une unité à l'autre et être dépendant de la situation et des apprentissages. Nous verrons ultérieurement qu'un apprentissage peut avoir pour effet une situation de pré-activation.

4. L'architecture du système

Par architecture, il faut entendre l'organisation générale du système. Cette architecture est décrite en terme de couches d'unités. Dans les systèmes les plus simples, deux couches sont utilisées, une couche d'entrée et une couche de sortie. Ces systèmes correspondent à un schéma simplifié stimulus-réponse. A des entrées sont directement associées des sorties. Les systèmes plus sophistiqués comprennent un nombre de couches intermédiaires, dites aussi couches cachées, plus ou moins élevé. Dans certaines situations les fonctions de ces différentes couches sont définies *a priori*, c'est-à-dire par le constructeur, dans d'autres leurs rôles et fonctions seront acquis par apprentissage. Le système présenté dans la figure 1 comporte trois couches cachées : une couche d'unités qui traite les caractéristiques des lettres, une couche qui traite les lettres et une couche qui traite les mots. Il faudrait ajouter la couche d'entrée qui est chargée de la saisie de l'information, c'est-à-dire de la transformation du dessin visuel en une image susceptible d'être traitée par les trois couches intermédiaires et une couche de sortie correspondant à la prononciation du mot lu. Le nombre de couches cachées peut évidemment varier de façon importante. Il dépendra généralement de la complexité et du nombre des traitements intermédiaires. Chaque couche peut être définie par le type d'unité qu'elle traite (lettres, mots...) ou par les fonctions qu'elle exécute. En tout état de cause, cette organisation en couches n'implique pas forcément une organisation hiérarchique. D'une part, les différentes couches peuvent travailler simultanément, donc pas de séquentialisation des traitements et, d'autre part, tout un système d'activation mutuelle est possible, avec évidemment de nombreux feed-backs. Cette organisation repose sur des réseaux de connexion fort complexes dont les principes méritent d'être décrits.

5. Connexion entre unités

La propagation de l'influx suppose l'existence de connexions entre les unités. Ces connexions peuvent être exprimées en forme de liens ou de proximités, en terme de coordonnées, de couleurs ou de résonance. Trois types de relations peuvent être identifiées : relations entre unités de couches différentes, relations entre unités de la même couche et relation en boucle : une unité étant reliée avec elle-même.

Les relations entre couches sont les plus classiques dans le modèle de McClelland, les traits caractéristiques activent les lettres qui activent les mots. Ainsi, les éléments d'une couche inférieure activent les éléments d'une couche située immédiatement au-dessus. Mais on peut aussi concevoir des sauts allant vers des couches plus élevées sans respecter systématiquement l'ordre des couches. Il est même possible d'envisager des phénomènes «top-down» permettant un contrôle des couches inférieures par les couches supérieures. Ces phénomènes sont très habituels en psychologie. L'activité de «back-propagation» permet, entre autres, de procéder à des corrections d'erreurs de la couche de sortie vers les couches internes. Connaissant les inputs d'entrée et la réponse attendue, on peut ainsi procéder à un apprentissage par essais et erreurs. Le système procédant à des corrections jusqu'au moment où la sortie attendue est activée. Cette organisation peut être complétée par un système faisant converger toutes les unités activées vers une unité de haut niveau. Ainsi, en plus d'une cascade d'activations, il est possible d'avoir des unités de convergence.

Dans les réseaux récurrents, le fait qu'une unité soit bouclée sur elle-même permet des procédures de recyclage et de calcul jusqu'au respect d'un critère tel que l'obtention d'une certaine valeur ou d'un état stable.

Dans la plupart des systèmes, la connexion est un simple canal de transmission qui ne modifie pas le message qui circule. Malgré tout, la distance et le temps sont des facteurs qui peuvent affecter l'intensité de l'activation. Si les deux unités connectées sont très distantes, le principe de l'affaiblissement de l'activation du fait de la simple durée de transmission jouera de sorte que le message qui arrivera sera nettement plus faible que le message de départ. Ainsi, des contraintes temporelles liées ou non à des contraintes spatiales peuvent avoir un effet sur l'intensité de l'activation. Le chercheur dispose d'un nouveau paramètre sur lequel il peut agir. On peut facilement imaginer que deux mots sémantiquement proches seront, dans le réseau, voisins, tandis que deux mots sémantiquement très différents seront très éloignés. La lecture du premier mot activera ses voisins mais sera sans effet sur ceux qui sont loin. Nous verrons ultérieurement que l'apprentissage aura pour effet de jouer sur ces systèmes de connexion.

Le fonctionnement de ces réseaux peut être illustré par des exemples tirés des travaux sur les réseaux sémantiques.

II. EXEMPLE DE RÉSEAUX CONNEXIONISTES : LES ÉTUDES SUR LES RÉSEAUX SÉMANTIQUES

Les réseaux sémantiques ont été l'objet de modélisations de type connexionistes dès les années 1970. Le nombre des travaux réalisés dans ce domaine permet d'illustrer les principales propriétés de ces modèles.

L'hypothèse sur laquelle repose les travaux sur les réseaux sémantiques est que tout individu qui sait parler possède un lexique mental contenant des mots et leur signification. L'étude sur les réseaux sémantiques porte sur l'organisation du sens stocké en mémoire, c'est-à-dire sur ce que les psychologues nomment la mémoire sémantique.

Les réseaux sémantiques sont introduits en 1967 par Quillian. Ils sont utilisés pour décrire l'organisation de la mémoire sémantique. Cette mémoire est modélisée sous la forme de nœuds interconnectés par différentes formes de relations associatives. Dans les formes les plus simples,

les nœuds sont des mots-concepts reliés à d'autres mots-concepts. Par exemple, au mot canari sont associés tous les mots qui le décrivent, c'est un oiseau, de couleur jaune ayant la taille d'un moineau et faisant partie des oiseaux et peut être élevé en cage... Il est donc possible de construire un réseau associant au mot canari l'ensemble des caractéristiques de cet oiseau. Dans le lexique d'un individu donné sont stockées toutes les connaissances que cet individu posséde. L'éleveur de canari associe un plus grand nombre d'informations au mot canari que l'individu qui ne connaît cet animal que par ouï dire. Le fait d'associer le concept « oiseau » au concept « canari » fait que ce dernier hérite de toutes les propriétés de l'oiseau à savoir il vole, il possède un bec, il est ovipare...

Les concepts peuvent eux-mêmes être organisés en thèmes. Ainsi, on peut imaginer qu'une partie du réseau comprend l'ensemble des animaux par opposition aux végétaux. Parmi les animaux, plusieurs classes peuvent être constituées, il est possible de regrouper les mammifères. Parmi les mammifères, il est possible de distinguer plusieurs sous-classes. On peut ainsi aboutir à des arbres hiérarchiques au moyen desquels il est possible d'organiser le lexique. A l'intérieur de chaque sous-classe, les différents objets ne sont pas classés de façon aléatoire. Rosch (1973) a proposé d'organiser le réseau en termes de typicalité. A la tête de la classe se trouve l'objet le plus typique, c'est-à-dire le plus représentatif de la classe. Le moineau par exemple représente mieux la classe des oiseaux que le pingouin. Cette organisation du réseau n'est pas neutre dans la mesure où elle détermine la probabilité pour un concept d'être activé lors de la présentation d'un autre concept. Si, dans la structure hiérarchique, le concept oiseau est très proche du concept canari mais très éloigné du concept pingouin, la probabilité qu'oiseau soit activé sera forte lors de la présentation du mot canari mais faible lors de la présentation pingouin. Pour la plupart d'entre nous, la caractéristique essentielle du pingouin, n'étant pas d'être un oiseau mais d'être un animal vivant sous des climats froids.

Le principe de base de cette analyse sémantique est de décomposer le sens d'un mot en une série de primitives qui vont lui être associées. Ainsi, les réseaux connexionistes se prêtent parfaitement à la représentation d'un tel système. Pour chacune des caractéristiques du réseau, le chercheur doit choisir entre les différentes possibilités qui lui sont offertes et qui ont été pour l'essentiel décrites précédemment. Ainsi, il doit d'abord préciser sous quelle forme doivent être représentés concepts et primitives. Dans le modèle de Quillian, le concept peut être un nœud tandis que les primitives seront des unités du répertoire (McClelland). A chaque nœud de même qu'à chaque unité pourrait être associé un mot du vocabulaire.

Le sens du mot résulte alors de l'association d'une série d'autres mots. Comme dans le dictionnaire, un mot est défini par d'autres mots. Pour pallier cet inconvénient, il a été proposé (Rossi, 1981) d'utiliser des unités qui ont été qualifiées de vides de sorte que le sens d'un concept puisse être représenté par une configuration neuronale. Dans ce cadre, la distinction Saussurienne (1962) entre signifiant et signifié est reprise. Le signifiant est la représentation graphique (mot écrit) ou phonologique (mot entendu) tandis que le signifié est le sens. Utilisant cette dichotomie, il est possible d'associer à chaque signifiant une configuration d'unités vides. Cette configuration contient la représentation des primitives qui sont partagées avec d'autres signifiants et les primitives qui sont spécifiques du signifiant activé. Dans un tel système, le principe de la variation de l'activation peut évidemment être utilisé. Selon le contexte, une partie de la configuration peut être plus fortement activée qu'une autre partie, de sorte que la situation ou même les attitudes du lecteur ou de l'auditeur déterminent les primitives qui seront le plus activées. C'est sans doute des processus de ce type qui sont à l'origine des erreurs de mémoire. Si l'individu fait une erreur lors d'un rappel, c'est peut-être par ce qu'à ce moment, il se souvient d'éléments qui étaient associés à l'apprentissage et donc ont été activés durant cette période.

Dans ce système, le lien entre les unités est simplement de type associatif, mais il est possible d'imaginer d'autres systèmes de liaisons. Ainsi, lorsqu'il s'agit de traiter des phrases ou des textes, il est nécessaire de mettre en œuvre toute une variété de relations : relations causales, oppositions, conditionnement... Comme précédemment, le chercheur a le choix entre différents systèmes de représentation. Il peut, par exemple, affecter à certaines unités des fonctions précises. L'unité «cause» permettrait de relier deux concepts. Une autre technique consisterait à associer les causes et les conséquences aux concepts eux-mêmes. Ainsi, au verbe «tomber» seraient automatiquement associées une cause et une conséquence. L'ensemble des causes et des conséquences associées à un concept peuvent elles-mêmes être stockées en mémoire, c'est-à-dire reliées au concept et faire partie de son réseau. Bref, à chaque étape de la modélisation, le chercheur doit choisir entre différentes solutions techniques. L'informaticien qui a pour seule ambition de construire un système qui fonctionne choisira la solution techniquement la plus efficace, le psychologue, en revanche, cherchera la solution susceptible d'avoir la meilleure validité psychologique et biologique.

L'exemple des réseaux sémantiques est intéressant dans la mesure où il permet d'illustrer l'essentiel des caractéristiques des réseaux connexionistes. Mais les modèles connexionistes ont été utilisés pour modéliser d'autres fonctions. En dehors du langage, ils ont été utilisés pour modéliser différentes fonctions telles que perception, la résolution de problèmes ou les phénomènes d'apprentissage.

III. APPRENTISSAGE

Une des propriétés intéressantes des modèles connexionistes est qu'ils sont capables d'apprentissage. Cet apprentissage peut prendre différentes formes : création de nouveaux chemins, création de nouvelles unités à l'intérieur de couches existantes ou création de nouvelles couches. Techniquement, cela correspond à deux catégories d'apprentissage. Dans le premier cas, il s'agit uniquement de réorganiser des connaissances existantes, dans les deux autres cas, il s'agit soit d'ajouter une nouvelle unité soit de créer de nouvelles structures et de nouvelles fonctions. Ces créations utilisent toujours des connaissances antérieures mais nécessitent l'élaboration de nouvelles unités.

1. Création d'un parcours

Une connaissance stockée en mémoire correspond à un chemin ou un parcours à l'intérieur d'un réseau. L'émergence d'une nouvelle connaissance revient alors à la création partielle ou totale d'un nouveau parcours. Dans la pratique, ce nouveau parcours va être créé grâce à la répétition. Le renouvellement fréquent d'un événement aboutit à modifier la force des connexions entre les unités. En accord avec la loi de Hebb, une connexion est renforcée si les unités qu'elle relie sont activées simultanément. Pour prendre une image, dans la campagne, l'utilisation par différentes personnes d'un même parcours aboutit à créer un chemin. Il en est de même dans un système connexioniste : la répétition de l'activation simultanée de différentes unités aboutit à renforcer les connexions entre ces unités, c'est-à-dire à créer un circuit dans lequel va se propager l'activation. Deux cas peuvent se présenter : soit création par le système d'un parcours entièrement nouveau, soit modification d'un parcours existant. Dans les deux cas, le système possède les unités dont il a besoin, seules les connexions sont créées ou modifiées.

La création d'un nouveau parcours peut résulter de différents processus. Prenons l'exemple d'une situation ou l'input d'entrée et l'output de sortie sont connus de même que le nombre de couches intermédiaires. L'apprentissage se fait en soumettant des exemples au système. Celui-ci cherche un chemin permettant d'aller de l'input qui est connu à l'output, c'est-à-dire à la réponse attendue. Pour le choix du chemin, il est possible d'imposer des critères : chemin nécessitant le moins d'énergie, chemin faisant intervenir telle(s) unité(s)... L'intérêt d'un système de ce type vient de ce qu'il définit le rôle des couches intermédiaires. Le psychologue peut être intéressé par les chemins qui sont ainsi tracés dans la mesure où ils peuvent lui suggérer des systèmes de traitement auxquels il n'avait pas pensé. Il peut découvrir les types d'unités, les caractéristiques des couches et les circuits qui sont utilisés. Il sera intéressé non seulement par les caractéristiques des unités élémentaires que le système utilise mais aussi par les systèmes de relations qu'il met en œuvre. Il dispose ainsi d'une simulation susceptible de lui suggérer des processus non triviaux. C'est ainsi que Rumelhart, Hinton et Williams (1986) ont élaboré un système construisant des arbres généalogiques. A l'entrée, ils listent les individus et les liens de parenté, à la sortie, ils présentent deux exemples d'arbres généalogiques : l'un correspondant à une famille italienne, l'autre à une famille anglaise. Quatre couches étant prévues, le système après avoir été confronté à des exemples, affecte l'une des couches à la nationalité, une autre à la génération, une autre à l'un des cotés de l'arbre généalogique. Ainsi, le réseau a élaboré une représentation pertinente du problème qui n'était pas explicitée lors de sa construction.

L'efficacité d'un tel système dépend à la fois de la précision du système d'entrée et de sortie et du type d'exemples proposés puisque le but de l'apprentissage est de dégager des règles applicables à une classe de situation (construction de l'arbre généalogique, apprentissage de la formation du prétérit en anglais, Rumelhart et McClelland, 1986) à partir du traitement d'un nombre d'exemples définis. Il va de soi que la construction de la règle est directement dépendante des exemples choisis et de la procédure d'apprentissage. En effet, un apprentissage trop long sur une sous-classe d'exemples peut empêcher toute généralisation ou de façon plus générale la découverte des règles correspondant aux autres exemples. Le choix du nombre de couches constitue aussi un élément déterminant de la capacité d'analyse du système. Faute de disposer d'une analyse suffisamment précise, le chercheur peut procéder par essais et erreurs.

Le système est plus contraint lorsque par construction on définit les unités constituant les couches intermédiaires et que l'on implante des connaissances, c'est-à-dire que l'on trace des chemins. Pour le psychologue, les systèmes de cette dernière catégorie correspondent aux situations où l'on implante des connaissances préalables. En effet, si des connaissances existent, l'acquisition d'une nouvelle connaissance peut se faire selon le principe de l'assimilation et de l'accommodation chère à

Piaget (1964). La nouvelle connaissance est assimilée aux connaissances anciennes et ces dernières sont accommodées de sorte à prendre en compte les nouvelles données. Cela revient à utiliser et combiner d'anciens parcours quitte à créer de nouvelles liaisons.

L'analyse de ces différents parcours qui permettent d'aboutir aux mêmes réponses est à plus d'un titre intéressante. Il est clair que pour la plupart des activités intellectuelles, l'adulte possède des modes opératoires différents. La même tâche peut être effectuée en utilisant des procédures différentes. Ces procédures varient d'un individu à l'autre. Ces variations dépendent étroitement de la compétence de l'opérateur. Le novice n'utilisera pas les mêmes procédures que l'expert même si le résultat final peut être identique. De même, les procédures utilisées par un individu donné varient. Ces variations peuvent dépendre des contraintes temporelles, de l'intérêt ou même du moment où est effectuée la tâche. L'existence de cette variabilité intra-individuelle est représentée dans le réseau par l'existence de différents chemins qui partant d'un même input aboutissent à un même output. Il est probable que la compétence d'un individu dans une tâche donnée dépend de sa capacité à mettre en œuvre des modes opératoires de substitution. Si l'on ne connaît qu'un chemin pour aller de A vers B, lorsque celui-ci est impraticable, il devient impossible de se déplacer. En revanche, plus on connaît de chemins qui relient A et B, plus la probabilité de joindre ces deux points est grande quelque soient les conditions. C'est en ce sens que la compétence dans un domaine peut être liée à la capacité à disposer d'une grande variété de modes opératoires. Les systèmes connexionistes permettent de représenter simplement cette compétence. Ajoutons enfin que l'analyse des parties communes à ses différentes variations permet de définir les passages obligés, c'est-à-dire les connaissances nécessaires pour réaliser la tâche.

2. Création de nouvelles unités et de nouvelles couches

Certains systèmes sont actuellement capables de créer de nouvelles unités ou même de nouvelles couches. Confronté à un élément nouveau, le système crée une ou plusieurs nouvelles unités. La difficulté vient de ce que le nouvel élément sera lié au contexte particulier dans lequel il aura été créé. Cet effet de contexte va constituer un handicap car lorsque l'élément sera présenté dans un autre contexte, le système ne le reconnaîtra pas. Cet apprentissage reste donc très conceptualisé. On retrouve là un aspect du phénomène de généralisation, rencontré dans la plupart des situations d'apprentissage consistant à dégager l'unité du contexte dans lequel elle a été apprise. On peut pourtant se demander si, dans l'activité humaine, bon nombre de nos apprentissages ne sont pas de ce type. L'éducateur sait que la principale difficulté qu'il rencontre porte sur la généralisation de la règle, l'apprenant se limitant souvent à retenir les exemples qui lui ont été présentés. La technique consiste alors à utiliser des exemples illustrant l'ensemble des cas dans lesquels la règle s'applique et de façon complémentaire en indiquant ceux pour lesquels une autre règle doit être mise en œuvre. Ces processus de généralisation et de spécification sont l'objet d'études intéressantes dans le cadre des théories connexionistes.

3. Comment faciliter l'apprentissage ?

Le modèle d'apprentissage étant décrit, il est possible de s'interroger sur ce qui, théoriquement, peut faciliter ou gêner de nouvelles acquisitions et donc permettre de comprendre la précocité intellectuelle. Cette réflexion est limitée à l'analyse des propriétés du système indépendamment des données empiriques obtenues par les spécialistes de l'apprentissage. Qu'il s'agisse du tracé d'un nouveau parcours ou de la création de nouvelles unités ou couches intermédiaires, la règle principale est que « plus les connaissances sont nombreuses plus les apprentissages sont facilités ». Cette règle peut être considérée comme une conséquence directe du processus « assimilation/accommodation » : la nouvelle situation est traitée par les réseaux existants, en cas d'échec on tente de combiner les réseaux afin de trouver la meilleure solution. Cette combinaison revient à rechercher de nouvelles connexions dans le système. La capacité à combiner les connaissances est un facteur déterminant dans les apprentissages. Si toutes les tentatives de combinatoires échouent, il devient alors nécessaire soit de créer des trajets entièrement nouveaux soit de créer de nouvelles unités ou de nouvelles couches. La création de trajet entièrement nouveau consiste à relier de façon originale des unités qui existent. En fait, le niveau des connaissances anciennes utilisées varie, il peut s'agir soit de parties de réseaux qui sont combinés soit des simples unités qui sont connectées de façon entièrement nouvelle.

La création de nouvelles unités ou de nouvelles couches sera facilitée si le réseau contient des éléments proches de ceux qui seront créés. Elle sera d'autant plus efficace que ces nouvelles structures s'intègreront aux anciennes, c'est-à-dire seront connectées avec elles. En fait, le système aboutit à ce que les possibilités d'amélioration sont d'autant plus fortes que les connaissances sont nombreuses et variées. C'est un effet boule de neige : plus les connaissances sont nombreuses plus l'analyse des situations est aisée et plus les possibilités d'apprentissage sont fortes. C'est dire le rôle de la motivation et de la curiosité. A première vue, une explication de la précocité intellectuelle pourrait être liée à cette appétence de connaissance auquel chacun s'accorde à reconnaître un rôle moteur dans le développement. La curiosité et la soif de connaissances pourraient ainsi être à l'origine du système boule de neige décrit précédemment. Cette piste peut être considérée comme une des hypothèses pouvant être supportées par les modèles connexionistes. Elle n'est évidemment pas la seule.

CONCLUSION

La description de ces différentes unités et nœuds montrent qu'il n'existe pas un système connexioniste mais plutôt une approche connexioniste caractérisée par une modélisation des processus en termes d'unités élémentaires interconnectées. Dans ce cadre, le chercheur est amené à faire des choix. L'informaticien cherchera le système le plus efficace pour résoudre le problème qu'il doit traiter. En revanche, le psychologue dont l'ambition est d'élaborer un modèle possédant une validité psychologique et biologique, recherchera le modèle qui correspondra le mieux aux données ou observations qu'il a recueillies. Ses exigences se situeront donc à trois niveaux : a) construire un système qui produise des réponses; b) faire en sorte que le fonctionnement de ce système ne déroge pas aux lois régissant le fonctionnement neuronal (validité biologique); c) adapter le système de sorte que les réponses qu'il produit correspondent aux données qu'il a enregistrées (validité psychologique). Cette triple exigence est évidemment difficile à réaliser, c'est pourquoi, actuellement, les modèles connexionistes sont essentiellement utilisés dans la perspective d'une modélisation théorique servant de cadre à une nouvelle conceptualisation des problèmes.

Dans la perspective de cet ouvrage, les problèmes posés par ce type de modèles ont trait aux capacités d'apprentissage du système. Si l'on se réfère au modèle, peut-on affirmer que les capacités d'apprentissage sont équivalentes pour tous? Le système décrit indique que plus un réseau a stocké d'informations, plus il est capable d'apprendre. La modélisation de l'acquisition de connaissances sous forme de combinaison de parcours illustre parfaitement ce principe. Il en est de même pour ce qui est de la création d'unités et de couches nouvelles. Plus le système possède d'unités et de couches, plus la création de nouvelles unités et couches devient facile, qui plus est plus le système contient d'unités et de couches, moins il est probable qu'il soit obligé d'en créer de nouvelles.

Une autre conséquence du système est que plus les connaissances stockées en mémoire sont générales, c'est-à-dire schématiques, plus les capacités d'apprentissage sont grandes. Par connaissances schématiques on entend des structures de connaissance pouvant être appliquées à différentes situations. On prendra comme exemple de structure de connaissance les schémas de texte. Un schéma de texte décrit la structure d'une catégorie de textes. Ainsi, le chercheur sait qu'un article présentant une recherche expérimentale possède une structure canonique avec la présentation du problème suivi de l'exposé et la discussion des connaissances actuelles qui débouche sur la formalisation d'une nouvelle problématique ou de nouvelles hypothèses. Cette première partie est complétée par la présentation de l'expérience : description de la situation, de la tâche, du matériel, des sujets. Vient ensuite la présentation des résultats et leur discussion puis leur interprétation. L'article se termine par une conclusion qui récapitule les résultats, montre leur intérêt, les relativise et ouvre de nouvelles voies. La connaissance de ce schéma va évidemment faciliter la compréhension du texte puisqu'à la limite la tâche du lecteur est ramenée à rechercher les informations qui actualisent son schéma. La question est de savoir si l'essentiel des apprentissages scolaires ne devraient pas porter sur l'acquisition de ces schémas de connaissance. Force est de constater que les éducateurs attendent que l'apprenant dégage lui-même ces structures qui ne sont que très rarement explicitées. Certes la recherche de ces structures constitue un exercice intéressant mais ne pourrait-on pas aider l'élève dans cette recherche ?

Le second point est l'intégration, dans les réseaux, de l'émotion, de la personnalité et de la motivation qui jouent un rôle déterminant dans l'ensemble des apprentissages. Les recherches en cours indiquent qu'il est possible d'intégrer ces variables soit par action sur les systèmes de connexion soit en attribuant aux réseaux des préférences (Edelman, 1992). Ces préférences peuvent se manifester par une facilitation de propagation ou même par des modifications des critères de stabilisation du réseau.

En fait, les systèmes construits sur la base d'unités élémentaires reliées en réseaux possèdent toutes les propriétés des théories associationnistes (Mednick, 1962). Ils possèdent toutes les propriétés des processus d'assimilation et d'accommodation mais aussi toutes les limites d'un système qui s'avère essentiellement capable de calculer des combinatoires. Dans ces systèmes, l'apprentissage et l'émergence de nouvelles connaissances résultent des mêmes processus que ceux décrits par les associationnistes. A ces propriétés de base s'ajoutent d'autres propriétés telles que la capacité de calcul. C'est pourquoi les modèles connexionistes peuvent être qualifiés de néo-associationnistes. Pour ces raisons il faut concevoir les modèles connexionistes comme des outils susceptibles d'aider la formalisation des problèmes et non comme des répliques du système cognitif sachant qu'en aucune façon ces systèmes seront capables d'approcher les capacités créatives des êtres humains.

RÉFÉRENCES

Carbonnell J., Michalski R., Mitchell T., *Machine Learning*, 1983, Palo Alto, C.A., Tioga.

Davalo E., Naïm P., *Des réseaux de neurones*, 1990, Paris : Eyrolles.

Edelman, G.M., *Biologie de la conscience*, 1992, Edition Odile Jacob : Paris.

Hinton, G.E., Learning distributed representations of concepts, *in Proceedings Eighth Annual Conference of the Cognitive Science Society*, 1986, Amherat, Mass.

Hubel D.H., Wiesel T.N., Receptive fields, binocular interaction and functional architecture in the cat's visual cortex, *Journal of Physiology*, 1962, 60, 106-154.

McClelland J.L., Rumelhart D.E., Distributed memory and the représentation of general and specific information, *Journal of Experimental Psychology : general*, 1985, 15, 114-162.

McClelland J.L., Rumelhart D.E., Hinton G.E., Parrallel Distributed Processing : Exploration in the Microstructure of Cognition, *in* Rumelhart D.E., McClelland J.L. and the PDP Research Group (eds), *Parallel Distributed Processing : Explorations in the Microstructure Of Cognition. Volume I : Foundations*, 1986, MIT Press, Cambridge, MA.

Mednick S.A., The associative basis of creative process, *Psychological Review*, 1962, 69, 3, 220-232.

Memmi D., Connexionnisme, intelligence artificielle et modélisation cognitive, *Intellectica*, 1990, 9-10, 41-79.

Piaget J., *La Psychologie de l'intelligence*, 1964, Armand Colin : Paris.

Pinker S., Prince A., On language and connectionism : analysis of a parallel distributed processing model of language acquisition, *Cognition*, 1988, 28, 1-2.

Quillian R., Words concepts : a theory and simulation of some basic semantic capabilities, *Behavioral Science*, 1967, 12, 403-417.

Robert P., Dictionnaire de la langue française, 1995, SNL Le Robert : Paris.

Rosch E., Natural categories. Cognitive Psychology, 1973, 4, 328-350.

Rossi J.P., *Les mécanismes de la lecture*, 1981, Paris : Sorbonne.

Rosenblatt F., The perceptron : a probabilistic model for information storage and organisation in the brain, *Psychological Review*, 1958, 65, 386-407.

Rumelhart D.E., Hinton G.E., Williams R.J., Learning internal représentations by error propagation, *in* Rumelhart D.E., McClelland J.L. and the PDP Research Group (eds), *Parallel Distributed Processing : Explorations in the Microstructure Of Cognition. Volume I : Foundations*, 1986a, MIT Press, Cambridge, MA.

Rumelhart D.E., Hinton G.E., Williains R.J., *Learning internal representations by back-propagating errors. Nature*, 1986b, 323, 533-536.

Rumelhart D.E., Hinton G.E., McClelland J.L., On the acquisition of the past sense in English, *in* McClelland J.L., *in* Rumelhart and the PDP Research Group (eds), *Parallel Distributed Processing : Explorations in the Microstructure of Cognition. Volume 2 : Applications*, 1986, MIT Press, Carnbridge, MA.

Widrow B., Hoff M.E., Adaptative Switching Circuits, *1960 Wescon Convention Record*, 1960, New York IRE, 96-104.

Chapitre 6
Sommeil et efficience mentale : sommeil et précocité intellectuelle

Jean-Claude Grubar

C'est en 1932 que le très célèbre neurologue, J.H. Jackson avança l'hypothèse osée d'une relation entre activités cognitives et sommeil. La découverte par Aserinski et Kleitman, en 1953, de ce qui allait être dénommé, en 1959, «sommeil paradoxal» par Michel Jouvet et collaborateurs (voir figure 1) a permis d'étayer l'étonnante hypothèse jacksonienne.

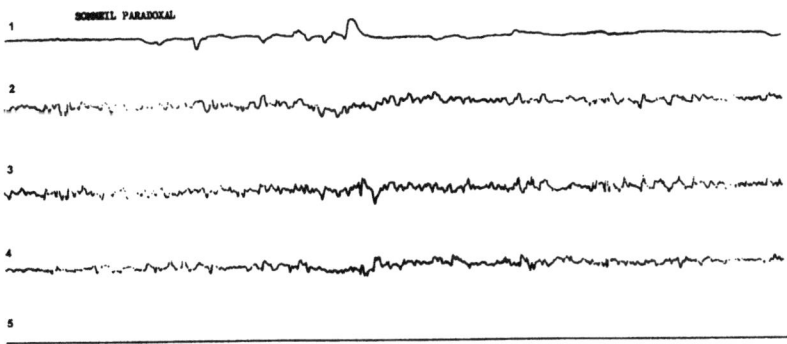

Figure 1 — *Le stade de sommeil paradoxal. Trace 1 : électrooculographie 'EOG), présence de salves de mouvements oculaires; traces 2, 3, 4 : électroencéphalographie (EEG) : EEG désynchronisé, mélange d'ondes béta (35 à 50 cps) analogues à celles de la veille attentive et d'ondes théta (7 cps) d'origine hippocampique; trace 5 : électromyographie (EMG) : abolition du tonus musculaire.*

De nombreux travaux ont montré que 1) la phase paradoxale du sommeil constitue une période critique de la mémorisation, 2) cette phase de sommeil est en relation directe avec la déficience mentale. En effet, il est actuellement acquis que divers paramètres du sommeil paradoxal covarient avec l'efficience intellectuelle, en particulier, la déficience mentale est caractérisée par une réduction significative du taux de sommeil paradoxal. Le taux de SP constitue, selon Jouvet (1972), un indice pertinent de la plasticité cérébrale, c'est-à-dire de la capacité dont dispose le cerveau de se transformer en fonction des influences de l'environnement.

La déficience mentale est, par ailleurs, associée à une réduction significative du rapport «R» des fréquences oculo-motrices, indice pertinent des capacités dont dispose l'individu pour organiser ou réorganiser les informations (Pètre-Quadens et Hoffman, 1978).

A partir des deux paramètres précédents, il est plausible de considérer la déficience mentale comme étant la conséquence d'un double déficit : déficit de la plasticité cérébrale et déficit des capacités à organiser le peu d'informations recueillies (pour une revue complète, voir Grubar, 1989).

Cet ensemble de faits incitent à s'intéresser aux caractéristiques du sommeil des enfants précoces. Le sommeil des enfants précoces a fait l'objet d'une investigation dans les années 1985 et 1986.

I. LE SOMMEIL DES ENFANTS PRÉCOCES

Le sommeil de 5 enfants précoces, des 2 sexes et de même âge réel a été enregistré puis comparé au sommeil d'enfants intellectuellement normaux d'âge réel comparable. Les enfants normaux avaient un QI moyen de 104, les enfants précoces un QI moyen de 149. Les caractéristiques des enfants précoces sont présentées dans le tableau 1.

Tableau 1 — **Caractéristiques des enfants précoces.**

Sujet	Sexe	Age réel	QI	Observations
S1	M	10;8	171 (Terman Stanford)	en institution
S2	M	9;9	137 (Terman Stanford)	en institution
S3	F	13;1	142 (WISC)	dans sa famille
S4	M	13;8	145 (WISC)	dans sa famille
S5	F	10;9	152 (WISC)	dans sa famille
Moyenne		11;6	149	

Après des contrôles médicaux et alimentaires, le sommeil des enfants précoces a été enregistré dans leur cadre habituel : dans une institution pour 2 d'entre eux, dans leur famille pour les 3 autres, lors de 2 nuits consécutives précédées d'une nuit « d'habituation » afin de contrôler « l'effet première nuit ». Les enregistrements commençaient à l'heure habituelle de mise au lit jusqu'au réveil spontané. Les sujets dormaient dans leur lit habituel.

L'enregistrement de l'EEG a été effectué à partir de 3 dérivations bipolaires : 2 à partir de l'hémisphère dominant, l'autre de l'hémisphère non dominant. Comme tous les sujets précoces étaient droitiers, les dérivations EEG étaient F8-T4, T4-02, T3-01, selon le système 10-20 de Jasper (1958). Les cupules des électrodes de type ETEP étaient remplies de pâte conductrice « redux paste » (Hewlet-Packard) et fixées sur le scalp avec du collodion.

2 types de mouvements oculaires obliques ont été enregistrés selon la configuration suivante :

EOG

L'EMG[1] submental a été obtenu à partir d'électrodes fixées sur le menton, selon les recommandations de Rechtschaffen et Kales (1968).

L'EEG, l'EOG et l'EMG ont d'abord été enregistrés sur un enregistreur magnétique (Multiple Cassette Recorder ETEP 816M ETEP) puis transférés sur un polygraphe à 8 canaux (Mingograph Siemens-Elema) en vue de l'analyse visuelle.

Les tracés de sommeil ont été dépouillés et analysés selon les critères proposés par Rechtschaffen et Kales (1968) auxquels a été ajouté le stade de sommeil indifférencié (SI)[2].

La comparaison entre les sommeils des enfants normaux et des enfants précoces a porté sur 23 paramètres, comportementaux, électrophysiologiques et mixtes. Il n'a pas été observé de différence significative pour ce qui concerne les caractéristiques comportementales ou mixtes : temps passé au lit, durée totale de sommeil, efficacité du sommeil. Des différences significatives ont été par contre mises en évidence pour ce qui touche aux paramètres électrophysiologiques : indices du sommeil et indices des mouvements oculaires du sommeil paradoxal.

1. Les indices du sommeil

Bien que la durée totale du sommeil soit identique chez les enfants normaux et les enfants précoces, le décours de leur sommeil est totalement différent. Le nombre total de cycles complets de sommeil, similaire au nombre de périodes de sommeil paradoxal, apparaît significativement plus élevé chez les enfants précoces (voir tableau 2), bien que la durée de chacun de leur cycle de sommeil soit réduite.

Chez les enfants précoces, le nombre de stades de sommeil indifférencié est égal au nombre de stades de sommeil paradoxal. L'index d'efficacité (rapport entre le nombre de périodes de sommeil paradoxal et celui de sommeil indifférencié) est de 1,18 chez les enfants précoces, alors que chez les enfants normaux le nombre de périodes de sommeil indifférencié est supérieur au nombre de périodes de sommeil paradoxal, index d'efficacité : 0,57. Il y avait donc plus de cycles incomplets de sommeil chez les enfants normaux.

Le nombre, la durée et le taux des stades 1, 3 et 4 sont identiques chez les enfants normaux et les enfants précoces, alors que le taux de stade 2 est légèrement inférieur bien que de façon non significative, chez les enfants précoces.

Généralement la succession des stades 1, 2, 3, 4, SI, SP apparaît très régulière chez les enfants précoces, alors qu'elle l'est moins chez les enfants normaux, chez qui il est observé davantage d'éveils au cours ou entre les différents stades.

Chez les enfants normaux, la durée des périodes de sommeil paradoxal s'allonge en fin de sommeil alors que les stades de sommeil à ondes lentes (stades 3 et 4) sont de plus en plus courts voire disparaissent complètement en fin de nuit. Chez les enfants précoces, bien que la durée des périodes de sommeil paradoxal s'allonge en fin de nuit, les stades 3 et 4 demeurent toujours présents. Les derniers cycles de sommeil des enfants précoces ressemblent davantage à leurs premiers cycles de sommeil, ce qui n'est aucunement le cas pour les enfants normaux.

La latence d'apparition de la première phase de sommeil paradoxal est significativement raccourcie chez les enfants précoces (74 mn contre 88 mn, $p < .05$). Le nombre de périodes de sommeil paradoxal ainsi que leur durée sont significativement plus élevés chez les enfants précoces, respectivement 6,40 contre 4,21 ($p < .05$) pour le nombre, et 26,39 contre 21,83 ($p < .02$) pour le taux. Le taux de sommeil indifférencié est légèrement supérieur pour les enfants précoces (1,34 contre 1,19, $p < .025$), bien que le nombre de périodes de sommeil indifférencié soit plus élevé pour les enfants normaux (7,35 contre 5,40, p < .002) (voir tableau 2).

Tableau 2 — Paramètres du sommeil d'enfants normaux et précoces.

Paramètres	Enfants précoces n = 5 Moyenne	Enfants normaux n = 17 Moyenne	Significativité U de Mann-Whitney
Latence 1re phase de SP (minutes)	74	88	p < .05
Taux de SP	26,39	21,83	p < .02
Nombre de phases de SP	6,40	4,21	p < .05
Taux de SI	1,34	1,19	p < .025
Nombre de phases de SI	5,40	7,35	p < .002

2. Les indices des mouvements oculaires du sommeil paradoxal

Le nombre total de mouvements oculaires rapides (MOR) pendant le sommeil paradoxal est identique chez les enfants normaux et précoces, mais leur densité (rapport entre le nombre total de MOR et la durée totale des épisodes de SP) est plus élevée chez les enfants précoces.

Une approche plus affinée, l'analyse des salves de MOR proposée par Pètre-Quadens (1969, 1972), s'appuie sur l'analyse des intervalles temporels qui séparent deux MOR consécutifs, classés en intervalles courts (< 1 sec), les hautes fréquences oculomotrices et en intervalles longs (≥ 2 sec) ou basses fréquences oculomotrices. Les hautes fréquences oculomotrices sont plus fréquentes chez les enfants précoces (282,25 contre 168,11, p < .002), inversement les basses fréquences oculomotrices sont plus fréquentes chez les enfants normaux (239,94 contre 199,75, p < .05), voir tableau 3.

Tableau 3 — Activité oculomotrice des enfants précoces et des enfants normaux.

Paramètres	Enfants précoces m	Enfants normaux m	Significativité U de Mann-Whitney
Intervalles < 1 sec.	282,25	168,11	p < .002
Intervalles ≥ 2 sec.	199,75	239,94	p < .05
$R = \dfrac{I < 1\,\text{sec.}}{I \geq 2\,\text{sec.}}$	1,44	0,82	p < .02

Le rapport R, entre les hautes et les basses fréquences oculomotrices est significativement plus élevé chez les enfants précoces (1,44 contre 0,82, $p < .02$) : l'organisation des salves de MOR diffère de façon significative entre ces deux types de sujets.

Discussion

De nombreuses données apparaissent confirmer l'hypothèse « sommeil-cognition » de Jackson. Les travaux présentés montrent que cognition élevée est associée à des structures particulières du sommeil, inverses de celles observées en cas de déficience intellectuelle.

Ces travaux de neuropsychologie qui constituent une base pour une approche objective de l'intelligence, prouvent que l'intelligence existe et que ce n'est pas seulement un concept utile, qu'elle possède une base neurophysiologique.

Même si la durée totale du sommeil est identique, cycles et durée des stades de sommeil sont liés au QI. Le taux de SP est corrélé positivement avec le QI ($r = .744$, $p < .01$) est particulièrement élevé chez les enfants précoces. La latence de la première phase de SP est corrélée négativement avec le QI ($r = -.547$, $p < .01$), cette latence est plus courte chez les enfants précoces.

Le sommeil à ondes lentes et en particulier le stade 4 est souvent présent dans les derniers cycles de sommeil des enfants précoces et bien que son taux (13,20) est analogue à celui des enfants normaux, son organisation est différente. Huon (1981) avait déjà observé une abondance de stade 4 chez des adultes dont le QI est supérieur à 140.

La persistance de caractéristiques juvéniles chez des sujets âgés a été appelée « néoténie » par Kollman (1884) : la présence de ce type de traits chez les enfants précoces peut être interprétée de cette façon. Des taux de sommeil paradoxal élevé, habituellement observé chez des sujets très jeunes sont encore observés chez les enfants précoces. C'est-à-dire que leur plasticité cérébrale est plus élevée et qu'ils peuvent, en conséquence, être plus réceptifs aux effets de l'environnement, avantage considérable.

Le rapport R entre les hautes et les basses fréquences oculomotrices est corrélé positivement avec le QI ($r = 0,670$, $p < .01$). Pètre-Quadens (1978) et Pètre-Quadens et Hoffman (1981) ont montré que la valeur de ce rapport augmente avec l'âge chronologique et qu'il constitue un indice pertinent des capacités à organiser l'information dont dispose un individu. Il apparaît que les valeurs élevées de R observées chez les enfants précoces, analogues à celles observées chez des sujets adultes, montrent leur grande capacité à organiser les informations reçues et une précocité dans les processus de traitement de l'information.

Des indices de surmaturité (R élevé) et d'immaturité (taux de SP élevé) coexistent chez les enfants précoces et peuvent constituer le substrat neuropsychologique de ce que Terrassier (1979, 1981) appelait «dyssynchronie», cette dyssynchronie neuropsychologique procurant des avantages certains aux enfants précoces contrairement à la dyssynchronie psychologique. Les enfants précoces sont bien les *puer senex* évoqués par J. Vauthier dans le chapitre 1 de cet ouvrage.

CONCLUSION

Les enfants précoces semblent disposer d'un potentiel qui leur permet d'associer les avantages d'une importante plasticité cérébrale à ceux de grandes capacités organisationnelles.

Ces avantages sont sans valeur s'ils ne sont pas utilisés par l'environnement éducatif.

L'environnement éducatif, familial et scolaire doit apporter une quantité suffisante d'informations à stocker et à organiser; si ce n'est pas le cas, les avantages neuropsychologiques ne resteront que des potentiels latents qui peu à peu disparaîtront. Dans nos sociétés démocratiques et avancées, l'épanouissement des individus est toujours considéré comme finalité de tout système éducatif. On ne peut plus admettre que cette éthique éducative minimale ne soit pas accordée aux enfants précoces au nom de considérations plus idéologiques que scientifiques.

NOTES

[1] E.M.G. : électromyographie; technique qui permet d'objectiver le tonus musculaire.
[2] S.I. : stade du sommeil parfois appelé sommeil intermédiaire non inclus dans la classification internationale. Les caractéristiques de ce sommeil sont un mélange de stade de sommeil classique et de stade de sommeil paradoxal.

RÉFÉRENCES

Aserinski E., Kleitman N., Regularly occuring periods of eye motility and concomitant phenomena during sleep, *Science*, 1953, 118 : 273-274.

Grubar J.C., Sleep and mental retardation, *Brain Dysfunction*, 1989, 2 : 73-83.

Huon J., *Le sommeil des sujets à quotient intellectuel élevé*, Electroencephalography and clinical neurophysiology 52 S, 128.

Jackson J., *Selected writings of John Hughlings Jackson*, J. Taylor (ed.), 1932, Hodder and Stoughton, London.

Jasper H., The ten twenty electrode system of the International Federation, *Electroencephalography and Clinical Neurophysiology*, 1958, 10 : 371-375.

Jouvet M., Le discours biologique, *Revue Médicale*, 1972, 16 : 1003-1063.

Jouvet M., Michel F., Courjon J., Sur un stade d'activité électrique cérébrale rapide au cours du sommeil physiologique, *Comptes rendus de la Société de Biologie de Paris*, 1959, 153 : 1024-1028.

Pètre-Quadens O., Contribution à l'étude de la phase dite paradoxale du sommeil, *Acta Neurologica Psychiatrica Belgica*, 1969, 69 : 769-898.

Pètre-Quadens O., Sleep in mental retardation, *in Sleep and the Maturing Nervous System*, 1972, D.P. Purpura and F.E. Mayer (eds), Academic Press, New York, 229-249.

Pètre-Quadens O., Logic and ontogenesis of some sleep patterns, *Totus Homo*, 1978, 8 : 60-72.

Pètre-Quadens O., Hoffman G., Maturation of the REM sleep patterns from child through adulthood, *in Brain and Behaviour Advanced Physiological Sciences*, 1981, 17, G. Adam, I. Meszaoros and E.I. Banyai (eds), Pergamon Press, New York, 55-59.

Rechtschaffen A., Kales A., *A manual of standard terminology, techniques and scoring system for sleep stages of human subjects*, 1968, Public Health Service US Government Printing Office, Washington D.C.

Terrassier J.C., Le syndrôme de dyssynchronie, *Neuropsychiatrie de l'Enfance et de l'adolescence*, 1979, 10-11 : 445-450.

Terrassier J.C., *Les enfants surdoués*, 1981, ESF, Paris.

Chapitre 7
Efficience neurocognitive et inadaption des enfants précoces

Jean-Claude Grubar

L'un des objectifs majeurs de notre XXe siècle finissant consistera, en France, à résoudre le scandaleux paradoxe qui fait que des enfants dont l'efficience neurocognitive est potentiellement élevée deviennent, de façon surprenante, rapidement inadaptés, en particulier au système scolaire.

L'efficience cognitive des enfants précoces n'est pas à démontrer, dans la mesure où elle sert de diagnostic à la précocité intellectuelle. Cependant, il est opportun de montrer qu'il existe un substrat neurophysiologique à cette efficience cognitive. L'approche neuropsychologique semble à même d'apporter des éclairages intéressants à la question de la précocité intellectuelle.

I. LES POTENTIELS ÉVOQUÉS

On appelle potentiel évoqué (P.Ev.) l'ensemble d'ondes recueillies au niveau du cortex cérébral et qui constituent les témoins de l'arrivée d'une information sous forme d'influx nerveux au niveau du cortex cérébral.

Le potentiel évoqué est schématiquement constitué (voir figure 1) d'une séquence d'ondes composée d'une «onde principale» témoin de l'arrivée de l'information au cortex de réception primaire, témoin objectif de la sensation, suivie d'un ensemble «d'harmoniques», témoin de la répercussion de cette information sur les zones corticales avoisinantes.

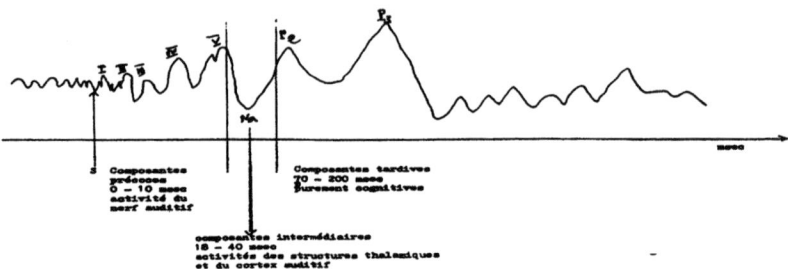

Figure 1 — Un exemple de potentiel évoqué auditif.

Ces harmoniques sont les témoins objectifs de la mise en jeu de la perception.

Chacune de ces différentes ondes peut être caractérisée 1) par sa latence, intervalle temporel entre la stimulation et son impact cortical,

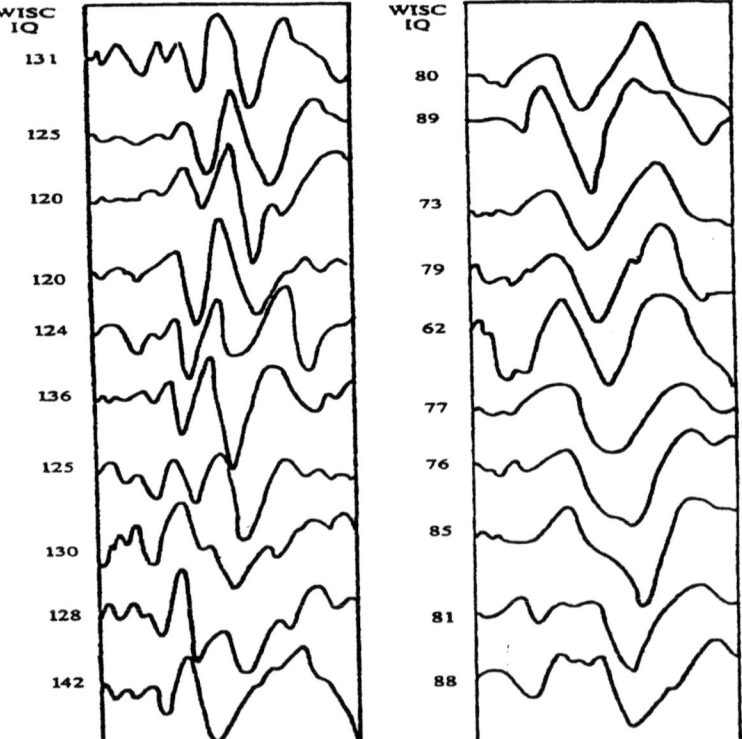

Figure 2 — Les potentiels évoqués auditifs en fonction du QI, d'après Eysenck, 1982.

témoin de la vitesse de conduction de l'influx nerveux, 2) par son amplitude, témoin de l'efficacité de la stimulation, 3) par le nombre d'harmoniques consécutives à la composante principale, témoin de la répercussion corticale de la stimulation.

Les travaux d'Eysenck (1982) sur les potentiels évoqués auditifs ont montré que la latence de la composante principale est corrélée positivement au QI, significativement réduite chez les enfants intellectuellement précoces. Les enfants précoces présentent donc l'avantage de transmettre rapidement les stimulations, c'est-à-dire que par unités de temps, l'enfant précoce est à même de transmettre au cortex davantage d'informations que l'enfant normal.

On ne sait pas encore si cette transmission rapide est dûe à une vitesse plus rapide de conduction des influx nerveux ou à une transmission synaptique plus rapide.

II. LA MÉMOIRE DE TRAVAIL

Il est clair à présent que les enfants intellectuellement précoces recueillent davantage d'informations que les enfants normaux. Ce recueil d'informations est inefficient s'il n'est pas suivi du stockage et de l'utilisation de ces informations.

La mémoire de travail est la forme de mémoire qui permet d'utiliser pendant un temps court les informations stockées à court terme et de les réutiliser avec celles qui ont été stockées à long terme, les souvenirs.

Il a été montré que la quantité d'informations ainsi que la durée du stockage sont directement corrélées à l'efficience cognitive (De Groot, 1974); voir tableau 1.

Tableau 1 — **Stockage à court terme et durée en fonction du QI (d'après De Groot, 1974).**

QI	Stockage à court terme (en bits)	Durée du stockage à court terme (en sec.)
140	179	8,2
135	162	7,4
130	139	6,8
105	88	5,5
100	80	5,4
95	71	5,2

Les enfants intellectuellement précoces bénéficient d'un meilleur stockage à court terme donc d'une meilleure mémoire de travail. Le traitement des informations peut donc être chez eux plus rapide, ce qui peut rendre compte de leur efficience cognitive.

III. LA MÉMOIRE A LONG TERME ET LE SOMMEIL PARADOXAL

Dans le chapitre 6 de cet ouvrage, J.C. Grubar a clairement montré que les taux de sommeil paradoxal des enfants précoces leur confèrent une mémoire à long terme très performante.

IV. ADAPTATION, INADAPTATION

Quelles explications proposer au paradoxe qui fait que des enfants dont l'efficience neurocognitive est élevée ne soient pas nécessairement adaptés ?

De nombreux psychologues définissent l'intelligence comme la faculté d'adaptation, c'est-à-dire qu'un enfant intelligent ne peut logiquement qu'être certain d'être adapté. Ce sophisme s'appuie sur le contre-sens habituel commis sur le concept d'adaptation. Il faut rappeler que ce concept est un concept bipolaire. C'est en 1936, que J. Piaget définit l'adaptation comme un équilibre entre deux pôles : 1) les possibilités d'action de l'individu sur son environnement (assimilation) ; 2) les pressions de l'environnement sur l'individu (accommodation). Il apparaît que les enfants intellectuellement précoces sont *très souvent peu sollicités par leur environnement* : il y a donc déséquilibre entre ce qu'ils sont susceptibles potentiellement de réaliser et ce que l'on sollicite d'eux. Il est très plausible de considérer que, dans ce cas de figure, l'équilibre puisse exister à la condition que l'environnement se laisse transformer par l'individu et ne se rigidifie pas. Si ce n'est pas le cas, cette situation peut aboutir à ce que les Anglo-Saxons appellent « learning helplessness » (inaptitude acquise) et aux conduites d'échec qui en découlent.

Ce n'est qu'en sollicitant davantage les enfants précoces et en les obligeant à mettre en œuvre le pôle accommodation qu'ils deviendront adaptés, c'est-à-dire en les amenant à élaborer de nouveaux schèmes d'action, c'est-à-dire en sollicitant leur créativité, comme le souligne très justement J. Freeman dans le chapitre 3 de cet ouvrage. Ne solliciter que le pôle assimilation c'est-à-dire la mise en œuvre de schèmes connus n'est pas source de progrès et d'amélioration mais risque d'entraîner la facilité et la paresse souvent évoquées par les parents et enseignants d'enfants précoces.

Une fois admise cette conclusion, quelles propositions pédagogiques penser pour les enfants précoces ?

V. CONSIDÉRATIONS PÉDAGOGIQUES

Deux types majeurs de prises en charge sont susceptibles d'être envisagées. Le premier pourrait consister en des aménagements du cursus scolaire classique avec des maîtres sensibilisés aux problèmes de la précocité intellectuelle. Le second type pourrait consister en la création de structures pédagogiques particulières sous l'égide de l'Éducation Nationale, disposant d'une grande autonomie pour l'élaboration tant des contenus de l'enseignement que des pédagogies à mettre en œuvre : l'objectif de ces structures est de préparer les enfants précoces à s'en passer, c'est-à-dire de les amener à apprendre à apprendre de façon constructive. Ces structures pourraient être administrées comme les ENP de jadis et ne devraient pas être considérées comme des lieux où l'on pourrait acquérir rapidement les diplômes désirés, ce ne seront pas des super-écoles : la motivation devenant la culture (motivation intrinsèque) pour la culture et non plus la culture comme moyen d'accès à des diplômes éminents (motivation extrinsèque).

Dans ces structures seront prises en compte les particularités psychologiques et cognitives des enfants précoces. Le recrutement de ces sections serait effectué par les psychologues scolaires et leurs enseignants devraient être formés dans le cadre de nouvelles AIS au sein des IUFM. Le contenu de la formation ne peut pas encore être précisé et ne le sera qu'en associant les divers partenaires et acteurs de cette formation.

CONCLUSION

L'efficience neurocognitive élevée qui caractérise les enfants intellectuellement précoces n'est pas, paradoxalement, nécessairement la cause d'une bonne adaptation. L'adaptation nécessite l'organisation et la mise en œuvre de structures pédagogiques dans lesquelles les potentiels des enfants intellectuellement précoces puissent être effectivement et régulièrement sollicitées. C'est un des devoirs urgents des responsables de notre système éducatif.

RÉFÉRENCES

De Groot, Statistiche redundanzbildungsprocesse in ihrer beziehung zu intelligenz, *Diplomarbeit am Psychomogischen Institut Von Universität Erlangen*, 1974.

Eysenck H.J., The psychophysiology of intelligence, *in Advances on Personality Assessment vol. 1*, 1982, C.D. Spielberger and J.N. Butcher (eds), Lawrence Erlbaum, Hillsdale, New Jersey.

Piaget J., *La naissance de l'intelligence*, 1936, Alcan.

Chapitre 8
Précocité intellectuelle et dissociation entre intelligence et expérience : possible contribution d'une approche pathologique

Bruno Facon, Thérèse Facon-Bollengier

I. DE LA DISSOCIATION ENTRE DÉVELOPPEMENT MENTAL ET DÉVELOPPEMENT PHYSIQUE A LA DISSOCIATION ENTRE INTELLIGENCE ET EXPÉRIENCE

Les sujets retardés et les sujets précoces se situent certes de part et d'autre de la distribution de l'intelligence mais n'en présentent pas moins certaines similitudes psychologiques. Le concept d'hétérochronie en constitue une bonne illustration. Aujourd'hui très répandu et largement accepté dans le champ du handicap mental, ce concept fut forgé en son temps pour rendre compte des résultats obtenus par plusieurs centaines de sujets retardés âgés de 9 à 14 ans à une batterie de tests psychométriques construite et appliquée par l'équipe de l'Hôpital Henri Rousselle (Zazzo, 1956, 1960). Cette batterie se composait d'épreuves variées couvrant divers secteurs du développement, dont notamment des tests d'efficience psychomotrice et d'organisation perceptive. Le psychogramme construit après dépouillement des résultats permit de constater une importante hétérogénéité des performances. Au lieu d'être situés aux alentours de 70 comme on aurait pu l'anticiper compte tenu du quotient de développement moyen de l'échantillon au Binet-Simon (QD moyen = 70), les QD s'échelonnaient de 60,5 à 91, avec un minimum pour les épreuves d'organisation perceptive (ex. : Bender, Piaget-Head) et un maximum pour les épreuves psychomotrices (ex. : Test de barrage de signes), soit un écart moyen d'environ 30 points entre les épreuves extrêmes. On comprend dès lors que le concept d'hétérochronie se soit si facilement imposé, à la fois comme concept descriptif et explicatif. D'un point de vue descriptif, il signifie que les sujets retardés se développent à « des vitesses différentes suivant les différents secteurs du développement psycho-biologique » (Zazzo, 1960), et traduit ainsi parfaitement l'aspect très hétérogène de leur psychogramme. D'un point de vue explicatif, cette hétérochronie psychométrique ne constitue en fait que la face apparente d'une hétérochronie plus profonde entre croissance physique et croissance mentale (Zazzo, 1979). Autrement dit, le décalage entre l'âge chronologique et l'âge mental n'est plus exclusivement un élément de diagnostic. Il devient aussi une variable explicative de l'hétérogénéité du profil psychologique des personnes retardées.

L'hétérochronie, d'abord considérée comme une caractéristique spécifique aux personnes retardées mentales susceptible, selon les termes même de l'époque, de distinguer la débilité vraie de la pseudo-débilité (Zazzo, 1960), contribua en fait à un éclatement de la notion de débilité (Chiva, 1973, 1979 ; Zazzo, 1972, 1979, 1983) et à l'idée d'une continuité sans rupture entre sujets retardés, normaux et précoces (Zazzo, 1979). Les comparaisons réalisées par Vasquez (*cf.* Zazzo, 1979) en sont la preuve flagrante. Pour résumer, certaines des épreuves utilisées dans l'étude princeps de Zazzo (1956, 1960) furent administrées à un groupe d'enfants précoces (QI moyen = 121) et à un groupe d'enfants « borderline » (QI moyen = 80). Comme l'indique la figure 1, les psychogrammes de ces deux groupes, bien que symétriques, présentent de nombreuses similitudes qui démontrent la continuité entre groupes intellectuels extrêmes et la validité de la notion d'hétérochronie entre développement physique et développement mental. De fait, comme les enfants précoces présentent un âge chronologique inférieur à leur âge mental, il est logique que leurs performances aux épreuves psychomotrices soient inférieures à celles obtenues aux épreuves d'organisation perceptive. Les premières dépendent en effet partiellement de la croissance physique, tandis que les secondes dépendent surtout de la croissance mentale. Inversement, il est normal que ces mêmes épreuves donnent lieu à de « bonnes » performances chez les enfants « borderline » puisqu'ils présentent un âge mental inférieur à leur âge chronologique, et par là même une certaine avance du point de vue de leur développement physique.

Mais le décalage entre âge mental et âge chronologique qui caractérise les sujets retardés ou précoces ne se traduit sans doute pas exclusivement par une dissociation entre développement mental et développement physique. Il occasionne aussi une dissociation entre intelligence et expérience. Prenons le cas d'un adolescent retardé âgé de 18 ans dont le

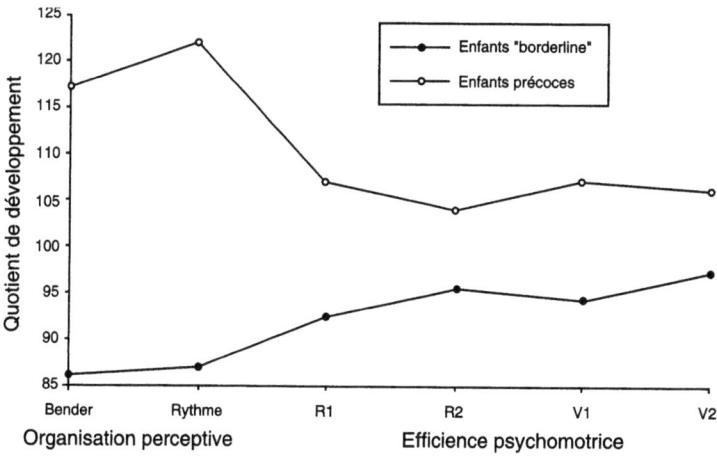

Figure 1 — Psychogrammes d'un groupe d'enfants précoces et d'un groupe d'enfants «borderline» (d'après Ana Vasquez, citée par Zazzo, 1979).

niveau de développement intellectuel s'élève à 6 ans. Si on le compare à un jeune enfant ordinaire d'un niveau d'intelligence comparable, la différence d'âge chronologique est de 12 ans. Ce décalage d'âge chronologique occasionne bien entendu d'importantes différences entre ces deux sujets sur le plan du développement somatique et des habiletés psychomotrices comme il vient à l'instant d'en être question. Mais il confère aussi à l'adolescent retardé une expérience éducative à la fois plus importante et plus diversifiée. Compte tenu de son âge, l'adolescent retardé a bénéficié d'un nombre d'heures de scolarisation plus important. Il a participé à plus d'activités d'autonomie élémentaire ou avancée. Il a bénéficié de plus de loisirs. Il a eu plus d'interactions avec les membres de son entourage, que ce soient ses parents, ses maîtres, ses éducateurs, ses pairs, ou toutes les autres personnes qu'il peut rencontrer au cours d'une journée. Bref, par rapport à l'enfant normal de même âge mental, l'adolescent retardé possède une expérience éducative plus importante, simplement parce qu'il a eu plus d'occasions d'apprendre. Il présente donc cette caractéristique d'avoir une intelligence dissociée de son expérience, caractéristique qu'il partage d'ailleurs avec les enfants précoces, bien entendu pour des raisons opposées. De fait, comme leurs pairs retardés mentaux, les enfants précoces présentent aussi une dissociation entre leur âge mental et leur expérience éducative, mais dont le sens est cette fois inversé. Comparé à un enfant normal de même âge mental (8 ans par exemple), un enfant précoce âgé de 5 ans accuse un «retard» d'âge chronologique égal à 3 ans. Son expérience éducative est donc comparativement plus faible.

Ce surcroît ou ce défaut d'expérience éducative qui caractérise les sujets retardés et les sujets précoces exerce-t-il une influence sur leur développement cognitif ? Probablement, eu égard aux nombreuses études réalisées chez l'enfant normal à propos du lien entre milieu et intelligence. Ces études montrent après tout que l'environnement éducatif exerce un effet déterminant sur les différences interindividuelles en matière de développement intellectuel. Par conséquent, un excès ou un défaut d'expérience éducative lié à l'âge devrait se traduire par des effets significatifs sur certaines compétences cognitives, notamment celles qui sont les plus dépendantes de l'environnement éducatif.

En fait, cette possibilité n'est prise en compte dans aucun des modèles cognitifs du retard mental ou de la précocité intellectuelle, et n'a donné lieu jusqu'à présent qu'à un faible nombre d'études empiriques dont le cadre méthodologique est assez stéréotypé. Ces études consistent en effet, le plus souvent, à comparer des sujets d'âges chronologiques contrastés préalablement appariés sur l'âge mental de façon à déterminer si l'âge, et donc le degré d'expérience éducative, covarie avec le niveau de performance dans les épreuves retenues à titre de variables dépendantes (par ex. : précoces/normaux/retardés, ou encore, normaux/retardés légers/retardés modérés). Considérés globalement, leurs résultats sont assez décevants, essentiellement en raison de problèmes méthodologiques (pour une revue plus détaillée, voir Facon, 1994). Une atténuation de l'effet de l'âge lors de la procédure d'appariement sur l'âge mental est certainement en cause, tout au moins en partie. Si l'on considère que l'âge chronologique peut exercer un effet favorable sur certains aspects du développement cognitif, on doit admettre logiquement qu'il détermine en partie l'âge mental. On atténue donc obligatoirement l'influence de l'âge chronologique lorsqu'on pratique un appariement sur l'âge mental. D'autre part, les épreuves utilisées comme variables dépendantes consistent le plus souvent en des épreuves inspirées des travaux de Piaget ou de la psychologie de l'apprentissage, c'est-à-dire des épreuves qui mettent en jeu des processus ordinairement assez peu sollicités d'un point de vue éducatif. En fait, si les auteurs de ces études avaient utilisé des épreuves faisant réellement l'objet de pressions éducatives, leurs résultats auraient été certainement plus encourageants. C'est ce que suggère notamment l'étude déjà ancienne de Hurtig (1969) à propos du développement psychosocial des sujets retardés. Elle montre que l'âge chronologique exerce en ce domaine un effet significatif, même lorsque l'âge mental composite est tenu constant. Ce résultat n'est bien sûr pas très étonnant au regard de l'importance accordée à ce secteur du développement sur le plan éducatif. L'autonomie élémentaire ou avancée est en effet la priorité éducative de nombreux parents et éducateurs. Mais il existe certainement d'autres aspects du développement pour lesquels l'influence de l'âge est déterminante, comme le vocabulaire, les connaissances factuelles ou l'intelligence des situations, c'est-à-dire des domaines qui font l'objet de très nombreux épisodes d'apprentissage, formels ou informels. Pour ne prendre qu'un exemple, de nombreuses situations de la vie quotidienne permettent à une personne de développer son vocabulaire, d'où un probable effet de l'âge sur l'étendue du répertoire lexical.

Deux études suggérant l'influence de l'expérience éducative liée à l'âge chronologique sont brièvement présentées ci-dessous. Elles concernent exclusivement des sujets retardés mentaux, une population avec laquelle nous avons débuté notre programme de recherche à propos des effets de l'âge sur le développement cognitif. Certaines implications concernant les sujets précoces font l'objet de la discussion.

II. QUELQUES RÉSULTATS

La première étude a consisté à administrer le Test de Vocabulaire en Images (Légé et Dague, 1974) et les Progressive Matrices Couleur (Raven, 1981) à trois groupes de sujets d'âges chronologiques contrastés préalablement appariés sur l'âge mental à l'aide de la Nouvelle Echelle Métrique de l'Intelligence (NEMI, Zazzo et coll., 1966). Les moyennes obtenues pour l'âge mental composite et l'âge chronologique de ces trois groupes apparaissent à la figure 2. Le premier groupe comprend des enfants non retardés scolarisés en grande section de maternelle, les deux

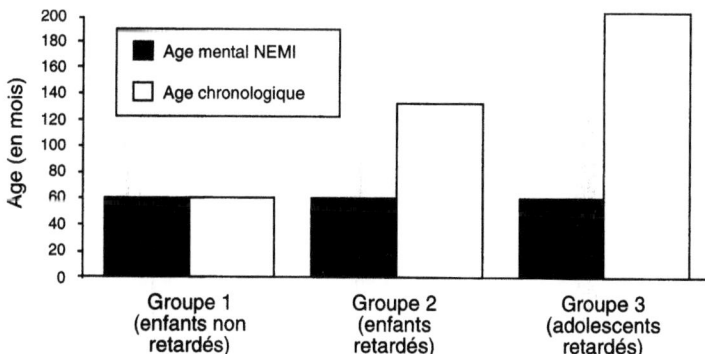

Figure 2 — Moyennes des 3 groupes pour l'âge mental composite (NEMI) et l'âge chronologique (d'après Facon et coll., 1993).

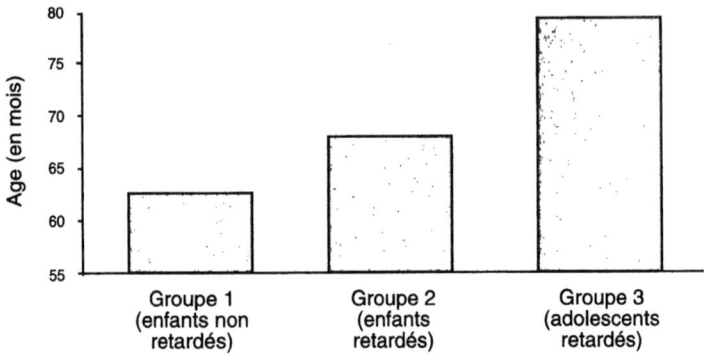

Figure 3 — Age moyen de chaque groupe au Test de Vocabulaire en Images (d'après Facon et coll., 1993).

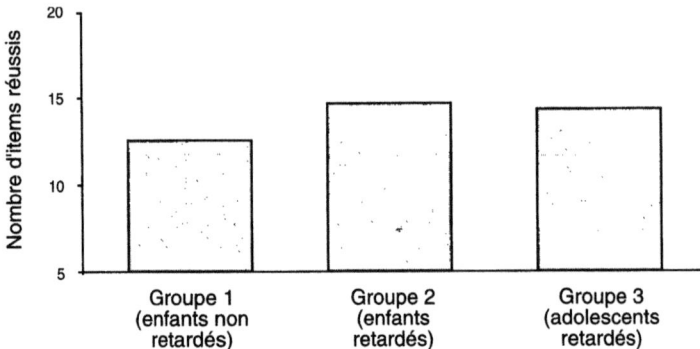

Figure 4 — Nombre moyen d'items réussis aux Progressives Matrices (d'après Facon et coll., 1993).

autres des enfants et des adolescents retardés mentaux placés en institutions spécialisées (institut médico-pédagogiques ou médico-professionnels). Le choix de ces deux tests est lié bien sûr au caractère très opposé de leur contenu eu égard aux influences de l'éducation, le Test de Vocabulaire en Images étant supposé être plus dépendant des opportunités éducatives que les Progressive Matrices Couleur.

Les résultats (figures 3 et 4) montrent que l'âge chronologique exerce une influence marquée sur les performances au Test de Vocabulaire en Images [$F(2,87) = 17.38$, $P < .0001$], mais non sur celles enregistrées aux Progressive Matrices [$F(2,87) = 1.492$, $P < .2307$]. Les comparaisons locales pratiquées à l'aide du test HSD de Tukey indiquent que les sujets du groupe 3 obtiennent au Test de Vocabulaire des notes supérieures à ceux du groupe 2 (P < .01) et du groupe 1 (P < .01). En revanche, la différence entre les groupes 1 et 2 n'est que marginalement significative (P < .10). Aucune différence significative n'est enregistrée entre les trois groupes aux Progressive Matrices.

Le surcroît d'expérience éducative dont disposent les sujets retardés semble donc accroître l'étendue de leur vocabulaire. En effet, plus l'âge chronologique est élevé, meilleure est la réussite au Test de Vocabulaire en Images. Par contre, l'âge n'exerce aucune influence sur les performances aux Progressive Matrices. On voit mal d'ailleurs, compte tenu de la procédure d'appariement sur l'âge mental et du caractère « culture-fair » de cette épreuve, comment il aurait pu en être autrement.

Cette étude présente bien entendu certaines limites méthodologiques. L'épreuve d'intelligence utilisée pour apparier les trois groupes comporte de nombreux items verbaux. Il est donc probable que l'influence de l'âge sur les performances au Test de Vocabulaire en Images ait été sous-estimée en raison d'un effet de contamination. D'autre part, le nombre d'épreuves est bien trop faible pour pouvoir tirer de ces résultats une loi générale. Finalement, les sujets retardés (groupes 2 et 3) proviennent majoritairement de milieux familiaux bien moins favorisés que les sujets non retardés (groupe 1), ce qui a peut-être contribué aussi à sous-estimer le rôle de l'âge. La fréquence et la diversité des opportunités éducatives sont en effet probablement tout autant liées à l'âge qu'aux pratiques éducatives adoptées par les parents.

Une seconde étude a donc été réalisée de manière à corriger ces différents problèmes. Comme la précédente, elle a pour arrière-plan théorique le modèle factoriel de l'intelligence de R.B. Cattell (1943, 1963) dans lequel sont distingués, très schématiquement et sans tenir compte de ses développements ultérieurs (Horn et Cattell, 1966 ; Cattell, 1967a, 1967b, 1971 ; Hakstian et Cattell, 1978 ; Cattell, 1987), deux facteurs de second ordre supposés rendre compte des corrélations entre les facteurs primaires, gf (intelligence fluide) et gc (intelligence cristallisée). Le premier sature principalement les épreuves mettant en jeu la perception de relations et l'éducation de corrélats, comme les Progressive Matrices de Raven ou les tests indépendants de la culture que Cattell a lui-même élaborés. Le second intervient plutôt dans les épreuves de connaissances, par exemple verbales et numériques. Gc témoignerait des influences éducatives passées, gf étant considéré comme l'expression du potentiel intellectuel inné. Même s'il les distingue, Cattell admet que ces deux facteurs sont en étroite liaison, tout au moins pendant l'enfance, l'un étant en fait partiellement déterminé par l'autre. Gc résulterait en effet, en quelque sorte, de la rencontre entre l'intelligence fluide et ce qui constitue la culture de chaque individu. D'où notre hypothèse d'un effet différentiel de l'âge sur le développement de l'intelligence cristallisée. Plus précisément, la dissociation entre efficience et expérience qui caractérise les sujets retardés se traduirait au fur et à mesure par un décalage de plus en plus marqué entre ces deux aspects du fonctionnement intellectuel. Elle n'exercerait qu'un effet limité sur l'intelligence fluide, mais favoriserait le développement de l'intelligence cristallisée puisque cette dernière est très dépendante des influences de l'éducation. A terme, les retardés mentaux auraient donc de meilleures performances aux épreuves sollicitant l'intelligence cristallisée, les tests d'intelligence fluide étant réussis plus médiocrement.

Douze tests considérés comme des marqueurs de gf ou de gc ont donc été administrés à 126 sujets d'un âge variant de 6 à 20 ans de manière à vérifier cette hypothèse. Cet échantillon se compose de 117 sujets retardés et « borderline » et de 9 sujets d'un QI compris entre 86 et 98. Ces 9 sujets, dont l'âge chronologique moyen s'élève à 7 ans, ont été inclus dans l'étude pour accroître la variance des âges chronologiques. Au total, l'âge chronologique moyen de l'ensemble des sujets (n = 126) s'élève à 147 mois (σ = 43.26), l'âge mental moyen à 77 mois (σ = 18.83) et le QI moyen à 58 (σ = 15.41). Une grille d'analyse couvrant divers aspects de leur milieu familial tels que le niveau socio-économique de la famille, la qualité de l'habitat, le degré d'éducation et de santé mentale des parents, le climat psychosocial dans lequel est élevé l'enfant, les attitudes éducatives adoptées par les parents en ce qui concerne les loisirs, l'autonomie, ainsi que le travail scolaire de leur enfant, a été également utilisée. Si gc se dissocie progressivement de gf sous l'influence de l'éducation, alors, tout comme l'âge chronologique, la qualité de l'environnement éducatif dont bénéficie chaque sujet dans le cadre familial devrait covarier avec les performances enregistrées aux épreuves supposées mesurer gc.

La matrice des corrélations entre les notes enregistrées aux douze tests a d'abord fait l'objet d'une analyse en composantes principales de manière à en identifier la structure factorielle. Deux facteurs correspondant globalement à gf et gc apparaissent nettement après rotation oblique, confirmant ainsi la subdivision implicite entre tests d'intelligence fluide et tests d'intelligence cristallisée opérée au moment du choix des épreuves. L'objectif étant d'étudier l'influence de l'âge chronologique et du milieu familial sur le développement de l'intelligence cristallisée, l'emploi d'une échelle d'intelligence composite du style NEMI ou Terman-Merrill pour contrôler l'âge mental des sujets n'était pas souhaitable. Les tests de ce genre présentent l'inconvénient d'évaluer sans distinction gf et gc (Cattell, 1971 ; Horn, 1986), et étaient donc susceptibles, par contamination, de biaiser partiellement les analyses. Nous avons donc opté pour une solution alternative consistant à utiliser directement les scores obtenus aux tests d'intelligence fluide à titre de mesure du niveau de développement. D'autre part, nous avons délaissé la procédure d'appariement sur le niveau de développement au profit de la technique d'analyse de régression multiple. Cette dernière permet de modéliser les relations d'une variable dépendante avec k variables indépendantes intercorrélées sous la forme : $Y = a + b_1X_1 + b_2X_2 + ... + b_kX_k + e$.

Dans cette équation, les coefficients de régression partielle (b_i, b_2, ..., b_k) représentent les poids respectifs des différentes variables indépendantes (X_1, X_2, ..., X_k) lorsque les autres sont tenues constantes. Cette méthode permet donc de contrôler *a posteriori* le niveau de développement (ou toute autre variable indépendante), et rend ainsi inutile la procédure d'appariement. Cette analyse de régression multiple a été doublée d'une analyse de régression par étapes de manière à pouvoir quantifier l'accroissement de variance expliquée consécutivement à l'introduction de chaque variable explicative dans l'équation (niveau d'intelligence fluide, âge chronologique, milieu familial). Dans cette analyse, le niveau d'intelligence fluide a été introduit en priorité dans l'équation pour dissocier d'emblée son influence de celle de l'âge ou du milieu familial. De cette manière, si un effet de l'âge ou du milieu familial est effectivement enregistré, il ne pourra pas être attribué à une liaison entre ces deux variables et le niveau d'intelligence fluide.

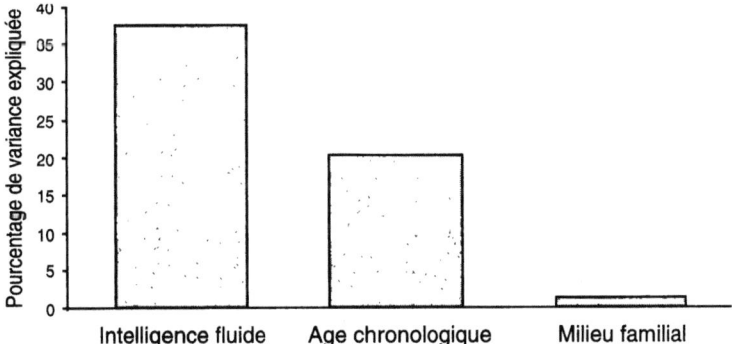

Figure 5 — *Influence du niveau d'intelligence fluide, de l'âge et du milieu familial sur le niveau d'intelligence cristallisée. La contribution de ces trois variables est exprimée en pourcentage de variance expliquée.*

Les résultats montrent que le niveau d'intelligence fluide explique à lui seul près de 38 % de la variance des notes obtenues aux tests d'intelligence cristallisée, un résultat qui pouvait être anticipé compte tenu de l'importante corrélation entre les facteurs gf et gc et l'introduction délibérée de cette variable avant les autres sources de variation dans l'équation de régression (figure 5). La contribution de l'âge s'avère également substantielle puisqu'elle s'élève à environ 21 % de variance expliquée. Le milieu familial n'exerce en revanche aucune influence. Sa contribution est en effet légèrement inférieure à 1 % de la variance. Mais peut-être est-ce dû simplement aux caractéristiques du questionnaire utilisé dans cette étude, ou aux politiques de jugement adoptées par les personnes qui ont coté ce questionnaire, ou encore à la restriction de la variance des milieux familiaux au sein de l'échantillon. Les sujets qui ont participé à cette étude proviennent en effet le plus souvent de familles défavorisées.

III. DISCUSSION ET CONCLUSION

Compte tenu du caractère corrélationnel de ces deux études, une conclusion en terme de relation causale est certainement prématurée dans l'immédiat. Leurs résultats suggèrent néanmoins la vraisemblance de notre hypothèse d'une influence favorable de l'expérience éducative accumulée au cours des années sur le niveau d'intelligence cristallisée des sujets retardés. Les explications alternatives, notamment celle concernant un rôle possible de l'étiologie du handicap, semblent en effet pouvoir être exclues (*cf.* Facon, 1994). Il est d'ailleurs à noter que des auteurs comme Binet et Cattell avaient en leur temps anticipé ces résultats, l'un en évoquant un possible effet de l'âge sur le vocabulaire et les connaissances extrascolaires des sujets retardés (Binet et Simon, 1907, p. 18), l'autre en suggérant le rôle probable des opportunités éducatives liées à l'âge sur leurs performances aux tests dépendants de la culture (Cattell, 1954, p. 505). C'est d'ailleurs très certainement le contenu des épreuves qui explique en grande partie l'importance de l'effet de l'âge constaté dans ces deux études. En sélectionnant des épreuves moins dépendantes des influences de l'éducation, l'effet de l'âge eut été bien plus faible voire même certainement négligeable comme c'est le cas dans la plupart des travaux antérieurs réalisés sur la question, lesquels sont basés essentiellement sur des épreuves piagétiennes ou d'anciens paradigmes de la psychologie de l'apprentissage (Russell et coll., 1940 ; Prothro, 1943 ; Podolsky, 1964 ; Boehm, 1967 ; Brown, 1970, 1973 ; DeVries, 1970, 1971, 1973a, 1973b ; Ozbek et Forehand, 1973 ; Gargiulo et Sulick, 1978 ; Kahn, 1976, 1983). Naturellement, cela ne signifie pas que les processus mis en jeu par les épreuves employées dans ces différentes études sont indépendants de la culture. Disons simplement qu'ils sont ordinairement assez peu sollicités d'un point de vue éducatif dans la mesure où notre organisation socio-scolaire favorise surtout l'accumulation de connaissances statiques plutôt que l'optimisation du fonctionnement cognitif. Dès lors, il n'est pas très surprenant que l'effet de l'âge soit non significatif lorsqu'il est estimé sur la base d'épreuves opératoires ou de tâches d'apprentissage. De la même manière, si l'effet de l'âge sur les performances aux tests d'intelligence cristallisée est réellement lié au surcroît d'expérience éducative dont bénéficient les sujets retardés, ce n'est sûrement pas en raison de la plus grande malléabilité de gc par rapport à gf, mais parce que leur environnement éducatif n'est habituellement pas aménagé de manière à favoriser l'acquisition et la mise en œuvre des processus de traitement sollicités par les tests d'intelligence fluide.

D'autres recherches sont bien sûr à envisager pour déterminer plus précisément les conséquences cognitives de cette dissociation entre intelligence et expérience. L'utilisation d'épreuves plus diversifiées permettrait par exemple de savoir si l'âge influence d'autres aptitudes comme la visualisation ou la mémorisation. La participation de retardés mentaux adultes permettrait aussi d'accroître l'étendue des âges chronologiques et donc d'identifier avec plus de précision l'aspect linéaire ou non linéaire de la liaison entre l'âge et les performances aux tests d'intelligence cristallisée lorsque le niveau d'intelligence fluide est tenu constant. D'autre part, un moyen intéressant de confirmer les présents résultats serait d'étudier des sujets intellectuellement précoces. Si les bonnes performances des sujets retardés dans certaines tâches cognitives sont bien liées à leur surcroît d'expérience éducative, un résultat inverse devrait être observé chez les sujets précoces. C'est effectivement ce que tendent à montrer certaines études dans lesquelles ont été comparés des sujets retardés, normaux et précoces appariés sur l'âge mental (Brown, 1973 ; DeVries, 1970, 1971, 1973a, 1973b). Mais leurs résultats sont loin d'être vraiment convaincants du double point de vue de l'ampleur des différences constatées et des seuils de signification (Facon, 1994). La nature des épreuves utilisées dans ces études, des épreuves systématiquement inspirées des travaux de Piaget, n'y est sans doute pas étrangère. A cet égard, l'emploi de tests plus dépendants de l'éducation, notamment des tests d'intelligence cristallisée, aurait peut-être permis d'observer, à âge mental équivalent, une réelle infériorité des sujets précoces par rapport aux sujets normaux et aux sujets retardés en raison de leur défaut d'expérience éducative. Etant donné l'absence quasi complète de travaux empiriques sur la question, il s'agit là bien entendu d'une simple conjecture. Néanmoins, l'influence non négligeable de l'âge sur le niveau d'intelligence cristallisée des sujets retardés rend cette hypothèse crédible, ce qu'indiquent d'autre part les résultats d'une récente méta-analyse de la littérature consacrée au Peabody Picture Vocabulary Test (PPVT), une épreuve de vocabulaire américaine qui s'avère être un excellent marqueur d'intelligence cristallisée (*cf.* Facon et coll., 1993). Cette méta-analyse porte sur un total de 126 études de validité concourante dans lesquelles ont été recensées 290 paires de QI moyens (toutes populations confondues) obtenus à l'aide du PPVT d'une part, et de l'un ou l'autre des différents tests d'intelligence d'autre part (WISC, WISC-R, WAIS, WAIS-R, WPPSI, différentes révisions du Stanford-Binet, Test d'Intelligence de Slosson, Test de Maturité Mentale de Californie, Echelle de Leiter, Echelles d'Aptitudes pour Enfants de McCarthy, etc.). Les études portant sur des tests spécifiques (Test d'Intelligence en Images, Test «Quick», Test d'Aptitudes Psycholinguistiques de l'Illinois, Test de Goodenough-Harns) ou des formes abrégées d'échelles composites n'ont pas été incluses dans cette analyse, de même que les moyennes calculées sur des échantillons inférieurs à 10 sujets. Pour chaque paire de moyennes, la différence entre le quotient PPVT et le QI obtenu à l'échelle d'intelligence correspondante a été calculée. Une valeur positive signifie donc que le quotient moyen au PPVT est plus élevé, et inversement si cette même valeur est négative. Les résultats sont présentés à la figure 6.

Lorsque le quotient intellectuel est inférieur à 70, la différence entre le quotient PPVT et le QI est d'environ +7 points, un résultat qui traduit sans aucun doute l'effet du surcroît d'expérience éducative dont disposent les sujets retardés (Rondal, 1985; Facon et coll., 1993). Entre 70 et 120, le quotient PPVT et le quotient intellectuel sont globalement comparables. La différence n'est en effet que légèrement inférieure à -3

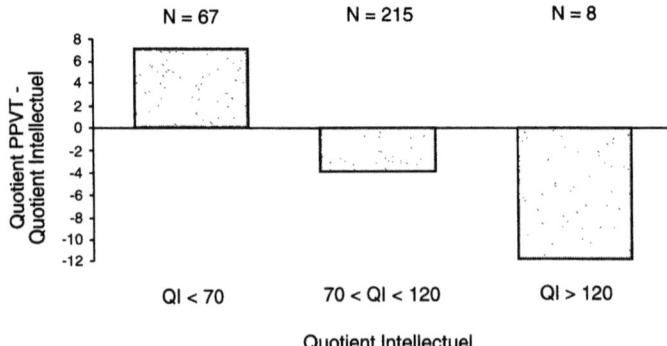

Figure 6 — *Différence entre le quotient PPVT et le QI en fonction du QI.*

points. En revanche, lorsque le QI est supérieur à 120, cette différence s'élève à environ -12 points, un résultat complètement opposé à celui constaté pour les sujets retardés. Cet effet de sous-estimation ne peut pas être attribué à l'origine sociale des sujets. Les indications fournies dans les articles utilisés pour réaliser cette méta-analyse montrent en effet, comme on pouvait le prévoir, que les sujets dont le QI est élevé proviennent dans l'ensemble de milieux familiaux plus favorisés que ceux dont le QI est faible. Par conséquent, si le milieu familial était en cause, le PPVT devrait surestimer les sujets précoces et sous-estimer les sujets retardés. C'est pourtant l'inverse qui est observé. L'hypothèse la plus crédible est qu'en raison de la dissociation entre leur âge chronologique et leur niveau de développement intellectuel, les sujets précoces bénéficient d'une expérience éducative moins importante qui occasionne des performances moindres dans les épreuves évaluant des compétences très sollicitées sur le plan éducatif. D'où leurs performances plus faibles au PPVT, un instrument particulièrement sensible aux opportunités éducatives. Le très jeune âge des sujets précoces inclus dans les études dont il est question à la figure 6 renforce d'ailleurs cette hypothèse. Ces dernières portent en effet essentiellement sur des enfants âgés de moins de 5 ans dont le degré d'expérience éducative est par définition très limité.

Les données psychométriques concernant les sujets précoces sont hélas loin de confirmer les enseignements de cette méta-analyse, ce que montrent par exemple les revues de question de Spitz (1982) et de Robinson et Janos (1987). Dans ces deux revues, il apparaît en effet que les sujets précoces ne présentent pas de faiblesses particulières dans les sous-tests d'intelligence réputés être de bons marqueurs d'intelligence cristallisée. Ils y obtiendraient même dans certains cas leurs meilleurs résultats. D'autre part, il n'est pas certain que leur défaut d'expérience ait une influence aussi marquée que celle occasionnée par le surcroît d'expérience des sujets retardés, en raison notamment des corrélations réactive et active entre QI et environnement éducatif. Les réponses éducatives que suscite un sujet sont déterminées par ses propres capacités. Par corrélation réactive, un sujet doué dispose donc en toute vraisemblance d'un environnement plus stimulant. De même, chaque sujet se constitue un environnement («une niche écologique») à la mesure de ses capacités. Il y a donc corrélation active entre QI et environnement. Plus l'individu est doué, plus riche est son milieu éducatif. L'effet conjoint de ces deux corrélations pourrait, par hypothèse, atténuer l'effet préjudiciable du défaut d'expérience qui caractérise les sujets précoces et expliquer pourquoi leurs performances peuvent être excellentes dans des épreuves pourtant très dépendantes de l'éducation. Cette interprétation n'en demeure pas moins en contradiction avec les résultats de la figure 6, une contradiction qui ne pourra être levée qu'à l'aide d'études empiriques. Un moyen d'y parvenir serait d'inclure dans une même étude des sujets retardés, normaux et précoces, de contrôler leur niveau d'efficience intellectuelle à l'aide d'épreuves d'intelligence fluide, puis de leur administrer différents marqueurs d'intelligence cristallisée. Toutes choses égales par ailleurs, si le niveau d'intelligence cristallisée covarie avec l'âge chronologique lorsque le niveau d'intelligence fluide est tenu constant, on pourra conclure alors à une influence effective de l'expérience éducative liée à l'âge sur les acquisitions cognitives, une conclusion valable pour l'extrémité gauche comme pour l'extrémité droite de la distribution de l'intelligence.

On a vu, grâce à l'élégante étude de Vasquez, que la comparaison simultanée de sujets retardés et de sujets précoces avait permis de valider le concept d'hétérochronie, d'accroître le degré de généralité de ce concept et amené à l'idée d'une continuité sans rupture entre groupes intellectuels extrêmes. Cette même stratégie s'est avérée féconde en d'autres occasions, notamment à propos de l'étude des corrélats psychologiques du sommeil. Ainsi, en comparant les hypnogrammes de sujets retardés, normaux et précoces, Grubar (1975, 1980, 1985 et chapitre 6 de cet ouvrage), a pu constater une liaison substantielle entre quotient intellectuel et taux de sommeil paradoxal, validant ainsi l'hypothèse d'un lien entre sommeil paradoxal et intelligence et justifiant par là même la poursuite de recherches plus approfondies sur la question.

Les études de ce genre sont hélas encore trop peu fréquentes, comme si l'étude des sujets retardés ne pouvait contribuer à une meilleure compréhension des sujets précoces, et inversement. Le cloisonnement des revues scientifiques consacrées à la précocité intellectuelle ou au retard mental en est une preuve patente (Sternberg, 1987). D'autre part, et plus généralement, on ne peut que déplorer l'absence de référence à ces deux groupes extrêmes dans de nombreuses théories de l'intelligence. Cela diminue bien sûr leur degré de généralité et leur confère au mieux le statut de théories locales. Une théorie exhaustive de l'intelligence ne peut être une théorie moyenne élaborée et validée sur des sujets d'un niveau d'intelligence compris dans les limites des variations normales. Elle doit aussi pouvoir expliquer ce qui les distingue des sujets retardés ou précoces, ce vers quoi tend précisément la théorie triarchique *unifiée* proposée par Sternberg. Cette dernière intègre au sein d'un même ensemble théorique des données concernant les sujets retardés, normaux et précoces. Elle contribue ainsi à envisager la précocité et le retard intellectuels non pas comme des entités singulières, mais comme les deux extrêmes d'un même continuum, le continuum de l'intelligence (Sternberg, 1987).

RÉFÉRENCES

Binet A., Simon T., *Les enfants anormaux*, Toulouse, Privat, édition originale, 1907.

Boehm L.D., Conscience development in mentally retarded adolescents, *Journal of Special Education*, 2, 93-103.

Brown A.L., Subject and experimental variables in the oddity learning of normal and retarded children, *American Journal of Mental Deficiency*, 1970, 75, 142-151.

Brown A.L., Conservation of number and continuous quantity in normal, bright, and retarded children, *Child Development*, 1973, 44, 376-379.

Cattell R.B., The measurement of adult intelligence, *Psychological Bulletin*, 1943, 40, 153-193.

Cattell R.B., A note on Dr. Sloan's evidence regarding the value of culture-free intelligence tests, *American Journal of Mental Deficiency*, 1954, 59, 504-506.

Cattell R.B., Theory of fluid and crystallized intelligence : a critical experiment, *Journal of Educational Psychology*, 1963, 54, 1-22.

Cattell R.B., La théorie de l'intelligence fluide et cristallisée, sa relation avec les tests «culture- fair» et sa vérification chez les enfants de 9 à 12 ans, *Revue de Psychologie Appliquée*, 1967a, 17, 135-154.

Cattell R.B., The theory of fluid and crystallized general intelligence checked at the 5-6 year-old level, *British Journal of Educational Psychology*, 1967b, 37, 209-224.

Cattell R.B., *Abilities : their structure, growth, and action*, Boston, Houghton Mifflin Company, 1971.

Cattell R.B., *Intelligence : its structure, growth and action*, Amsterdam, Elsevier, 1987.

Chiva M., *Débiles normaux, débiles pathologiques*, Neuchâtel, Delachaux et Niestlé, 1973.

Chiva M., Tableaux psychologiques différentiels de la débilité mentale selon l'étiologie, in *Les débilités mentales*, R. Zazzo (ed.), Paris, Armand Colin, 1979, 203-249.

DeVries R., The development of role-taking as reflected by behavior of bright, average, and retarded children in a social guessing game, *Child Development*, 1970, 41, 759-770.

DeVries R., *Evaluation of cognitive development with Piaget-type tests : study of young bright, average, and retarded children. Final report*, Washington, D.C., Office of Education (DHEW), Research and Development Centers Branch, 1971.

DeVries R., *The two intelligences of bright, average, and retarded children*, Philadelphie, Paper presented at the Biennal Meeting of the Society for Research in Child Development, 1973a.

DeVries R., *Performance on Piaget-type tasks of high-IQ, average-IQ, and low-IQ children*, Philadelphie, Paper presented at the Annual Meeting of the Society for Research in Child Development, 1973b.

Facon B., *Déficience mentale : influence de la dissociation entre intelligence et expérience*, Thèse de Doctorat en Psychologie, Université Charles De Gaulle -Lille III, 1994.

Facon B., Bollengier T., Grubar J.C., Overestimation of mentally retarded persons' IQs using the PPVT : a re-analysis and some implications for future research, *Journal of Intellectual Disability Research*, 1993, 37, 373-379.

Gargiulo R.M., Sulick J.A., Moral judgment in retarded and nonretarded school age children, *The Journal of Psychology*, 1978, 99, 23-26.

Grubar J.C., Sommeil paradoxal et débilité mentale, *Enfance*, 1975, 3-4, 387-393.

Grubar J.C., Sommeil paradoxal et débilité mentale, *Psychologie Médicale*, 1980, 12, 1309- 1314.

Grubar J.C., Sleep and mental efficiency, in *The psychology of gifted children*, J. Freeman (ed.), John Wiley & Sons, 1985, 141-157.

Hakstian A.R., Cattell R.B., Higher-stratum ability structures on a basis of twenty primary abilities, *Journal of Educational Psychology*, 1978, 70, 657-669.

Horn J., Intellectual ability concepts, *in Advances in the psychology of human intelligence*, R.J. Sternberg (ed.), vol. 3, Hillsdale, New Jersey, Lawrence Erlbaum Associates, 1986, 35-77.

Horn J.L., Cattell R.B., Refinement and test of the theory of fluid and crystallized general intelligences, *Journal of Educational Psychology*, 1966, 57, 253-270.

Hurtig M.C., Contribution à l'étude de la conquête de l'autonomie chez le débile d'âge scolaire, *in Les débilités mentales*, R. Zazzo (ed.), Paris, Armand Colin, 1969, 334-385.

Kahn J.V., Moral and cognitive development of moderately retarded, mildly retarded, and nonretarded individuals, *American Journal of Mental Deficiency*, 1976, 81, 209-214.

Kahn J.V., Moral reasoning of piagetian-matched retarded and nonretarded children and adolescents, *The Journal of Genetic Psychology*, 1983, 143, 69-77.

Légé Y., Dague P., *Test de Vocabulaire en Images*, Paris, Editions du Centre de Psychologie Appliquée, 1974.

Ozbek N., Forehand R., Factors influencing the moral judgment of retardates, *Journal of Mental Deficiency Research*, 1973, 17, 255-261.

Podolsky C., *An abstract of the relation of chronological age and mental age to the performance of school age normals and retardates in selected learning tasks*, Unplublished doctoral dissertation, New York University, 1964.

Prothro E.T., Egocentricity and abstraction in children and in adult aments, *American Journal of Psychology*, 1943, 56, 66-77.

Raven J., *Progressive Matrices*, Issy-les-Moulineaux, Editions Scientifiques et Psychologiques, 1981.

Robinson N.M., Janos M., The contribution of intelligence tests to the understanding of special children, *in Intelligence and exceptionality : new directions for theory, assessment, and instructional practices*, J.D. Day & J.G. Borkowski (eds), Norwood, New Jersey, Ablex Publishing Corporation, 1987, 21-55.

Rondal J.-A., *Langage et communication chez les handicapés mentaux*, Bruxelles, Pierre Mardaga Editeur, 1985.

Russell R.W., Dennis W., Ash F.E., Studies in animism : III. Animism in feeble-minded subjects, *The Journal of Genetic Psychology*, 1940, 57, 57-63.

Spitz H.H., Intellectual extremes, mental age, and the nature of human intelligence, *Merrill-Palmer Quartely of Behavior and Development*, 1982, 28, 167-192.

Sternberg R.J., A unified theory of intellectual exceptionality, *in Intelligence and exceptionality : new directions for theory, assessment, and instructional practices*, J.D. Day & J.G. Borkowski (eds), Norwood, New Jersey, Ablex Publishing Corporation, 1987, 135-172.

Zazzo R., Qu'est-ce que la débilité mentale, *La Raison*, 1956, 16, 5-18.

Zazzo R., Une recherche d'équipe sur la débilité mentale, *Enfance*, 1960, 4-5, 335-364.

Zazzo R., Les débiles mentaux, *in Traité de psychologie appliquée*, M. Reuchlin (ed.), Paris, Presses Universitaires de France, 1972, 191-248.

Zazzo R., *Les débilités mentales*, Paris, Armand Colin, 1979.

Zazzo R., *Où en est la psychologie de l'enfant ?*, Paris, Denoël-Gonthier, 1983.

Zazzo R., Gilly M., Verba-rad M., *Nouvelle Echelle Métrique de l'Intelligence, tome II : technique d'application*, Paris, Armand Colin, Editions Bourrelier, 1966.

Chapitre 9
Développement socio-émotionnel des enfants intellectuellement précoces

Franz J. Mönks

I. LE DÉVELOPPEMENT HUMAIN ET LES ENFANTS PRÉCOCES

Tous les êtres humains naissent dans un monde social. Tous s'emploient à faire partie de cet environnement social et à réaliser leur potentiel. La plupart des parents considèrent que leur plus grande tâche est d'élever leurs enfants de telle sorte qu'ils s'insèrent dans la société dominante et qu'ils se conduisent de façon à y être acceptés. En plus de ces buts sociaux ainsi définis, beaucoup de parents, mais pas tous, essayent d'élever leurs enfants de telle manière qu'ils puissent se développer en fonction de leurs capacités et de leurs besoins. Dès le tout début de leur vie, les nouveaux-nés ont des prédispositions qui influenceront le développement de la personnalité de l'enfant. Les bébés nouveaux-nés diffèrent vraiment quant aux dispositions suivantes : *activité motrice, irritabilité générale et capacité de réaction*. Ces dispositions constituent le fondement des interactions et des relations sociales, d'une communication riche ou pauvre avec le milieu.

La psychologie développementale fait la différence entre les *développements cognitifs, socio-émotionnels et la personnalité*. On considère souvent que la personnalité est le comportement verbal, cognitif et émotionnel affiché dans un contexte social. On peut faire la distinction entre développement cognitif et développement social, mais il est impossible de les séparer. Il est évident que le développement cognitif joue un rôle central et particulier dans le développement général de l'enfant. Un bon exemple en est le comportement d'attachement, l'attachement vu comme le tout premier lien social qui se développe entre un nouveau-né et la personne qui s'en occupe. Pour pouvoir développer ce comportement d'attachement, l'enfant doit être capable de distinguer le visage de sa mère des autres visages et il doit être capable de reconnaître la mère comme la même personne qu'il a vue hier et plusieurs jours auparavant.

Cet exemple montre que le développement cognitif (distinguer et reconnaître) n'est pas la cause du développement socio-émotionnel, mais l'un de ses prérequis nécessaires. Il y a de nombreux autres liens entre les aptitudes cognitives et le développement social et émotionnel de l'enfant. Il est également vrai que les interactions entre l'enfant et les autres sont jusqu'à un certain point limitées ou facilitées par ses capacités cognitives à un moment donné. Les modifications et le développement de ses aptitudes cognitives vont transformer ses interactions sociales et émotionnelles avec les autres.

Déjà, il y a soixante ans, le Docteur Luning Park, psychologue hollandais, critiquait (1936) le manque de compréhension manifesté par les établissements d'enseignement et les enseignants vis-à-vis des enfants précoces. Il utilise l'expression «l'absurdité du dogme du calendrier» se référant au «mythe de l'égalitarisme», pour qualifier le traitement des enfants du même âge comme s'ils étaient égaux. Il montre qu'il est antidémocratique et injuste d'éduquer et d'instruire les enfants dans les écoles pour en faire des «moyens» dont les résultats devraient se situer plus ou moins au même niveau. Et c'était en 1936 !

En va-t-il différemment aujourd'hui? Dispense-t-on dans nos écoles un enseignement adapté aux capacités des enfants auxquels il est destiné. Avant de nous concentrer sur le développement socio-émotionnel des enfants doués, il nous faut voir de plus près ce que la psychologie génétique considérée comme science signifie et ce que signifie être précoce.

II. APPORT DE LA PSYCHOLOGIE GÉNÉTIQUE

L'objet de la psychologie génétique est très particulier à l'intérieur du champ de la psychologie. Les psychologues généticiens consacrent leurs efforts à l'étude des modifications ou des transformations des mobiles et des comportements au fil du temps. Ils se concentrent sur trois questions centrales :

1) *Qu'est-ce que* le développement psychologique :
Question qui appelle une définition des théories sur le développement. Une réponse à cette question suppose une description de la question suivante.

2) *Pourquoi* se produit-il ?
Quelles sont les causes du développement ?
Qu'est-ce qui est dû à des causes internes et qu'est-ce qui est dû à des causes externes (endogènes contre exogènes) ?

3) *Comment* peut-on étudier les processus développementaux ?
Nous allons approfondir quelque peu les deux premières questions.

Les quatre théories les plus importantes sont :

– *la théorie de l'apprentissage*, appelée aussi point de vue du miroir mécanique,

– *la théorie de la maturation*, appelée aussi point de vue de la lampe organique,

– *la théorie cognitive*,

– *la théorie psychanalytique*.

La théorie de l'apprentissage considère que tout comportement est un comportement acquis. Le comportement n'est gouverné que par les lois de l'apprentissage. Si nous connaissons ces lois, nous saurons comment influencer et comment susciter un comportement approprié par l'observation et par les lois du conditionnement.

La théorie de la maturation met en relief le fait que le développement déterminé par la maturation — dans sa forme pure — se produit sans tenir compte de l'entraînement, ni de la formation.

La théorie cognitive se concentre sur le développement mental ou cognitif et sur les similitudes existant entre les enfants. Selon Piaget qui est le principal défenseur de cette théorie, le développement de l'enfant résulte d'explorations et d'interactions avec le milieu, c'est-à-dire qu'un milieu riche fournit plus de matériaux et de possibilités de les travailler et aidera ainsi l'enfant à se développer plus rapidement. A cause de l'accent mis sur l'interaction, cette théorie est appelée aussi *théorie interactionniste*.

La théorie psychanalytique considère le développement de la personnalité comme le processus central ; le développement du langage, la perception et la cognition sont des questions secondaires. Freud mettait l'accent sur les interactions entre les besoins et les désirs de l'enfant et la manière dont ils sont traités par ceux qui en ont la charge.

Toutes les théories soulignent que le développement, perçu comme un changement, est le résultat d'interactions. Elles diffèrent par l'explication de la façon dont les changements se produisent. Quels sont les facteurs qui déterminent l'interaction ? Pour les tenants de la théorie de l'apprentissage, les interactions sont déterminées par l'extérieur, tandis que les tenants de la théorie de la maturation ont une position opposée ; pour eux, l'interaction est déterminée de l'intérieur.

Pour les défenseurs des théories psychanalytiques et cognitives, la maturation joue un rôle important tout comme le milieu. Toutes deux peuvent être perçues comme des approches interactionnistes. Pour Freud, le milieu est important pour le développement de l'Ego et du Super-Ego. Pour Piaget, le développement mental dépend de la maturation et d'influences extérieures.

En tant que processus de changement, le développement se produit par le biais d'interactions de l'individu avec son milieu. Toutes les théories s'accordent sur ce point. Il est important de constater qu'aucune théorie n'existe à l'état pur. De notre point de vue personnel, les différentes théories sont complémentaires.

Nous définissons le développement de la manière suivante :

Le développement psychologique est un processus dynamique qui dure toute la vie. L'interaction entre la nature de l'individu et le milieu détermine le type de comportement et les motifs comportementaux qui émergent et deviennent manifestes.

Tout individu vit dans une période historique spécifique, dans un certain contexte socio-culturel, dans une famille donnée. Toutes ces variables environnementales peuvent influencer le développement de l'individu de façon à la fois positive et négative. Il dépend essentiellement de la créativité et de l'énergie des parents qu'un musicien prodige ou un enfant de qualités intellectuelles de haut niveau obtienne des résultats de premier plan. Il leur faut trouver de bons enseignants, fournir un environnement enrichissant, et éduquer leur enfant de telle sorte qu'il maintienne sa motivation à s'exercer et à réaliser. Chaque don a besoin d'un environnement qui le soutienne et le stimule pour se développer ! C'est une constatation très générale et elle est toujours vérifiée. Mais la question qui se pose quant aux enfants précoces est la suivante : si on les compare aux enfants normaux, ont-ils des besoins socio-émotionnels différents et comment les éducateurs peuvent-ils satisfaire ces besoins ?

Avant de pouvoir répondre à cette question, il est nécessaire de savoir ce que signifie le terme précoce.

III. LA PRÉCOCITÉ INTELLECTUELLE — QUATRE MODELES DIFFÉRENTS

Selon Hany (1987) il y a des dizaines de concepts et de modèles de précocité intellectuelle différents. Il en résulte qu'il n'est pas facile de mettre au point une théorie bien équilibrée et utilisable.

Si nous regroupons les différentes définitions en quatre catégories principales, nous aboutissons aux modèles ci-dessous. Un modèle est la description simplifiée des traits principaux de l'objet de l'étude. C'est nécessairement une simplification de la réalité.

1. Modèles de *tendance trait*

Les représentants de cette tendance considèrent que la précocité intellectuelle est un trait relativement stable, indépendant de la culture, de la période historique et du milieu. Le représentant le plus connu est le psychologue américain Lewis M. Terman (1877-1956). En 1905, il montrait déjà un intérêt scientifique pour la recherche sur la précocité intellectuelle lorsqu'il défendit à l'Université Cornell son mémoire portant sur sept garçons crétins et sept intelligents. Il fut vraiment le premier à étudier tout au long de leurs vies les personnes intellectuellement précoces. Ses recherches de longue durée menées sur plus de 1 500 écoliers intellectuellement précoces âgés de 6 à 12 ans, a commencé en 1921-22 et se prolonge encore aujourd'hui, bien après sa mort.

La définition officielle aux Etats-Unis reflète la tendance *Trait*. Cette définition a été publiée pour la première fois dans le rapport Marland et s'appelle donc la *Définition Marland*.

«Les enfants doués et talentueux, identifiés par des personnes expertes, sont ceux qui, du fait de capacités hors du commun, sont susceptibles de grandes réalisations. Ce sont des enfants qui ont besoin de programmes éducatifs différenciés et/ou de services supérieurs à ceux qui sont normalement prévus par le programme scolaire normal afin qu'ils réalisent ce qu'ils peuvent donner à eux-mêmes et à la société.

Les enfants susceptibles de performances de haut niveau comprennent ceux qui ont obtenu d'excellents résultats et/ou qui montrent des capaci-

tés potentielles dans chacun des secteurs suivants, seul ou en combinaison :
(1) Aptitude intellectuelle générale,
(2) Aptitude spécifique pour les études,
(3) Pensée créatrice ou productrice,
(4) Aptitude à commander,
(5) Arts visuels et liés au spectacle,
(6) Aptitude psychomotrice» (Marland 1972, p. IX)

Bien que cette définition ait une grande valeur, car elle fournit des lignes directrices à de nombreux programmes destinés aux enfants intellectuellement précoces à travers tous les Etats-Unis, elle est limitée parce que des facteurs importants, tels que la motivation ou l'environnement social, n'ont pas été pris en considération. Mais il est d'une grande importance que dans cette définition on fasse la distinction entre les capacités potentielles et les capacités réalisées. Les étudiants qui n'obtiennent pas les résultats qu'on est en droit d'attendre de leurs capacités sont souvent dotés d'un potentiel élevé, mais n'ont pas de bons résultats.

Selon Gardner (1983), il y a plus d'une sorte d'intelligence. Cette approche moderne de l'intelligence semble être très fertile et utile. En effet, des enfants ont quelquefois un talent extraordinaire dans un domaine très particulier. Il distingue les sept types d'intelligence suivants : Intelligence
1) langagière
2) logique mathématique,
3) spatio-visuelle,
4) musicale,
5) corporelle
6) intra-individuelle
7) inter-individuelle

Dans son livre *Creating Minds* (Créer des esprits, 1993), il décrit les sept intelligences en s'appuyant sur l'analyse des vies de sept personnes extrêmement créatives et rattache ces créatifs aux différentes sortes d'intelligence décrites ci-dessus dans l'ordre suivant : T.S. Elliot, A. Einstein, P. Picasso, I. Stravinsky, M. Graham, S. Freud et le Mahatma Gandhi (voir Mönks, 1995).

2. Modèles de *tendance cognitive*

La cognition est un terme général pour traitement de l'information : mise en mémoire et application des connaissances. Les représentants de cette tendance veulent savoir comment les enfants précoces se distinguent des autres enfants dans la qualité du traitement de l'information. Par exemple, la pensée cognitive commence-t-elle plus tôt chez les enfants précoces. Du fait que ce processus est à la base des actions «intelligentes», beaucoup proposent de l'appeler — en anglais — QI (Qualité du traitement de l'information, *Quality of Information Processing*), au lieu de l'ancien IQ (*Intellectual Quotient*).

3. Modèles de *tendance réalisation*

Les auteurs de cette tendance considèrent que les réalisations sont la production observable de la précocité intellectuelle. Cependant, ils font aussi la distinction entre la précocité intellectuelle potentielle et celle qui n'est pas réalisée. Le mauvais élève peut détenir un fort potentiel intellectuel, mais il ne se manifeste pas par des performances. Nous savons que les personnes talentueuses et intellectuellement précoces ne sont pas toutes susceptibles de développer les dons qu'elles portent en elles, car le développement est un processus interactif. Et au cas où le milieu n'aide pas une personne à se développer ou, pire, l'en empêche, le potentiel que représente sa précocité intellectuelle peut ne pas se développer. Une détection précoce et l'encouragement des enfants précoces sont importants car beaucoup d'enfants n'aiment pas montrer leur précocité et leurs talents. Cette tendance est en accord avec nos propres vues.

4. Modèles de *tendance socio-culturelle/psycho-sociale*

Les représentants de cette tendance croient que le développement du talent dépend des décideurs politiques, de la période historique, d'une attitude générale positive à l'égard des enfants intellectuellement précoces. Si l'opinion publique et les décideurs politiques ne sont pas favorables à l'étude de la précocité intellectuelle et de l'éducation des enfants précoces, l'enfant précoce isolé peut ne pas se développer en fonction de ses besoins développementaux et intellectuels. Il est extrêmement important qu'au niveau macroscopique on soutienne les enfants précoces.

Ces quatre groupes de modèles ne s'excluent pas les uns les autres, mais ils se complètent en partie ou bien se combinent pour mettre en valeur certains des aspects étudiés. Les troisième et quatrième tendances ne sont pas seulement théoriques, elles ont aussi à voir avec l'école et l'éducation. La théorie et la pratique s'y rejoignent. C'est ici que nous pouvons situer notre propre point de vue.

5. La précocité intellectuelle : un modèle plurifactoriel

Renzulli (1978-1981) a développé le *Concept des trois cercles de la précocité intellectuelle*. Il énonce ceci : « La précocité intellectuelle consiste en une interaction entre trois groupes fondamentaux de traits humains, ces groupes étant : capacités au-dessus de la moyenne, niveau élevé d'ardeur au travail, et niveaux élevés de créativité. Les enfants qui développent ou sont susceptibles de développer une interaction au sein de ces trois groupes ont besoin d'une grande variété d'opportunités éducationnelles et de services qui ne sont pas normalement compris dans les programmes de l'enseignement. » (Renzulli 1978, p. 182). Il est important de remarquer que la définition de Renzulli non seulement décrit les éléments d'identification, mais aussi met en relief le genre d'aides à l'enseignement et à l'éducation dont ont besoin les enfants intellectuellement précoces. Il a été le premier à lier identification et stimulation appropriée.

Cependant, ce concept ne prend pas en compte la nature interactive du développement de l'homme, ni les effets dynamiques réciproques de processus développementaux. Par conséquent, nous modifions et étendons le modèle de Renzulli en nous plaçant dans une perspective développementale. Nous y incluons trois facteurs de la personnalité : *Capacités exceptionnelles, Motivation et Créativité*, et des facteurs environnementaux : *la Famille, l'Ecole, les Amis/Pairs*.

Nous définissons la précocité intellectuelle comme suit :

La précocité intellectuelle, telle qu'elle se manifeste dans des réalisations, est le résultat d'une interaction enrichissante entre trois caractéristiques de la personnalité : *Créativité, Motivation, Capacités intellectuelles de haut niveau*, dans le cadre social constitué par *la Famille, l'Ecole et les Pairs* (voir fig. 1).

Nous nous concentrons ici sur la précocité intellectuelle en conservant à l'esprit qu'il y a d'autres formes de capacités de haut niveau. Nous avons mis l'accent sur la réalisation concrète. Mais nous savons que tous les individus ne sont pas susceptibles ou désireux de montrer leur potentiel dans des réalisations.

Dans la figure 1, le cadre social Famille-Ecole-Pairs constitue l'environnement social le plus important pour l'apprentissage de l'enfant. Il est donc extrêmement important que cet environnement le soutienne et réponde à ses sollicitations. On peut décrire les caractéristiques de la personnalité comme suit : des capacités (intellectuelles) élevées comprennent une bonne capacité à apprendre, une excellente mémoire, une

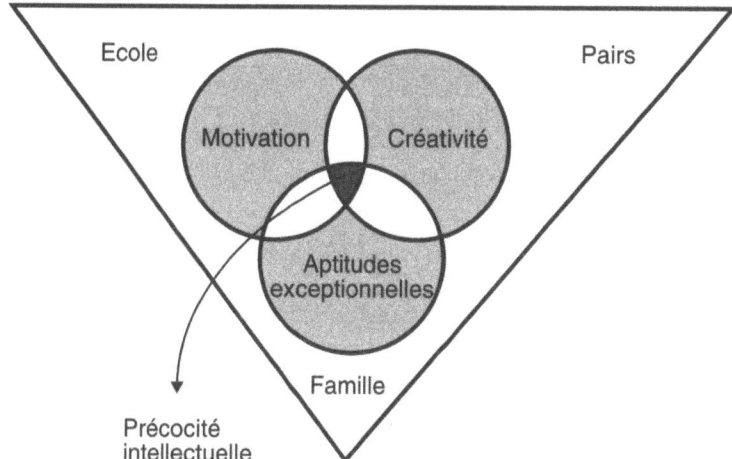

Figure 1 — *Modèle multifactoriel de précocité intellectuelle, d'après Renzulli.*

capacité à l'abstraction spatiale, caractéristiques permettant de faire face dans des domaines variés à de nouvelles tâches et de nouvelles affectations, c'est-à-dire faire preuve de productivité créative.

Cette capacité élevée est souvent indiquée par un quotient d'intelligence (QI). On prend souvent pour limite inférieure un QI de 130 ou une réalisation équivalente. Cette limite a un caractère approximatif, car l'interprétation des résultats d'un test dépend de l'étalonnage du test et de l'analyse qualitative des résultats. Surtout pour ce qui concerne les enfants en situation d'échec, il est difficile d'interpréter les données chiffrées d'un test. Les résultats du QI donnent l'impression de chiffres intangibles à cause des nombres. Au Centre pour l'Etude de la Précocité Intellectuelle (Nimègue), nous ne chiffrons jamais de QI, mais nous donnons des profils.

La créativité s'exprime par le plaisir éprouvé par la résolution des problèmes, par la pensée productive, par l'originalité des solutions, la souplesse de la pensée. La créativité n'est pas considérée comme un domaine spécifique — Gardner (1993) —, mais plutôt comme une aptitude générale à trouver et utiliser de nouvelles façons de résoudre les problèmes.

La motivation est le moteur du comportement humain. Toutes les activités et tout notre comportement ont leur origine dans des motivations. Si la motivation pour la tâche est assez forte, il est possible de surmonter les difficultés et les obstacles, c'est-à-dire qu'il est possible de prendre en compte les risques et les incertitudes; c'est un aspect important de la perspective du temps futur — motivation signifie aussi qu'un individu se sent attiré par une certaine tâche ou un objectif, que c'est un plaisir de s'y consacrer, qu'on l'aime : c'est la composante émotionnelle. De plus, la motivation implique qu'un individu peut faire des projets à court et long terme; c'est la composante cognitive. La motivation est une notion fourre-tout et comme telle, il comprend «l'engagement pour une tâche» de Renzulli.

Une grande capacité (intellectuelle) est un potentiel qui permet des réalisations éminentes ou extraordinaires. Ce potentiel ne se manifestera qu'avec une forte motivation et dans un environnement qui le soutient. Potentiel et milieu social doivent être liés d'une façon positive.

La conception interactionniste de l'intelligence précoce sert de fil directeur à la recherche et aux consultations au Centre d'Etude de la Précocité (CGS) de l'Université de Nimègue. Par exemple, pour les consultations, il est important d'avoir une «vision holistique» de l'enfant ou de l'adolescent; un diagnostic approfondi du sujet et de son milieu est donc nécessaire pour que ces consultations soient satisfaisantes. Il y a de plus en plus de demandes de consultation. Entre mars 1988 (ouverture du CGS) et mars 1993, 581 enfants ont été examinés et des conseils donnés à leurs parents et parfois à leurs professeurs. Il faut ajouter quelques centaines de consultations par téléphone et par correspondance. Les enfants qui ont fait l'objet d'examens approfondis se situaient principalement dans le groupe des 4-12 ans. Dans cet échantillon, il y avait 171 filles et 410 garçons. Que signifie cette disproportion? Au cours de la période avril 1994-avril 1996, 348 enfants et adolescents (271 garçons et 77 filles) ont subi des examens approfondis. Pendant chaque semaine de la première période du CGS (mars 1988-mars 1994), 1 ou 2 individus ont subi des examens approfondis, 3 ou 4 pendant la deuxième période (avril 1994-avril 1996), 5 environ maintenant. Ceci indique clairement un besoin grandissant.

6. Vivre à part ensemble

Chaque personne vit dans une période historique spécifique, dans une situation socio-culturelle donnée, est éduquée dans une famille donnée et reçoit l'enseignement d'une école déterminée. Toutes ces variables du milieu peuvent influer sur le développement de l'individu à la fois dans un sens négatif et dans un sens positif. Il dépend essentiellement de la créativité et de l'énergie des parents qu'un petit musicien prodige ou qu'un enfant doté de grandes aptitudes intellectuelles obtiennent d'excellents résultats. Ils doivent trouver de bons professeurs, fournir un milieu enrichissant et éduquer l'enfant afin qu'il se maintienne au niveau de motivation qu'exige l'entraînement et la performance. Pour se développer, chaque don exige un milieu qui l'encourage et le stimule. C'est une constatation très générale et elle est toujours vérifiée. Mais la question qui se pose, quant aux enfants intellectuellement précoces, est celle-ci : par rapport aux enfants moyens, ont-ils, en plus de leurs besoins intellectuels, des besoins socio-émotionnels différents, et comment les éducateurs peuvent-ils satisfaire ces besoins ?

7. Construction cognitive et besoins socio-émotionnels des enfants précoces

Comme on l'a dit plus haut, le niveau de dons cognitifs va avoir une influence sur le comportement social et émotionnel. On a dit aussi que dès leur plus jeune âge, les nouveaux-nés ont un comportement différent dans trois domaines fondamentaux : *l'activité, l'irritabilité et la réactivité*. De nombreuses études ont montré que dans ces domaines du comportement des différences de personnalité se manifestent très tôt chez les nourrissons. Mais aucune étude n'est consacrée au comportement des enfants précoces au cours de leur premier âge. Beaucoup d'études de cas et de récits de parents indiquent cependant que beaucoup d'enfants précoces, mais pas tous, montrent de hauts niveaux d'activité et d'irritabilité. Voyons ce qu'irritabilité signifie. Certains bébés sont toujours occupés à observer ce qui les entoure, mais d'autres ne semblent pas s'intéresser à ce qui se passe autour d'eux.

Il est de première importance pour le développement socio-émotionnel de n'importe quel enfant et encore plus pour celui des enfants précoces que les éducateurs et les parents satisfassent dès le tout début et de manière appropriée les besoins qu'entraînent ces caractéristiques de la personnalité. Comment peut-on identifier les points forts (cognitifs) caractéristiques des enfants précoces et quels sont les problèmes qui peuvent y être associés ? Un haut niveau d'énergie chez un nouveau-né peut engendrer de gros problèmes si les parents sont incapables d'en venir à bout. Si les parents ne peuvent pas satisfaire les besoins spécifiques d'un tel bébé ou s'ils rechignent à le faire, l'enfant peut devenir « difficile » à mener, peut devenir dangereux pour lui-même. Webb (1993) a essayé de classer les points forts caractéristiques des enfants précoces et les problèmes possibles qui pourraient leur être associés (voir tableau 1).

Tableau 1 — Caractéristiques et problèmes de l'enfant précoce (adaptation de Webb, 1993).

Caractéristiques	Problèmes possibles
Acquiert et retient facilement l'information.	Ne supporte pas les lenteurs des autres; n'aime pas la routine ni les exercices répétitifs; peut refuser des compétences fondamentales; peut faire des concepts exagérément compliqués
Attitude inquisitrice, curiosité intellectuelle; motivation intrinsèque; recherche de la signification	Pose des questions embarrassantes; forte volonté; réfractaire aux ordres, centres d'intérêt excessifs; attend la même chose des autres
Capacité à conceptualiser arbitraire, synthétiser; aime la résolution des problèmes et l'activité intellectuelle	Ecarte ou omet les détails; réfractaire à l'entraînement et à l'exercice répétitif; remet en cause les méthodes d'enseignement
Aime organiser les choses et les gens en structures et les ranger; cherche à systématiser	Construit des règles ou des systèmes compliqués; peut être perçu comme autoritaire, brusque et dominateur
Vocabulaire étendu et facilité d'élocution, connaissances sommaires dans des secteurs en avance pour son âge	Peut utiliser des mots pour sortir de situations ou pour les éviter; en vient à trouver l'école et les camarades ennuyeux; considéré par les autres comme un «monsieur je sais tout»
Créatif et inventif; aime les nouvelles façons de faire les choses	Peut mettre des projets à néant ou rejeter ce qui est déjà connu; vu par les autres comme différent et à contre-pied
Concentration intense; attention de longue durée dans les centres d'intérêt; tout entier tendu vers le but; opiniâtreté	N'aime pas être interrompu; néglige les devoirs et les gens pendant les périodes de concentration de l'intérêt; obstination
Sensibilité, empathie pour les autres; désir d'être accepté par les autres; opiniâtreté	Sensible à la critique et au rejet de ses pairs; attend des autres qu'ils adhèrent aux mêmes valeurs que lui; a besoin de succès et de reconnaissance; peut se sentir différent et rejeté
Grande énergie, vivacité, ardeur; périodes d'intenses efforts	Frustré par l'inaction; son ardeur peut gêner les autres; horaires; a besoin de stimulation continuelle; peut être perçu comme hyperactif
Indépendant; préfère travailler seul; confiance en soi	Peut rejeter ce que parents et pairs lui proposent; non conformisme; peut se dresser contre les préventions sociales
Sens de l'humour développé	Voit l'absurdité des situations; son humour peut ne pas être compris par ses pairs; peut devenir l'amuseur de la classe pour attirer l'attention sur lui

Les caractéristiques les plus significatives essentiellement internes par nature mais qui peuvent avoir des conséquences sont :
- le désir d'utiliser ses possibilités (soif d'apprendre) ;
- le désir de comprendre le fond des choses (perfectionnisme) ;
- la capacité à vivre les différentes possibilités et alternatives (créativité) ;
- l'intensité émotionnelle (engagement personnel) ;
- l'intérêt pour les questions sociales et morales (idéalisme).

Particulièrement, la capacité à trouver des solutions créatives associée à l'intensité émotionnelle conduit beaucoup d'enfants précoces à se faire des illusions sur leurs possibilités. Pour 15 à 20 % des personnes intellectuellement précoces, le perfectionnisme est un handicap à un moment ou à un autre de leur carrière universitaire. Un autre handicap n'est pas rare : le refus du risque. Elles voient les problèmes potentiels et sont alors enclines à éviter tout risque. Ce n'est pas la construction cognitive en tant que telle qui conduit aux problèmes socio-émotionnels. Il y a des enfants précoces qui se développent doucement sans aucun problème. Mais il arrive souvent que la combinaison spécifique d'intensité émotionnelle et d'attitude idéaliste, et la faculté de voir les possibilités et les alternatives suscitent des problèmes si le milieu social (tout particulièrement les parents et les enseignants) est incapable de répondre de façon appropriée à l'attente des enfants précoces. En général, les enfants dont la précocité intellectuelle a été décelée et qui suivent des programmes scolaires adaptés courent moins le risque de rencontrer certains problèmes émotionnels et sociaux que les élèves dont la précocité intellectuelle n'a pas été décelée. Mais il est aussi possible que des enfants non décelés et non pris en charge d'une façon appropriée, fonctionnent très bien. Ce qui revient à dire que déceler la précocité intellectuelle et utiliser des programmes adaptés ne garantit pas toujours qu'il n'y aura pas de problèmes. Il est même possible que des élèves dont la précocité intellectuelle a été décelée courent plus de risques que ceux chez lesquels elle ne l'a pas été parce que presque toutes les cultures ont une attitude ambivalente vis-à-vis des individus dotés de capacités cognitives anormalement élevées. On regarde de tels individus avec suspicion.

IV. QUELQUES CONCLUSIONS DES RECHERCHES RELATIVES AUX ENFANTS ET ADOLESCENTS INTELLECTUELLEMENT PRÉCOCES

Comme on l'a souligné plus haut, le processus de développement est toujours une affaire de réciprocité affectant le comportement des participants de chaque coté de l'interaction. La recherche de la compétence croît durant la petite enfance. Il est important que l'enfant dispose d'un espace d'indépendance et d'autonomie. C'est particulièrement important pour l'idée que l'enfant se fait de lui-même. Si l'enfant a la possibilité d'apprendre par expérience qu'il contrôle ses actions, il peut élaborer ce qu'on appelle un contrôle interne, le contraire du contrôle externe de l'enfant qui ressent et croit que sa vie est contrôlée par des forces extérieures à lui-même.

Pendant que l'enfant grandit et se trouve confronté à des situations variées, il découvre beaucoup de choses sur lui-même, sur les autres, et sur le monde au sens large. Il lui faut toujours trouver des solutions pour satisfaire ses besoins et ses désirs personnels, et pour répondre aux demandes et aux exigences du milieu. Parmi les plus visibles de ces comportements, on trouve le comportement prosocial — altruisme — et le comportement antisocial — agression — et la dépendance.

La question est de savoir si les enfants précoces sont différents des autres ou si leurs aptitudes cognitives exceptionnelles influent sur ces comportements. Dans une étude de cas des *Accès de colère*, Kemmler (1957) a observé environ 488 cas d'accès de colère en 71 jours. Elle a rendu visite à des familles, des garderies et des institutions pré-scolaires. L'une de ses principales conclusions est qu'on doit interpréter les «accès de colère» comme une réaction de l'enfant contre l'adulte qui «perturbe son activité» : l'enfant absorbé par une activité est contraint de s'arrêter. Il semble que le nœud de l'affaire soit un décalage entre les intentions de l'enfant et ce que son intellect lui permet de faire. Kemmler a découvert que les enfants précoces de son échantillon n'ont pas eu de comportements ressemblant aux «accès de colère». Pour elle, les enfants précoces savent ce qu'ils sont capables de faire; ils sont capables de bien savoir où ils se situent. Il n'y a pas discontinuité entre l'intention personnelle et la demande sociale.

Comme dans le cas de l'attachement affectif, on voit une fois de plus ici un exemple montrant que les aptitudes cognitives ont une influence sur le comportement social. Mais Kemmler a découvert aussi qu'il existe des modèles de comportement individualisés, que les enfants irritables ont tendance à réagir sans réfléchir mais d'une manière plus impulsive, qu'ils soient précoces ou non.

Cet exemple montre que les enfants précoces peuvent ne pas avoir de comportements incontrôlés, mais tous les enfants précoces n'ont pas les mêmes comportements. Le développement de l'instinct d'agression et de l'indépendance est influencé de plusieurs façons par l'interaction avec les pairs, un pair étant une personne égale au plan du développement. Un ami est la plupart du temps un pair mais tous les pairs ne sont pas des amis. L'amitié est basée sur des intérêts mutuels, l'échange d'idées, la loyauté et l'absence de rivalité ou de malhonnêteté. Toute personne a besoin de relations avec des pairs ou des amis pour se développer aux plans social et émotionnel. L'adolescence est l'époque où se nouent les amitiés étroites. C'est vrai aussi pour les adolescents précoces. Le problème qui se pose souvent est que les enfants précoces ne s'intègrent pas au système scolaire basé sur les classes d'âge, car ils sont souvent très en avance comparés à leurs camarades de classe du même âge. La possibilité de trouver des amis et des pairs intellectuels est souvent un problème pour les enfants précoces. Étant donné que les êtres humains sont non seulement nés dans un monde social mais qu'ils essaient aussi d'appartenir et de s'intégrer à un monde social, nous voyons souvent que les enfants précoces se mettent en conformité avec les règles et les modèles de comportement dominants acceptés dans un milieu social donné. L'intention d'appartenir au groupe est souvent plus forte que la volonté de se développer selon ses propres besoins.

Le désir d'appartenir à un groupe peut être pour les enfants et les adolescents précoces un facteur qui inhibe le « comportement social normal ». Quant au développement psychosocial des adolescents précoces, Mönks (1992) décrit des conditions universelles et des aspects universels du comportement. Au cours de l'adolescence des changements fondamentaux se produisent dans les états biologiques, les capacités cognitives et la (ou les) position(s) sociale(s) d'une personne. De plus, un examen approfondi de la littérature suggère que six aspects du comportement peuvent être considérés comme « universels » : l'attachement, l'amitié, la sexualité, la réussite, l'autonomie et l'identité. Des transformations de ces aspects du comportement ne sont pas considérées comme propres à l'adolescence ; elles se produisent tout au long de la vie. La recherche, cependant, nous dit que les changements qui affectent ces aspects du comportement au cours de l'adolescence sont souvent très spécifiques et typiques, et sans équivalent avant ou après l'adolescence. Bien que nous puissions faire des distinctions parmi ces six domaines du comportement, nous ne pourrons jamais les séparer : les transformations de chaque aspect sont liées d'une façon réciproquement interactive aux transformations d'autres aspects.

Si nous examinons la littérature en nous intéressant aux différences existant dans les aspects du comportement chez les adolescents précoces et chez les autres, nous trouvons des différences frappantes dans deux aspects seulement, à savoir l'identité et tout particulièrement l'aspect réalisation. L'identité d'une personne participe des expériences auxquelles elle s'est livrée sur ses aptitudes, de l'idée qu'elle a d'elle-même. En faisant une distinction entre les conceptions de soi-même au niveau général, social et scolaire, on peut identifier des différences entre les adolescents précoces et les autres. Les adolescents précoces qui ne réussissent pas leurs études ont une mauvaise idée d'eux-mêmes au niveau scolaire, ce qui, à son tour, a un impact sur leur autoperception aux plans général et social. Ces sentiments négatifs sur leurs capacités contribuent à inférioriser leur concept identité et a un impact sur le fonctionnement social de ces adolescents.

La conclusion la plus frappante de la recherche concerne les différences au niveau cognitif et les conséquences qu'entraînent ces différences. On sait que les adolescents précoces atteignent de hauts niveaux d'excellence. Satisfaire aux critères d'excellence préférés par les adultes peut constituer un critère négatif pour l'acceptation par le groupe des pairs. Par conséquent, cet aspect du comportement est une source de conflit pour les adolescents précoces : le conflit entre l'acceptation sociale et la réalisation de soi-même. Il y a généralement de grandes différences entre les adolescents précoces et les autres au niveau cognitif. Après tout, c'est précisément à ce niveau que les personnes intellectuellement précoces sont définies. Les préadolescents précoces sont déjà capables de produire des opérations formelles et de penser à un niveau abstrait, ce qui, d'après la littérature, est « normal » à partir de l'adolescence. Une conséquence du décalage au niveau cognitif peut être l'existence entre les adolescents précoces et les autres au niveau social de leur développement. Le « précoce » peut ne pas être aussi en avance au plan du comportement social qu'il pourrait l'être au plan du raisonnement social. En vérité le fossé séparant le mode de pensée adulte et les frontières mises par les restrictions liées à l'âge est un souci majeur pour les parents et les enseignants. Ainsi, comme on pourrait s'y attendre dans le modèle général du développement de l'adolescent, les capacités supérieures de raisonnement ont vraiment une action sur ce que nous avons appelé les « aspects universels du comportement ». Comme nous l'avons dit plus haut, les transformations de chacun des aspects sont liées d'une façon interactive réciproque aux transformations d'autres aspects.

RÉFÉRENCES

Gardner H., *Frames of mind : The theory of multiple intelligences*, 1983, New York : Basic Books.

Gardner H., *Creating minds*, 1993, New York : Basic Books.

Hany E.A., *Modelle und Strategien zur Identifikation hochbegabter Schüler*, 1987, unpublished PhD-Thesis, University of Munich.

Kemmler L., Untersuchungen über den frühkindlichen Trotz, *Psychologische Forschung*, 1957, 25, 2279-338.

Kuo C.C., Steeves J. (eds), *Proceedings of The Second Asian Conference on Giftedness : Growing Up Gifted and Talented*, 303-312, Taipei : National Taiwan Normal University.

Luning Prak J., *Het begaafde kind*, 1936, Den Haag : Boucher.

Marland S. Jr, *Education of the Gifted and Talented*, 1972, Washington, DC : US Government Printing Office.

Mönks F.J., Development of the Gifted : Focus on Adolescence, *in* WuTien Wu, Ching-Chih Kuo et Joyce Steevens (eds), *Proceedings of The Second Asian Conference on Giftedness : Growing Up Gifted and Talented*, 1992, 303-312, Taipei : National Taiwan Normal University.

Mönks F.J., Creativity : Idiographic versus nomothetic approach, *European Journal for High Ability*, 1995, 6, 137-142, from vol. 7 on *High Ability Studies*.

Mönks F.J., Knoers A.M.P., *Lehrbuch der Entwicklungspsychologie*, 1996, München : Ernst Reinhardt Verlag.

Mönks F.J., Ypenburg I.H., *Unser Kind ist hochbegabt. Ein Leitfaden für Eltern und Lehrer*, 1993, München : Ernst Reinhardt Verlag.

Renzulli J.S., What makes giftedness? Re-examining a definition, *Phi Delta Kappan*, 60, 1978, 180-184.

Renzulli J.S., Reis S.M., Smit L.H., *The revolving door identification model*, 1981, Mansfield Center, Connecticut : Creative Learning Press.

Webb J.T., Nurturing Social-Emotional Development of Gifted Children, *in* K.A. Heller, F.J. Mönks et A.H. Passow (eds), *International Handbook of Research and Development of Giftedness and Talent*, 1993, 525-538, Oxford : Pergamon Press.

TROISIÈME PARTIE

CONSIDÉRATIONS PSYCHOPÉDAGOGIQUES DE LA PRÉCOCITÉ INTELLECTUELLE

Chapitre 10
Quelle pédagogie pour les enfants intellectuellement précoces ?

Sylviane Monnier, François-Michel Durazzo

Depuis que le Collège du Cèdre au Vésinet[1] a initié son expérience d'enseignement spécial pour enfants intellectuellement précoces, certains de ses enseignants, bien conscients qu'il ne suffisait pas de mettre en place des structures de regroupement des individus — ce qui ne résout jamais qu'une partie des problèmes —, mais qu'il était souhaitable d'adapter leur pédagogie et leur savoir-faire, ont réfléchi ensemble. Notre souhait est donc de faire part de ces réflexions qui, loin de se vouloir dogmatiques et définitives, aspirent encore à l'approfondissement qu'elles méritent.

I. LES ENJEUX PROPRES AUX ENFANTS PRÉCOCES : RÉUSSIR A PROGRESSER A SON RYTHME

On peut, sans trop se risquer, affirmer que le principal enjeu pour l'enfant précoce est de continuer à vivre, à s'épanouir malgré le décalage constaté, plus ou moins bien supporté par le sujet et son entourage. Comment éviter l'ennui, la perte de l'appétence, le risque du découragement, voire de la dépression ? Comment enfin prévenir ces risques afin de garantir, si possible, à l'enfant la place qui lui revient ?

1. Etre le premier : compétition ou émulation

Parmi les enfants intellectuellement précoces, rares sont ceux qui ne se sont jamais trouvés dans le peloton de tête de leur classe. L'excellence se pose de fait en termes de relativité et non de manière absolue. Notons qu'il en va de même pour le quotient intellectuel qui définit la précocité d'un enfant en comparant ses performances à celles des enfants d'un âge donné. Pour l'élève, le référent c'est l'autre, et cet autre proche est celui dont il partage les activités au sein d'une classe. C'est le contexte qui pose les bases de l'émulation, de la compétition et les parents ont tendance à se prêter au jeu en demandant sans cesse à l'enfant comment il se situe dans sa classe. C'est aussi ce qui donne à l'élève une certaine exigence par rapport à lui-même : s'améliorer pour dépasser les autres. Les enfants se jaugent, se mesurent et s'estiment être en mesure de faire mieux ou moins bien que tel ou tel. L'autre est la mesure de leurs progrès ou de leurs échecs, de même que le sont les appréciations des professeurs ou le jugement des parents.

Or, toute la difficulté pour les enfants précoces vient du fait que, dans un contexte d'hétérogénéité normale, l'émulation, la compétition sont faussées par l'inégalité des capacités et les exigences des professeurs en principe égales vis-à-vis de tous les enfants d'une même classe. Les risques sont nombreux et vont du mépris de l'autre que l'on domine sans aucun effort aux exigences des parents trop facilement satisfaites. Le respect de l'autre et de soi-même voudrait que l'enfant fût conscient de l'épanouissement inégal des capacités et qu'en découlât un désir de se mesurer avec des égaux, de même qu'il est nécessaire que les adultes ajustent le niveau de leurs exigences aux capacités de l'enfant. Dans le cas contraire, ce dernier court le risque de prendre goût à la facilité et de mépriser les adultes qu'il croit berner en paraissant travailler beaucoup plus que ce qu'il ne fait en réalité.

Pour que l'enfant réussisse à progresser, il faut donc éviter les distorsions entre ses désirs, ceux de ses parents, de ses professeurs et la réalité des capacités de l'enfant. Exercice périlleux car il faut viser haut si l'on sait que l'enfant a un fort potentiel, mais pas trop, car, en cas d'échec, cela pourrait déclencher des mécanismes d'inhibition d'autant plus grands que l'enfant est précoce. Aussi, nous semble-t-il indispensable de valoriser la réussite et de stimuler la motivation.

2. Réhabiliter l'excellence

Cela dit, on peut très bien imaginer qu'un sujet précoce puisse s'épanouir dans une classe dite normale, s'il est capable de surmonter le regard de la classe, en trouvant l'émulation nécessaire au sein d'un groupe de deux ou trois élèves. C'est souvent le cas, mais il faut admettre que ces rares élèves doivent, la plupart du temps, adopter pour survivre un « profil bas » ou faire preuve d'une très forte personnalité. Si le rythme de la classe leur paraît parfois lent, ils compensent en approfondissant. Et c'est une des ressources du système français que d'offrir aux élèves des programmes d'une richesse telle qu'il faut vraiment être un « surdoué » pour les assimiler. On ne s'étonnera donc pas que la plupart du temps élèves et parents se contentent de la moyenne, toutes matières confondues, ce qui permet à certains de passer dans la classe supérieure avec un niveau très faible dans une ou deux matières pourvu que le reste fasse contrepoids.

Mais cette richesse de programme, qui est un bienfait pour les élèves capables de se hisser au-dessus du 15 de moyenne, peut aussi conduire à la tentation de se limiter à des résultats très médiocres. Or, un 10 de moyenne pour un enfant précoce qui ne travaille pas, est d'autant plus dangereux qu'il donne l'illusion d'une réussite toute relative, n'éveille pas la méfiance des adultes et ne pousse pas à progresser, en faisant des efforts.

L'une des raisons de la mise en place de classes spéciales découle de la prise en compte des risques d'échec. N'est-il pas préférable d'exiger d'un enfant précoce une excellente assimilation du cours plutôt que de multiplier les années d'avance, en restant à un niveau, somme toute moyen ? Réussir un bac à 16 ans avec une mention « passable » ou « assez bien » nous semble préjudiciable, et l'expérience nous le prouve, puisque beaucoup de ces élèves ne tiennent pas en classe préparatoire.

Il est donc souhaitable que les enfants précoces visent 18/20 à l'âge normal car on doit réhabiliter l'excellence en montrant qu'elle est possible, plus courante qu'on ne le croit, que c'est un vrai plaisir de travailler à un excellent niveau et qu'il n'y a pas lieu de la regarder avec méfiance, suspicion ou goguenardise.

D'autre part, il faut qu'un enfant vive pleinement son enfance, et s'il travaille plus vite que la moyenne quant aux objectifs scolaires traditionnels, le temps gagné doit être mis à sa disposition pour qu'il découvre, à son gré, soit d'autres champs de connaissances comme c'est souvent le cas de ces enfants, soit d'autres activités de loisirs, sportives, artistiques pour répondre à sa boulimie, soit du temps libre pour rêver.

3. Des structures et une pédagogie adaptées

Cela dit, la structure scolaire joue un rôle clé. Si l'enfant précoce est intégré dans une classe du type de celles du Collège du Cèdre au Vésinet, c'est-à-dire où l'on regroupe des enfants ayant de fortes capacités intellectuelles, les enseignants pourront mettre en place une pédagogie adaptée et la vitesse de la progression permettra naturellement de dégager du temps pour l'approfondissement ou l'ouverture à d'autres découvertes.

En revanche, si un enfant précoce fréquente une classe ordinaire, il faudra au minimum adopter deux types de dispositions bien claires, pour éviter la mise en veilleuse des capacités ou, pis encore, le déclenchement d'une dépression qui peut parfois être profonde.

A moins de créer des classes adaptées à proximité de leur domicile, les enfants précoces, à partir de 125 de QI, doivent être autorisés à prendre au moins un an d'avance, car cela correspond réellement à un besoin qu'ils expriment par leurs questions, leurs acquis et leur goût de la connaissance au sens large du terme. Il est raisonnable de leur accorder cette ou ces années d'avance et, si cela a largement fait ses preuves dans le passé, pourquoi l'abandonner?

On peut donc accorder un voire deux ans d'avance, l'ennui ressenti en classe étant selon nos enquêtes, le facteur d'échec le plus déterminant. Il est, de plus, souhaitable de mettre à disposition une variété d'activités complémentaires et enrichissantes, s'appuyant sur la technologie de pointe tels que lecteurs de CD-ROM, jeux informatiques ou de réflexion dont les autres enfants de la même classe ne manqueront pas de profiter aussi.

Quoi qu'il en soit, chez les élèves intellectuellement précoces en échec scolaire, on trouve, le plus souvent, le goût de l'excellence, l'envie et la certitude que l'on est capable de faire très bien, bien que pendant l'adolescence et, plus précisément au niveau du collège, on constate une érosion de l'appétence.

En même temps, l'angoisse, l'inquiétude de réaliser des performances relativement médiocres se précisent quand ces élèves se trouvent pour la première fois ensemble, dans des classes spéciales. Le rôle de l'équipe pédagogique est alors de leur apprendre que l'excellence ne consiste pas à être meilleur que les autres, mais à réaliser au mieux les objectifs que l'on s'est fixés, et que proposent parents ou professeurs. Cependant, quand le niveau d'exigence imposé par les différents acteurs du projet varie ou s'avère disproportionné, l'enfant risque de ne pas faire de choix et d'abandonner toute exigence par rapport à lui-même. D'où la nécessité d'une grande lucidité pour ne pas imposer à l'enfant des défis qui ne correspondent pas à ses possibilités.

La difficulté est qu'il n'est pas facile de parvenir à un tel niveau sans émulation, et que les phénomènes de rejet de la part d'autres élèves, voire des professeurs sont fréquents. Il faut donc parvenir à atteindre de tels objectifs dans le cadre approprié de classes pour enfants intellectuellement précoces.

Des précautions s'imposent car, plus encore que d'autres enfants, les précoces peuvent avoir des relations sociales fragiles et avoir du mal à s'intégrer, ce, parce qu'ils ressentent avec beaucoup d'acuité leur différence, le malaise ou parfois l'hostilité que celle-ci peut engendrer. D'où, là encore le rôle important des professeurs pour aider à instaurer de bonnes relations entre les élèves, leur apprendre à s'accepter tous avec leurs différences, à respecter le travail du groupe, et ceci aussi pour établir une bonne communication, en cernant le mieux possible le fonctionnement intellectuel de ses élèves.

II. POUR UNE PRISE EN COMPTE DES STRATÉGIES COGNITIVES INDIVIDUELLES

Prendre en considération le fonctionnement intellectuel des élèves, c'est savoir utiliser les ressources de l'individu et du groupe dans sa gestion. Comment tirer partie de l'imagination de l'enfant, de ses intuitions ? Rappelons que la mission de l'enseignement est d'aider tous les enfants à développer leur potentiel. Que pouvons-nous faire pour inciter les enfants précoces à utiliser pleinement leur cerveau ? Certains neurobiologistes travaillent dans ce sens et, à partir des travaux des comportementalistes, on peut mieux comprendre nos différents modes de communication. Il est souhaitable de mettre en place, au sein de la classe, des stratégies cognitives diversifiées après avoir vérifié comment fonctionnent la mémoire et les représentations des enfants précoces.

1. Mémoire et mémorisation

La mémoire très vive des enfants IP est une des explications les plus évidentes, par exemple, de leur surprenante maîtrise précoce de l'expression orale, ou de leur capacité à faire des associations d'idées interdisciplinaires d'autant plus étonnantes en classe qu'elles ne font pas partie de ce que constate généralement l'enseignant.

Cependant, ils peuvent eux aussi rendre leur mémoire encore plus efficace car elle prend des formes différentes : visuelle, auditive ou kinesthésique — cette dernière forme étant la faculté d'intégrer, de mémoriser et de restituer en utilisant des évoqués et des supports gestuels. Les auditifs ont toujours été particulièrement adaptés au système scolaire et ce sont les visuels qui ont bénéficié de tous les soins des enseignants récemment. Mais il reste à faire un semblable effort pour les kinesthésiques qui apprennent en marchant, en faisant de grands gestes, ont besoin donc d'associer le geste au moment d'apprendre ou au moment de réciter.

Il a été relativement facile d'adapter la pédagogie pour les visuels, d'ajouter des couleurs, des schémas pour eux, de leur laisser le temps de traduire en évoqués visuels. Il faut maintenant mettre en œuvre une gestuelle adaptée aux kinesthésiques, leur permettre de crayonner — sur un brouillon bien sûr —, les prévenir qu'au moment de réciter ou de réutiliser une connaissance acquise en arpentant leur chambre, il faudra se revoir mentalement en train d'arpenter sa chambre ou de gesticuler.

L'un des fondements de l'utilisation efficace de la mémoire est la réactivation qui a, pour les précoces, le grand avantage de contrecarrer leur manque de rigueur, ce n'est pas une répétition lassante — ce dont ils ont horreur — mais une démarche intelligente de réflexion et de restructuration des connaissances à intervalles dégradés.

De plus, nous savons que nos précoces ont un solide allié en leur sommeil paradoxal (voir chapitre 6).

2. La typologie de Herrmann

Notre questionnement sur la mémoire peut nous pousser à explorer les quatre grandes tendances dégagées par la typologie d'un comportementaliste américain, Ned Herrmann.

Un schéma aidera à visualiser :

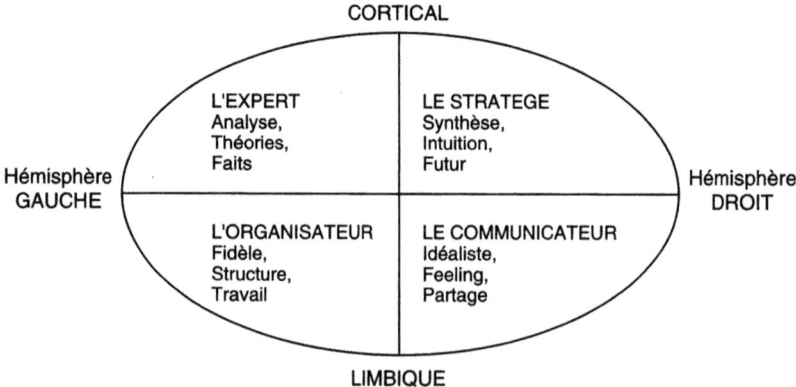

Trop brièvement, cela veut dire que l'hémisphère gauche, chez un droitier, est spécialisé dans la précision, l'abstraction, l'analyse, le rationnel, la stabilité, alors que l'hémisphère droit, lui, gère l'instant présent, la synthèse, l'intuition, l'imagination, l'émotion, et aidera à se projeter dans le futur. Bien sûr, pour un gaucher, ce sera l'inverse.

Le cerveau dit limbique est stable et automatique, mais s'occupe aussi de nos émotions, il génère donc nos éventuels blocages ou motivations. Le cerveau cortical est le néo-cortex, il peut refouler les instincts et les pulsions mais il est instable et imprévisible.

Ces notions, même si elles sont déjà assez sûres en gestion mentale, doivent faire l'objet de précautions dans l'utilisation que l'on peut en faire auprès de nos élèves. Elles ne doivent en aucun cas servir à les juger ou les évaluer, c'est un outil pour mieux comprendre et travailler. On dégagera quatre grandes tendances :

– Le cortical gauche préfère les faits, la théorie, aime la compétition, mais est peu créatif, a peu d'aptitude pour l'art, des problèmes dans les matières littéraires où on lui reproche de s'exprimer sèchement, sans émotion ; ce qui ne l'empêche pas de réussir scolairement.

– Le limbique gauche se sent à l'aise en classe si les connaissances sont strictement structurées, si les consignes, les objectifs sont bien définis, mais il manque d'assurance, de fantaisie. Dans ma classe de troisième au collège du Cèdre, une excellente élève ne manque pas de me faire remarquer la moindre petite erreur d'enchaînement : c'est sans doute la limbique gauche qui est à l'affût.

– Quant au limbique droit, il s'appuiera avant tout sur sa motivation, sur ses relations, sur la personnalisation de ses contacts, mais manquera de connaissances précises, de rigueur, d'organisation. Deux élèves bavardent mais si je leur demande de se taire, ils m'expliquent outrés, qu'ils discutaient du cours. On peut aussi penser à tous ces élèves qui vont aimer une matière en fonction du professeur : malheur aux mathématiques ou à l'anglais si le professeur n'est pas sur la même longueur d'onde que cet élève-là !

– Enfin, le cortical droit est l'angoisse des enseignants, car il est imprévisible, capable de réussir brillamment, mais en refusant de s'investir, et d'échouer avec éclat malgré un potentiel évident. Ils ont le goût du risque, de l'imagination, de l'intuition et de l'humour ! C'est un mode fréquent chez de nombreux précoces. Mes élèves jubilent si je propose ou si j'accepte — car eux vont m'en proposer — une activité qui sorte de la routine du cours. Ce sont les corticaux droits.

Il est évident que rares sont les individus qui ne se reconnaissent que dans un de ces quatre types. La plupart d'entre nous développons des stratégies cognitives mixtes, malgré la prépondérance d'une zone. Il n'y a pas encore eu d'enquête scientifique sur ces caractéristiques, mais il me semble que les deux modes dominants chez les précoces sont les corticaux droits et gauches. *On peut donc schématiser ces deux tendances corticales à peu près de cette manière :*

1) Hémisphère gauche : abstrait, rationnel, logique, matheux.

2) Hémisphère droit : concret, original, ayant le goût du risque, spatial, futuriste, esprit de synthèse, intuitif.

3. L'apport méthodologique : remède et prévention de l'échec scolaire

C'est surtout pour les corticaux droits que la méthodologie est un apport précieux, mais tous en ont besoin. Beaucoup d'entre eux ne mettent pas en œuvre les stratégies appropriées parce qu'ils se sont habitués à parvenir au résultat sans suivre les conseils des adultes. Il faut démonter leurs mécanismes, les mettre à l'épreuve et garder seulement ce qui peut continuer de fonctionner.

Le recours à l'intuition est une préférence nette de fonctionnement cérébral et de nombreux enseignants en mathématiques ou en latin, par exemple, leur reprochent de manquer de rigueur, de travailler trop superficiellement, de fonctionner beaucoup trop de façon intuitive.

Au lieu de traiter le problème ou le texte de façon ordonnée et rationnelle, c'est-à-dire par déduction, ils trouvent très vite une solution et négligent, en outre, de rédiger avec rigueur et en utilisant des termes précis. Certains en viennent même à détester écrire, ne veulent pas prendre de notes ou n'écrivent que la moitié des mots car le passage à l'écrit paraît ingrat à ces esprits qui fonctionnent dans la globalité. Les qualités d'exigence, de rédaction propre et achevée sont trop lourdes pour eux qui ont tout compris et jeté si vite leurs idées sur feuille.

Comme ils ont un potentiel élevé, cette façon de fonctionner peut très bien permettre de passer en classe supérieure sans difficultés au collège ou au lycée. Malgré quelques échecs, le potentiel compense. Les cas extrêmes étant rares, ces précoces intuitifs ne sont pas trop contrariés et avancent.

Ce sont les échecs, les cas extrêmes qui doivent nous faire réfléchir et que nous ne rencontrons finalement pas si rarement que cela ! Tel élève brillant, ayant deux années d'avance en Terminale, échoue en classe préparatoire ? Tel élève cultivé, fin, refuse d'écrire et son orientation fait problème dès la fin de la troisième ? Tel autre ne comprend pas un échec pourtant partiel et se renferme, se met à douter de lui-même ? Telle autre réunit en lettres des qualités de synthèse, d'imagination, d'organisation, de précision verbale stupéfiantes mais est jugée tout juste convenable en mathématiques ?

Nous constatons ces contradictions, ces paradoxes, ces dyssynchronies, mais il est urgent de réagir pédagogiquement. De quoi ont besoin ces enfants pour concrétiser leurs capacités ? Quelle pédagogie doit leur être dispensée ?

Les enfants précoces ont parfois des performances intellectuelles inégales selon le type d'activité. Tel élève a verbalement un très haut QI, raisonne brillamment, dispose d'un vocabulaire riche, mais se trouve perdu en géométrie. Gérer la dyssynchronie entre performances verbales et performances logiques, c'est donc apprendre à ne pas jeter le doute sur l'intelligence d'un enfant qui est peu efficace dans telle ou telle activité.

III. DES STRATÉGIES PÉDAGOGIQUES INNOVANTES

Pour créer une pédagogie adaptée, il fallait commencer par faire cet état des lieux. Il faudra maintenant chercher à entretenir les qualités existantes et, en parallèle, développer celles qui ne sont qu'embryonnaires.

1. Un rythme propice

Il leur faut d'abord un cadre propice adapté à leur première capacité évidente : la rapidité de compréhension. Le cours devra se dérouler à un rythme soutenu.

Pour combler l'ennui né de la répétition ou de la lenteur, beaucoup d'enfants précoces ont développé leur capacité à faire plusieurs choses à la fois. Ils ont souvent une longue pratique de la chose, car ils ont pris l'habitude d'écouter le cours en rêvant, en feuilletant un livre. Pédagogiquement, on peut exploiter cette capacité en leur proposant des activités complexes, par exemple, remplir plusieurs objectifs à la fois ou multiplier les consignes. Ce sera pour le professeur un moyen d'obliger l'élève à mobiliser toute son attention sur le travail proposé. Beaucoup d'élèves précoces sont d'autant plus motivés que l'exercice est difficile, par exemple quand on leur dit en sixième qu'ils auront à accomplir des tâches réservées normalement aux élèves de troisième.

Nul besoin de répéter, nul besoin de passer par des phases de décomposition ou de distinctions élémentaires, on grille les étapes pour entrer de plein pied dans l'utilisation et l'exploitation, l'analyse et la synthèse. Le temps gagné sera consacré à plus de rigueur et de propreté dans le travail final.

Cette vitesse indispensable doit être assortie de précautions :
– Vérifier que tous suivent, car, pour diverses raisons extérieures à l'enseignement, un élève peut être à la traîne.

– Se donner le temps de fixer et d'étoffer les connaissances et ce, de diverses façons (magazines, sketches, digressions originales, jeux mathématiques, théâtre, films, journal scolaire, recherches, exposés, créations individuelles ou en groupe...). Chaque discipline trouvera des activités adaptées d'approfondissement.

– Jalonner enfin l'apprentissage par des contrôles réguliers et exigeants. Ils comprennent certes très vite mais ils sont aussi motivés par l'intérêt que le professeur montre à vérifier leurs acquis et par leurs notes.

2. Diversifier les approches pédagogiques pour développer les qualités

Cependant, chaque fois que la répétition est nécessaire elle doit être associée à une autre dimension, une dose d'humour faisant souvent l'affaire.

Pour travailler les suggestions-propositions en anglais, je propose : « Imaginez que vous êtes à Buckingham Palace pour une garden party. Vous êtes tous très snob, votre voix est très snob. » Et on travaille les suggestions de façon mécanique !

On peut associer grammaire anglaise et histoire par exemple et travailler *used to* avec un document anglais sur les habitudes des Romains à table. Cet exemple d'association de deux matières est aussi une caractéristique à développer dans un enseignement à des enfants précoces. Ils sont loin d'avoir la mauvaise habitude de tout compartimenter. Pour eux, la culture est globale, ils font naturellement des associations d'idées, liant leurs lectures en français à leurs connaissances en physique, biologie, histoire géographie ou astronomie. Cela rend le cours plus intéressant et il s'agit de véritables moments de communication. Peut-on parfois parler de digressions ?

Oui, certains aiment s'aventurer et, lorsqu'ils ont une idée fulgurante, il serait dommage de ne pas les laisser s'exprimer. Certes, pour respecter la logique de la séquence, on peut demander à l'élève de noter son idée et de ne l'évoquer que lorsque la phase de travail en cours est terminée. Le système scolaire ne laisse que trop peu de temps pour la réflexion personnelle de l'élève et sa créativité. Avec ce type d'élèves, on peut prendre ce temps-là.

Toute pédagogie de la réussite intègre en premier lieu les qualités inhérentes à son sujet. Ce goût pour l'imprévu, la digression, les rapprochements inattendus fait partie des caractéristiques des corticaux droits évoquées plus haut qu'il faudra encourager en acceptant ces digressions et en donnant des exercices propres à favoriser les rapprochements et l'esprit de synthèse : par exemple, des analyses de documents ou de courts exposés. Ils briseront aussi la routine du cours, ce qu'ils sauront apprécier. Reste à développer les qualités propres aux limbiques : soin et organisation d'une part, et qualités de communication, d'autre part.

Le sens de l'organisation et de la méthode peut être développé par des consignes et des barèmes très précis systématiquement joints aux exercices. Les élèves lisant le barème peuvent y lire l'importance relative des contenus et des qualités techniques. Ils sont encouragés à perfectionner les uns et les autres, ils peuvent ensuite lire dans les résultats, leurs progrès, point de méthode par point de méthode et contenu par contenu.

L'étape suivante, très dynamisante pour l'élève, est de lui proposer de construire lui-même les consignes et de s'approprier les critères d'évaluation.

Contrecarrer le recours exclusif à l'intuition est une autre tâche de longue haleine.

L'élève cortical droit qui trouve tout, tout de suite par intuition, n'a aucune envie de changer de méthodes. Or à moyen ou long terme, les opérations demandées vont se complexifier et la seule intuition sera de moins en moins fiable. Il faut le montrer le plus tôt possible aux élèves pour leur donner de vraies méthodes rigoureuses : demander systématiquement des justifications, au besoin tendre franchement des pièges, montrer pourquoi cela n'a pas marché et proposer une ou plusieurs méthodes.

D'ailleurs, ils sont très demandeurs de méthodologie. Dès qu'ils voient ce qu'ils peuvent en tirer, ils acceptent des cadres très contraignants, s'ils peuvent à l'intérieur de ce cadre déployer leurs propres intérêts, se l'approprier, l'investir d'un contenu authentique et personnel. Ils appliquent nos consignes avec énergie, en comprenant l'intérêt d'une telle rigueur.

Dernière qualité mais non des moindres à encourager : la communication. Ils doivent apprendre à utiliser leur potentiel d'écoute, de motivation et de stimulation et ainsi acquérir une bonne autonomie affective. Cela peut se travailler en éducation physique avec les sports collectifs, s'enchaîner en classe en réalisant des recherches, des exposés par petits groupes, en participant ou en prenant des responsabilités dans un club, à la chorale...

3. Une pédagogie du jeu

Outre le défi qui suscite l'envie de se dépasser, ces enfants ont souvent le désir de jouer. Tout peut être prétexte à amusement.

Il fallait commencer par une définition, car le terme est confus et pourrait faire envisager une activité futile. Or, c'est un outil privilégié pour créer une atmosphère heureuse en classe — atmosphère indispensable pour obtenir un travail approfondi efficace.

Les classes avec lesquelles jouer est facile, vont jusqu'à la quatrième, mais au-delà, on peut trouver des formes plus élaborées pour les adolescents qui ne veulent plus d'activités jugées puériles, par exemple faire des jeux de rôle qui impliquent les différents membres de la classe, chacun détenant des informations exclusives. L'effectif est également un élément qui déterminera le degré d'organisation pour que le jeu se réalise dans le calme. Mais « jeu » implique « enjeu » et il ne faut pas craindre l'enthousiasme des participants ! Le professeur est le meneur de jeu, le juge, c'est lui qui, pour une langue vivante par exemple, accorde ou refuse les points en fonction de la qualité de l'expression ou de la prononciation.

Je ne crois pas, en classe, à l'improvisation, à l'expression libre. Le jeu est un cadre pour un type de travail, qui pour une fois, n'est pas associé à l'idée d'ennui. Il vient à la place des exercices de grammaire classiques. Il met en œuvre des structures précises :

– Une enquête autour d'un meurtre imaginé par les élèves par petits groupes fera manipuler le prétérit simple et le prétérit continu.

– Des grilles à double entrée susciteront des structures grammaticales extrêmement variées produites par les deux moitiés de la classe s'affrontant en équipes et devant aligner quatre croix ou *ticks* pour marquer un point.

Avec la pratique, le professeur inventera sans cesse des situations nouvelles, qui donneront aux élèves la faculté d'investir le jeu de leur imagination et de leur enthousiasme. Ainsi, grâce à la stratégie à développer, nos élèves produiront sans se lasser de nombreuses phrases puisqu'il s'agit, non pas de finir un exercice — tâche sans grand intérêt — mais de battre le camp adverse en étant plus malin et plus rapide. Tout sera travaillé de front selon le degré d'exigence du professeur : richesse du vocabulaire et des structures, constructions rigoureuses, mémorisation et imagination.

Dès que les élèves investissent le jeu ils lui apportent des éléments de surprise et d'imprévu qui lui donnent un intérêt bien supérieur dans leur esprit, la situation de «projet», d'objectif à atteindre dans laquelle ils sont, renforce leur motivation, la qualité de leur attention et de leur concentration.

Les exemples sont ici tirés de classes de langue, ce type d'activité ludique et créatrice est-il plus difficile à mettre en œuvre dans d'autres matières ? Il développe tellement de compétences dont tous les élèves ont besoin que, très naturellement, il se glissera ailleurs aussi pour le bonheur de tous. De même qu'il est tout naturel que ce type de pédagogie influence directement les professeurs dans leur enseignement avec tous les autres enfants. En fait, il s'agit de mettre l'élève en situation, face à une tâche où il sera actif, dans laquelle il pourra s'investir : jeu scénique, BD, scénario de film, conte.

Nous ajouterons en forme de conclusion que ce catalogue d'observations, de tentatives d'explication, de suggestions est loin d'être exhaustif. Nous n'avons pas abordé certaines questions comme le comportement de l'élève face aux devinettes de l'énoncé et les relations qu'il entretient avec l'imaginaire. Quoi qu'il en soit, notre ambition pédagogique est de suivre l'enfant, d'aller à son rythme et non de surexploiter ses capacités intellectuelles. L'enfance est à préserver, laissons leur aussi du temps pour rêver. Nous espérons cependant que notre approche pourra être utile et qu'elle aide un peu à montrer à quel point une pédagogie de l'intelligence est nécessaire.

NOTE

[1] Le Vésinet : ville du département des Yvelines, banlieue Ouest de Paris.

Chapitre 11
Les enfants précoces et les mathématiques

Jacques Vauthier

Le rapprochement entre mathématiques et précocité peut sembler banal à première vue. Chacun garde en mémoire l'histoire de Pascal enfant qui fut surpris par son père dans la bibliothèque familiale en train de redécouvrir les propositions géométriques d'Euclide. Pascal, comme Léonard de Vinci, était un génie universel, capable aussi bien de recherches abstraites sur les courbes sections d'une surface cônique et d'un plan que de constructions comme celle d'une machine arithmétique. Il montrait ainsi ses capacités aussi bien théoriques que pratiques. Vasari, en 1550, décrit l'activité de Léonard de Vinci dans l'atelier de Verrochio comme celle d'un être « admirable et céleste » qui, loin de se limiter « à la pratique d'un métier, s'adonna à toutes les activités qui relèvent du dessin. Avec son intelligence supérieure et ses dons mathématiques, Vinci ne se contenta pas de la sculpture, tout en ayant modelé, encore adolescent, des têtes de femmes souriantes et des figures d'enfants traités de main de maître, il fit également de nombreux dessins d'architecture, en plan et élévation et fut le premier à préconiser la canalisation de l'Arno entre Pise et Florence et donna des projets pour des moulins, des foulons, des machines actionnées par l'eau. » Peu connaissent, à côté de ses observations astronomiques, les recherches mathématiques de Galilée sur les courbes brachistochrones répondant à la question suivante : on laisse rouler une bille sur une courbe joignant deux points A et B, sur quelle courbe le temps de parcours sera-t-il le plus court ? La réponse n'est pas comme on pourrait le penser un arc de cercle mais un arc de cycloïde. Les outils mathématiques permettant de résoudre ce problème ne viendront que plus tard et Galilée ne pouvait pas s'en douter même s'il s'était approché d'une solution plausible. Dans tous ces cas la mathématique apparaît comme une activité parmi d'autres.

Lier mathématiques et don particulier peut aussi résonner dans les mémoires par l'évocation des calculateurs prodiges, véritables personnages de foire exhibés sur des tréteaux pour répondre aux questions de la foule sur les produits de deux nombres de sept à dix chiffres ou de la division d'un nombre d'une dizaine de chiffres par un de six ou sept — sans parler de l'extraction de racines carrées. Seules étaient concernées les opérations arithmétiques élémentaires : pas de résultats d'algèbre supérieure sur des combinaisons de nombres genre «problème de Fermat». Dans ce cas, la question serait, par exemple, de trouver trois nombres dont l'un serait la somme des cubes des deux autres. On sait, depuis l'année dernière, que ce problème est impossible... Ces calculateurs prodiges ont témoigné de ce don très particulier où leur capacité de calcul ne sollicitait aucune réflexion. Ils voyaient défiler des chiffres généralement colorés à la manière des tambours de certaines machines à sous que l'on rencontre dans les casinos. Le résultat s'inscrivait devant leur yeux et ils n'avaient — pour ainsi dire! — plus qu'à lire les chiffres les uns derrière les autres, aussitôt confirmés par le meneur de jeu de foire.

Parmi la pluralité des dons, la mathématique peut n'apparaître que l'un des aspects des capacités de l'enfant précoce. Entre la spécificité du don arithmétique évoquée ci-dessus et le talent d'un Pascal, il nous faut regarder d'un peu plus près et tenter d'établir une ligne de partage entre ce qui est vécu comme une prouesse très particulière et un véritable don mathématique. Cette dernière science est le lieu par excellence de l'intuition. Pas de ce sixième sens, pas de possibilité de faire des mathématiques! Il n'est donc pas étonnant de trouver un terrain commun entre précocité et cette science, la précocité ayant comme caractère particulier ces éclairs d'intelligence qui rendent «évidents» des résultats qui ne le sont pas pour d'autres; ceux-là ayant plus de mal à dissiper les ténèbres pour parvenir à la lumière d'une compréhension totale.

On parle de la «bosse des mathématiques» en souvenir des travaux de Gall pour préciser combien il y a de différence entre ceux qui auraient cette fameuse bosse et les autres... Mon expérience au centre des «Jeunes vocations artistiques, littéraires et scientifiques», créé à Paris par Véronique Rossillon il y a une quinzaine d'années, m'a montré combien étaient corrélées les mesures de QI plus ou moins sophistiquées et les capacités mathématiques, pourvu qu'il y ait une attirance vers la spéculation abstraite de la part de l'enfant concerné. Une des premières questions que j'ai entendues de la part d'un garçon de huit ans était la suivante : « Pourquoi le nombre π a-t-il une infinité de décimales et peut-on en dire quelque chose ? » Il est clair que ce type de question n'est pas banal et nécessite pour donner une réponse cohérente un bagage mathématique non négligeable. On doit s'interroger en particulier sur l'infini : infini mathématique avec tous les paradoxes levés par les Grecs à commencer par ceux de Zénon dans la Physique d'Aristote. L'ascèse demandée pour mener à bien une réponse sans compromission est telle que certains enfants vont s'arrêter en route. D'autres — et ce furent les meilleurs détectés par le système de tests d'entrée dans le Centre — allèrent jusqu'au bout pour comprendre. On retrouvait chez eux ce désir d'aller au fond des choses qui caractérise les esprits profonds.

Mais il n'y a pas que l'arithmétique. La fascination exercée par l'entrechoquement des chiffres fut de tout temps le lieu de spéculations diverses. En particulier, l'harmonie des nombres fut le fondement d'une métaphysique pour les Pythagoriciens. La géométrie est le deuxième pilier de la science mathématique. On sait, malheureusement, combien la géométrie peut créer de réactions d'hostilité dans les collèges et lycées. Les réactions du type « je n'y vois rien » sont souvent nombreuses et aboutissent à un refus de toute recherche. Dans ce même centre d'enfants précoces, pour un groupe d'une classe d'âge autour de huit-dix ans, nous nous étions intéressés aux problèmes de division d'un cercle en parties égales mais en utilisant *uniquement* une règle non graduée et un compas. Les problèmes de constructions à la règle et au compas remontent une fois de plus au temps des Grecs et à celui des Égyptiens de la grande école d'Alexandrie. Nous connaissons au moins le premier des trois problèmes légués par ces géomètres : celui de la quadrature du cercle. Son énoncé précis est peut-être moins bien su. Il convient en effet de construire avec les seuls règle et compas un carré dont la surface doit être égale à celle d'un cercle donné. Le deuxième, moins connu, tente de répondre à la question de la division d'un angle en trois parts égales : « la trisection d'un angle ». On sait en effet construire la bissectrice d'un angle avec un compas et une règle seuls sans avoir à mesurer la valeur de l'angle. Quant au troisième problème, il résulte d'une question de la Pythie de Delphes : Apollon interrogé par les haruspices, sur le devenir de la peste qui sévissait à Athènes, fit répondre par son égérie qu'elle cesserait si l'on était capable de doubler le volume de son autel — cubique — qui se trouvait dans son sanctuaire. Il fallait, compte tenu des méthodes de l'époque, construire à la règle et au compas la quantité, racine cubique de 2. Les réponses à ces problèmes sont toutes négatives, mais ont engendré de formidables spéculations dont la moindre n'est pas la théorie des groupes mise en place par Evariste Galois au début du dix-neuvième siècle... La recherche de problèmes de ce type, avec des enfants précoces, est évidemment hors de question mais la sensibilisation à des questions de géométrie pure s'avère très fructueuse. La division du cercle en parties égales suscite des problèmes de construction de polygones réguliers et de trigonométrie que ces mêmes enfants peuvent résoudre. On y retrouve en passant le fameux nombre d'or dans le pentagone régulier. L'un d'entre eux a eu l'idée de faire rouler un cercle sans glissement à l'intérieur du grand cercle et de suivre un point marqué sur le petit cercle qui tournait. A chaque fois que le point marqué retrouvait le bord du grand cercle après un tour, on avait ainsi découpé un arc de longueur égale à la longueur de la circonférence du petit cercle. Et nous étions partis dans une nouvelle aventure, celles des hypocycloïdes !

Par ces petites anecdotes, nous voyons combien essentiel est le jeu dans la recherche mathématique et combien importante est la fascination de l'harmonie des résultats. La beauté et son expression immatérielle dans ces résultats abstraits nécessitent une maturité qui est aussi l'apanage des *puer senex*, évoqués au chapitre 1. Mais il est aussi intéressant de suivre quelques grandes figures des mathématiques et de voir comment on peut les relier avec la notion d'enfant précoce.

Parmi eux, Pascal déjà cité mérite que l'on s'arrête de nouveau à lui. A douze ans, il retrouve les premiers théorèmes de la géométrie ; un moment de sa vie immortalisé par le sculpteur Moreau où, un genou en terre, il trace au crayon sur le sol des lignes permettant de démontrer les propositions d'Euclide. Son père, dès le début, s'était rendu compte des capacités exceptionnelles de Blaise qui conjuguait la volonté de comprendre et la capacité de se poser les bonnes questions et de les résoudre. A l'âge de seize ans, il compose un traité sur les coniques (courbes obtenues par la section d'un cône par un plan) et à dix-sept, il construit la machine arithmétique dont la conception lie le jeu des permutations de nombres et la subtilité des rouages mécaniques. Il s'intéresse alors à la physique, poursuit les recherches de Toricelli et rédige les *Nouvelles expériences touchant le vide*. Il revient alors aux mathématiques — dans la période de sa vie mondaine — et fonde le calcul des probabilités pour répondre aux questions de fréquences posées par ces parties de jeux avec le Chevalier de Méré. A la fin de sa vie, Pascal, lors de son séjour à Port Royal, est très près de découvrir le calcul infinitésimal mis en place par Leibnitz et Newton peu après. Le calcul des probabilités n'a pas progressé jusqu'au début du vingtième siècle grâce à l'arrivée d'un outil extrêmement puissant : l'intégrale de Lebesgue, fils d'un typographe français.

Alexis Clairaut (1713-1765) peut lui être comparé. A sept ans il avait renouvelé l'exploit géométrique de Pascal. A douze, il dépose à l'Académie des Sciences un mémoire sur de nouvelles courbes qu'il avait découvertes en travaillant sur les œuvres du Marquis de l'Hospital, lui-même mathématicien réputé dès l'âge de quinze ans. A treize, il fonde une Société des Arts et, à dix sept ans, il publie un ouvrage sur ses *Recherches sur les courbes à double courbure* où il expose sa résolution d'un problème de classification des courbes du troisième ordre posé par Newton. Ce résultat spectaculaire lui vaut d'entrer dans l'illustre Compagnie à l'âge de dix huit ans...

Il est impossible de ne pas évoquer le cas d'Evariste Galois qui, la nuit qui précéda son duel fatal, mit au point la théorie des groupes, appliquée à la résolution des équations algébriques. Il montrait que, par l'utilisation des permutations des coefficients d'une équation du type $a_n x^n + ... + a_1 x + a_0 = 0$, on peut savoir s'il y a des solutions exprimables par des radicaux. Pour l'équation du second degré bien connue des têtes blondes $ax^2 + bx + c = 0$, on sait que les solutions s'expriment par $-\frac{b}{2a} - \frac{1}{2a}\sqrt{b^2 - 4ac}$ et $-\frac{b}{2a} + \frac{1}{2a}\sqrt{b^2 - 4ac}$. Des expressions analogues pour l'équation du troisième degré $ax^3 + bx^2 + cx + d = 0$ ont été découvertes par les Italiens au seizième siècle. La question se posait pour les équations de degré supérieur. C'est le même Galois qui a montré que ceci est impossible dès l'équation du cinquième degré où il est vain de vouloir écrire les solutions avec des formules du type de celles de l'équation du second degré. L'efficacité de cet outil algébrique mis en œuvre allait faire réfléchir tous les mathématiciens du dix-neuvième siècle et donner l'essor à ce domaine dont les retombées sont innombrables non seulement en mathématique mais aussi en physique. Les particules élémentaires ne sont-elles pas pour les théoriciens de la physique nucléaire des éléments d'un groupe privilégié ?

L'époque contemporaine a aussi son lot de mathématiciens précoces. Peut-être le cas d'un jeune Indien de Calcutta est-il le plus spectaculaire et mérite-t-il d'être raconté ? Ramanujan est né à la fin du siècle dernier dans un des quartiers les plus pauvres de cette ville popularisés par le film *La cité de la joie*. Après avoir réussi à apprendre à écrire et à compter, il fut employé par l'administration impériale anglaise comme clerc dans le port de Calcutta pour tenir des livres de mise à jour de stocks. Ramanujan s'ennuyait ferme en faisant ce travail fastidieux et, dès qu'il le pouvait, il se sauvait pour aller à la bibliothèque. C'est là qu'un jour son attention tombe sur le livre de mathématique écrit par Hardy, un des grands professeurs d'Oxford. Stupéfait par les écritures qui s'y trouvaient, en particulier du genre $\sqrt{2} = 1+\cfrac{1}{1+\cfrac{1}{1+\cfrac{1}{1+...}}}$ il en « invente » d'autres qu'il transmet dans un courrier envoyé aussitôt à l'auteur du livre. Celui-ci, à la réception d'une missive aussi insolite, provenant des Indes et couverte de formules aussi compliquées que la précédente, se demande quel est son interlocuteur. D'autant plus que les formules en questions ne laissent pas de l'interroger : certaines sont connues de lui seul — et il a mis un temps certain pour les démontrer — d'autres sont visiblement fausses et d'autres enfin sont nouvelles et susceptibles d'être vraies... Il s'attaque à la démonstration de ces dernières et réussit non sans mal à prouver leur véracité. De plus en plus intrigué, provoqué et encouragé par d'autres lettres de Ramanujan venues compléter les formules précédentes, il décide lors d'une mission aux Indes de rendre visite à cet inconnu. La rencontre entre le strict professeur d'Oxford, connu pour sa causticité et la rigueur de sa pensée et le petit clerc de Calcutta n'a pas dû manquer de cocasserie. Toujours est-il que Hardy comprit qu'il avait devant lui un esprit extrêmement original et profond. Il se débrouilla pour lui obtenir une bourse et le faire venir à Oxford. Tout son travail fut alors de convaincre Ramanujan de se soumettre à l'ascèse de la démonstration de ses résultats. Il commença par lui montrer que certains de ses énoncés étaient faux et lui donna la preuve — quelquefois délicate — de ceux qui étaient justes. Pour avoir une idée de la fulgurance de l'intuition de Ramanujan, une simple anecdote fera l'affaire. Un jour que Ramanujan était alité, Hardy lui rendit visite à Londres. Il prit un des *cabs* noirs qui font le charme de la capitale anglaise et arriva au chevet de celui qui était devenu un ami. L'Indien lui demanda à son arrivée quel était le numéro du taxi qui l'avait véhiculé. L'autre, comme tout théoricien des nombres, avait évidemment fait attention à ce détail qui d'ordinaire laisse tout un chacun indifférent... Le nombre en question était 1729. Hardy n'avait rien à dire de particulier sur lui si ce n'est qu'il était produit de 7 par 13 et par 19, trois nombres premiers qui sont tels que $13 = \dfrac{7+19}{2}$. Ramanujan lui rétorqua que la beauté de ce nombre ne résidait pas dans cette remarque mais dans le fait que c'était le plus petit nombre qui, de deux manières différentes, était la somme de deux cubes... En effet, $1729 = 12^3+1^3=10^3+9^3$! Et Hardy de mettre près d'un an à prouver ce résultat... Ramanujan a profondément marqué la théorie des nombres contemporaine par ses intuitions fulgurantes et ses questions pertinentes. Nombre de conjectures faites par lui restent autant de défis à relever par les générations futures de mathématiciens.

Pour terminer, évoquons le cas d'André Weil, qui lui aussi a dominé tout un pan de la mathématique contemporaine. Il est moins connu que sa sœur, la profonde et subtile philosophe Simone Weil. Tous deux furent pourtant très liés et s'admiraient réciproquement. Dans la même famille, il est impressionnant de trouver deux enfants aux talents si visibles avec leurs spécificités masculine et féminine, l'un tourné vers la spéculation ultra abstraite, l'autre vers la spéculation liée au réel de la philosophie, l'une recherchant la Vérité, l'autre soumis à la vérité des énoncés mathématiques. Le dialogue de ces deux enfants a dû être fascinant par moment, si l'on en croit les allusions que tout deux en font dans leurs mémoires. Dès son jeune âge, André dévore tout ce qui est à porté de sa main : latin, grec, hébreu, sanscrit — dont il devient un expert — et aussi mathématique où il excelle. Il entre à l'École Normale Supérieure en «culottes courtes» et se lance bientôt dans la rédaction d'une thèse. La guerre le pousse à l'exil aux États-Unis où son renom — après des péripéties — lui vaut une chaire au prestigieux Institute for Advanced Study de Princeton qu'il occupera jusqu'à sa retraite. On rencontre le nom de Weil à tous les détours de la théorie des nombres et il fait partie de ces mathématiciens qui non seulement démontrent des théorèmes mais créent aussi des théories nouvelles donnant du travail à des centaines de chercheurs dans le monde. Ainsi la démonstration spectaculaire du fameux «dernier théorème de Fermat» par Andrew Wiles, repose-t-elle sur une des intuitions profondes énoncées par Weil du rapprochement entre deux domaines des mathématiques dont on ne voyait pas très bien le lien au prime abord. Pour satisfaire les curiosités, rappelons que le dernier théorème de Fermat est une question qui était restée ouverte depuis que l'homme de loi du Parlement de Toulouse, qui vivait au dix-septième siècle, eut laissé dans une marge d'un manuscrit une note où il annonçait qu'il savait démontrer qu'il est impossible de trouver trois nombres, non tous nuls, vérifiant pour un entier n supérieur à deux, l'équation qui porte le nom de Fermat $x^n + y^n = z^n$ ($n > 2$). Autrement dit, on connaît les triangles rectangles pythagoriciens, par exemple le triangle rectangle dont les côtés ont pour longueur 3, 4 et 5 (la somme des carrés des longueurs des côtés $3^2 + 4^2$ est bien égale au carré de l'hypoténuse 5^2) qui vérifient l'équation $x^2 + y^2 = z^2$ avec x = 3, y = 4 et z = 5. La question qui se pose naturellement pour le mathématicien est la suivante : que se passe-t-il si on remplace le deux de l'exposant par une autre valeur 3, 4, 5, ...? Fermat répondait dans son manuscrit qu'il n'y avait pas de solution en nombres entiers dès que l'on dépassait 2. Sa méthode de descente infinie pour n = 4 est restée comme une des plus belles preuves arithmétiques mais quid des autres valeurs? Il a fallu trois siècles de travail pour venir à bout de la démonstration de cette conjecture... et c'est Weil qui a mis en évidence une des prises pour venir à bout de cette «paroi mathématique» si verticale.

Nous avons tenté de souligner les différents aspects des liens entre précocité et mathématiques par des exemples concrets dont il est possible de tirer quelques leçons. Tout d'abord, n'en déplaise aux demoiselles, le sport intellectuel mathématique est très masculin. Les grandes mathématiciennes, si elles existent, n'en demeurent pas moins rares. Qu'elles se nomment Sophie Germain ou Emmy Noether, elles ne peuvent être comparées en nombre à leurs collègues masculins qui ont marqué cette science. L'abstraction mathématique semble mieux correspondre au tempérament masculin qu'au génie féminin plus ancré dans la réalité. Peut-être l'avenir me donnera-t-il tort mais, pour l'instant, si l'on regarde la proportion de jeunes-filles qui entrent à l'École Normale Supérieure en section «sciences mathématiques», cette prédominance masculine est un fait. Ceci ne signifie pas qu'il faille décourager les jeunes filles de se tourner vers cette science dite exacte mais il faut garder à l'esprit cette tendance qu'elles exprimeront d'elles-mêmes à un moment ou un autre. L'exemple de la famille Weil est très révélateur sur ce chapitre.

Le deuxième aspect de ce lien entre précocité et mathématique réside dans la nécessité de mettre très tôt les jeunes intelligences en contact avec les deux piliers des mathématiques que sont les nombres et la géométrie. Là, s'exprimeront très vite l'intuition de l'enfant et sa joie de trouver des résultats par lui-même. L'ascèse de la démonstration, indispensable dans un second temps, lui permettra de maîtriser mais non pas d'annuler son intuition fulgurante — bien connue des spécialistes — et ne pourra que le faire progresser. Rappelons-nous Pascal et Ramanujan: le premier se soumettant à la dure loi de la preuve mathématique dès son plus jeune âge face à la construction de la géométrie d'Euclide, le second découvrant cette obligation de la démonstration qui purifie une intuition quelquefois si trompeuse qu'elle peut devenir la folle du logis si on ne la contrôle pas! Un des lieux de la mise en place d'une méthodologie pour l'enfant précoce est évidemment, par excellence, ce monde des mathématiques où l'intuition affronte la rigueur. La découverte s'y marie avec une règle rigoureuse pour conduire à des joies profondes de dépassement de soi-même dont tous les mathématiciens professionnels se sont fait l'écho.

Les deux domaines des nombres et de la géométrie permettent rapidement d'entrer dans les arcanes de l'analyse des phénomènes de l'infini et du calcul infinitésimal. Rappelons-nous le tour de force de Pascal pour trouver la longueur d'un arc de cycloïde qui permit à son auteur de gagner un prix de quelques centaines de pistoles, sans parler des méthodes de calculs du volume de certaines voûtes par Pietro de la Francesca. La mathématique est le lieu de la quantification et c'est là qu'il faut vite arriver! L'infini est un monde fascinant : il est déjà présent dans l'expression très curieuse donnée ci-dessus pour exprimer le nombre racine carrée de deux. On y voit très nettement l'abîme qui se creuse entre les nombres rationnels — les fractions usuelles — et les nombres dits « irrationnels », non exprimables comme quotient de deux entiers. Ici, $\sqrt{2}$ apparaît comme une fraction infinie. Un des aspects du travail du mathématicien est en particulier le classement des objets qu'il rencontre : les nombres seront ainsi classifiés en nombres entiers, nombres rationnels et nombres irrationnels. Il existe encore d'autres classifications plus subtiles ; ainsi, le nombre π n'est-t-il pas mis dans la même boîte que $\sqrt{2}$? En fait, il faudra introduire la distinction entre nombres algébriques et nombres transcendants pour les séparer dans deux catégories distinctes. Les méthodes modernes de théorie des ensembles, initialisées par Cantor, seront alors à même de venir prouver sans donner de constructions explicites l'existence de ces nombres transcendants dont π fait partie, prouvant par là, en passant, l'impossibilité de la quadrature du cercle. La non-constructibilité de certains objets mathématiques utilisant la comparaison d'ensembles « gros » ou « petits » apporte un saut qualitatif de raisonnement qui a donné lieu a de vigoureuses discussions lors de leur introduction dans le paysage mathématique.

Le troisième aspect qui frappe tout au long des exemples précédents est la largeur du spectre de l'intérêt des ces enfants précoces. Non contents d'être des virtuoses dans un domaine, fût-il reconnu comme un des plus exigeants, ils sont capables de s'intéresser a des sujets connexes comme la mécanique, la physique ou l'astronomie. Ils ne dédaignent pas des applications pratiques que ce soit la machine à calculer par Pascal ou la canalisation de l'Arno à Florence par Léonard de Vinci. Pour ce dernier, ses capacités de peintre sont aussi à souligner! Le monde de ces enfants précoces ne se limite pas seulement aux domaines scientifique et technique. Léonard est peintre, Pascal est philosophe — et quel écrivain! — André Weil est aussi spécialiste de sanscrit. On est en droit de se demander si en tout mathématicien ne sommeille pas un musicien qui retrouve dans la musique les harmoniques de son domaine de recherche privilégié.

La mathématique apparaît donc dans ce contexte des enfants précoces comme un lieu « naturel » de développement de leurs capacités d'intuition avec les nuances que nous avons apportées. Il serait intéressant de savoir si les statistiques internationales font état de la distorsion française entre les garçons et filles. La France est la première au monde dans la course aux médailles Fields, équivalent du prix Nobel en mathématique, ce qui prouve la qualité de son enseignement universitaire dans ce domaine et de ses équipes de recherche. L'absence remarquée de l'arithmétique dans le secondaire et la pauvreté de l'enseignement de géométrie ne laissent pas d'être inquiétants pour la formation d'esprits précoces qui ne trouvent pas pâture suffisante à leur imagination. La découverte de résultats permettant d'entrer dans le jeu de la recherche mathématique faite de spéculations, d'hypothèses et de démonstrations rigoureuses est malheureusement problématique et plaide pour un enseignement plus ouvert permettant à ces esprits de se déployer et d'éviter l'ennui d'exercices répétitifs et sclérosants.

Chapitre 12
Le concept de *surdoué* et mathématiques : une analyse par race, sexe et classe sociale

Christiane Charlemaine et Catherine Huber

INTRODUCTION

Les mathématiques sont reconnues comme un important moyen de sélection dans nos sociétés modernes. On ne peut argumenter contre les très nombreuses données disponibles incluant les variables de race, sexe et classe sociale dans les résultats en mathématiques (Belkhir et coll., 1995, 1996; Campbell, 1989; Kohr et coll., 1989; Meyer, 1989; Oakes, 1988; Secada, 1989; Secada & Meyer, 1989). Aux Etats-Unis, il y a une très longue et déprimante histoire sur les disparités entre femmes et hommes (filles et garçons); entre Américains d'origine européenne et Américains d'origine asiatique d'une part et Africains-Américains, hispaniques, natifs américains d'autre part; et entre niveaux de statut socio-économique (SSE), indépendamment des races et des sexes (Secada, 1989 : 24). Le propos de cet essai est d'utiliser les mathématiques comme support pour ouvrir le débat sur la définition du concept de *surdoué*. Nous utiliserons les études faites aux Etats-Unis sur les différences en mathématiques entre les races, les sexes et les classes sociales.

Les mathématiques constituent une activité exécutée par l'être humain vivant dans certains contextes culturels et historiques. Elles sont forcément une activité influencée par des forces sociales : « Tout le monde peut apprendre les mathématiques. » Jusqu'aujourd'hui, leur enseignement est basé sur le principe contraire. En règle générale, nous pensons que tout le monde n'est pas capable d'apprendre les mathématiques, on possède la « bosse des mathématiques » ou pas (voir chapitre 11). Mais nous semblons aussi nous attendre à ce que seul un faible pourcentage d'enfants puisse réussir à maîtriser les concepts et les techniques de cette discipline (Belkhir et coll., 1995).

La première question est : y-a-t-il des races, un sexe et/ou des classes sociales « plus doués » en mathématiques ? Ensuite, nous pourrons nous poser une deuxième question. Qu'entendons-nous par *surdoués* et comment les localiser, peu importe la discipline intellectuelle et/ou physique dans laquelle ils excellent ? Nous pensons que ce serait une erreur de définir le concept de *surdoué* sans examiner la réalité sociologique des différences entre les sexes, les races et les classes sociales en mathématiques. Nous espérons que notre étude aidera à mettre en lumière le terme *surdoué*.

I. LE CONCEPT DE *SURDOUÉ* ET LES MATHÉMATIQUES

Selon Sternberg et coll. (1981, 1985), il y a au moins quatre raisons pour lesquelles il est digne d'intérêt de comprendre la conception qu'ont les gens (théories implicites) du terme *surdoué*. Premièrement, la découverte de telles théories implicites peut être utile afin d'aider à formuler les vues culturelles communes qui dominent la pensée à l'intérieur d'une société — ce que nous voulons dire exactement par le terme *surdoué*. Deuxièmement, comprendre ces théories implicites peut aussi nous aider à comprendre ou fournir les bases pour des théories explicites, parce que les théories explicites dérivent en partie des théories implicites (et non explicites) de scientifiques ou de chercheurs. Les théories ont une grande influence sur la vie au quotidien.

Il est impossible d'être précis en définissant le terme *surdoué*. Il existe plus de 100 définitions (Hany, 1987; Renzulli, 1977; Guilford, 1966, 1967; Clark, 1983, 1986). On a beaucoup écrit, sauf en France, à propos des *surdoués* depuis Platon et son conseil : s'occuper convenablement des « enfants d'or ». Les études sur les *surdoués* ont commencé avec le travail de Galton (1869) et de Terman (1925, 1929). Jacob (1988) définit l'enfant doué comme possédant une « capacité de haute performance dans des domaines tels que l'aptitude intellectuelle, la capacité à créer, à diriger, et/ou des qualités d'artiste ». Sternberg et ses collègues (1980, 1984, 1983, 1985; Shore, 1982) notent que le terme *surdoué* se caractérise par la capacité à se débrouiller avec la nouveauté, dans sa théorie triangulaire de l'intelligence spécialement en relation avec les trois concepts de « codage, combinaison, comparaison ». Shore et Dover (1987) soutiennent que le fait d'être doué peut être vu plus spécifiquement comme les interactions entre la métacognition et la disponibilité et la flexibilité de styles cognitifs.

En dépit de l'ampleur de la définition du terme *surdoué*, les scores des tests de QI sont presque toujours ou bien le seul critère, ou bien celui qui prend le plus de poids pour l'admission des enfants doués dans des programme spécialisés. Le QI reste encore l'un des principaux critères pour déterminer qui, parmi la population d'enfants, est doué (Khatena 1989 ; Alexander et coll., 1995). En effet, la plupart des études sur les *surdoués* les définissent en termes de QI ou de performance générale. Nous savons que les tests de QI comme le Standford-Binet ou le Wechsler sont fortement influencés par le capital socioculturel (Subotnik, Kassan, Summers & Wasser, 1993 : 115).

Il nous semble que beaucoup d'auteurs font un lien entre QI et mathématiques. Cote et Ziv (1996) pensent «qu'il n'existe pas de scientifiques qui aient créé quoi que ce soit avec un QI inférieur à 120 ou 130». Ce point de vue est basé sur l'idée que plus le QI est élevé et plus grands sont les potentiels intellectuels. Par exemple, Abergel et Hostyn (1995) ont constaté que les QI des «enfants» de l'École Polytechnique se situaient tous entre 140 et 150. Cela signifie-t-il que les «enfants» de l'École Polytechnique sont des «*surdoués* en mathématiques»? Regardons de plus près les résultats de Abergel et Hostyn.

Pour entrer à Polytechnique, il faut être *surdoué* en mathématiques. Abergel et Hostyn montrent que les «enfants» de l'École Polytechnique ont une scolarité «brillante», beaucoup de sauts de classe, 42%, et, ce qui est important dans le cadre de cette étude, comme le disent les auteurs, la plupart des «enfants» de l'École Polytechnique sont particulièrement brillants en mathématiques (82% au lycée!). C'est aussi la matière qu'ils préfèrent. Donc il y a bien, selon Abergel et Hostyn, un lien entre QI et mathématiques et un lien entre *surdoué* et QI. Qui sont ces enfants *surdoués* en mathématiques de l'École Polytechnique? En écrasante majorité, ce sont des hommes : 98% contre 2% de femmes. D'où viennent-ils? Abergel et Hostyn notent qu'ils sont d'un milieu les préparant à des études supérieures (cadres 46%, milieu médical 11%, milieu enseignant 8%, agriculteurs 6% et commerçants 0%.

Les pourcentages cités par Abergel et Hostyn sont révélateurs. Où sont les femmes : hommes 98%-femmes 2%? Où sont les enfants d'ouvriers dans la promotion polytechnique 1976 : pas un seul? Ces statistiques ne mériteraient aucun commentaire si nous étions dans une société permettant le développement intellectuel de tous les enfants indépendamment de leur « race, sexe ou classe sociale ». La prédominance des « classes supérieures », la minorité de femmes et la quasi non-existence d'enfants d'ouvriers faisant des études supérieures à l'École Polytechnique soulèvent « mille questions » sur la notion de *surdoué*. Au regard de ces remarques, est-il possible d'appliquer le terme *surdoué* aux « enfants » de l'École Polytechnique ? Devons-nous conclure, au vu de ces données, que les femmes sont « moins douées » que les hommes en mathématiques ? Est-ce que les enfants des classes dites inférieures sont « moins doués » en mathématiques que ceux des classes « supérieures » ? Les questions posées concernant les « enfants » de l'École Polytechnique nous semblent fondamentales dans toute approche essayant de définir le concept de *surdoué*. C'est ce que Sternberg appelle la distinction entre théorie implicite ou explicite. Qu'entendons-nous par le terme *surdoué* ? Comment notre société définit-elle le *surdoué* ? Regardons maintenant les études faites aux Etats-Unis comparant les sexes, les races et les classes sociales en mathématiques. Il n'existe pas, à notre connaissance, d'études équivalentes en France.

II. GROUPES ETHNIQUES ET MATHÉMATIQUES : « LES SOI-DISANT DIFFÉRENCES ENTRE LES RACES »

On peut tirer des observations très instructives des olympiades internationales en mathématiques. Comparés à des étudiants d'autres nations, en particulier du Japon, les jeunes Américains n'excellent pas dans les tests en mathématiques et en sciences (Comber et Keeves, 1973 : LaPointe et coll., 1989 ; McKnight et coll., 1987 ; Stevenson et coll., 1986 ; Uttal et coll., 1988 ; Walberg et coll., 1986). Le faible niveau des étudiants américains à l'échelle internationale est évident dans les classes primaires ; puis il se détériore tout au long de la scolarité (Benbow et coll., 1991). A partir d'une étude parue dans l'*Educational Testing Service*, comparant les scores en mathématiques et sciences d'élèves de 13 ans de 15 pays différents, il apparaît que les élèves de Corée, de Taïwan et de Suisse occupent les 3 premières places. Ceux de la France et des Etats-Unis se placent respectivement 10e et 13e sur 15, surpassant seulement les Jordaniens et Irlandais. N'ayons pas peur des mots : ceci révèle que les Asiatiques sont supérieurs aux Français, aux Américains et aux Européens en général, et que les Soviétiques et les Hongrois sont supérieurs aux Français et aux Américains. Cela signifie-t-il que les enfants Japonais sont plus doués en mathématiques que les enfants Américains ou Français ?

Un niveau faible

Dans leurs connaissances en science, les étudiants des États-Unis obtiennent de faibles scores comparés à ceux des autres pays. Dans l'étude de l'*International Assessment of Educational Progress* sur des élèves de 13 ans de 15 pays, en 1990-1991, ceux des États-Unis se placent 13e.

Il est important, dans le contexte de ce débat sur les «*surdoués* en mathématiques» de comparer les groupes ethniques au sein d'une même nation. Encore une fois, il est regrettable que nous n'ayons pas de données comparatives françaises; nous utiliserons ici des chiffres fournis par des études américaines. Les Américains d'origine africaine constituent 12 % de la population des Etats-Unis, mais ils reçoivent seulement 4 % des baccalauréats de sciences et d'ingénieurs et seulement 2 % des doctorats. Les hispaniques représentent 9 % de la population mais ne reçoivent que 1,6 % des PhD dans le génie et les sciences. Les natifs américains représentent, quant à eux, 0,8 % de la population et ne reçoivent que 0,2 % de ces PhD. En revanche, les Américains d'origine asiatique forment 2,9 % de la population et reçoivent 6,9 % de ces PhD[1].

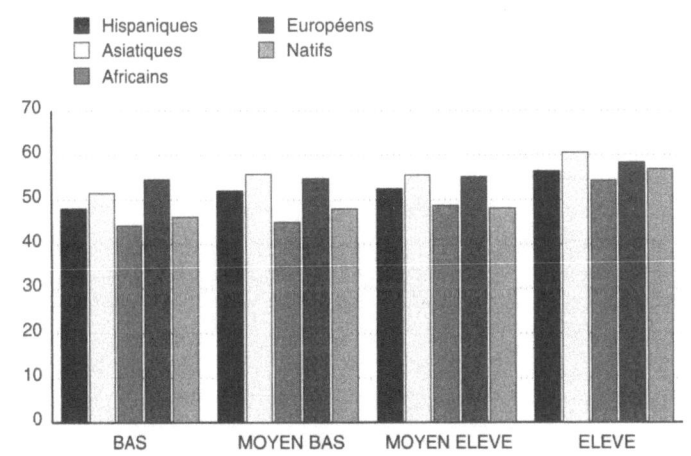

**Tableau 2a — Mathématiques et origines raciales :
les scores en mathématiques au lycée et au-delà (hommes).**

Hispaniques	48,02	51,99	52,45	56,40
Asiatiques	51,50	55,74	55,54	60,57
Africains	44,22	44,99	48,71	54,31
Européens	54,52	54,72	55,12	58,34
Natifs	46,15	47,97	48,10	56,86

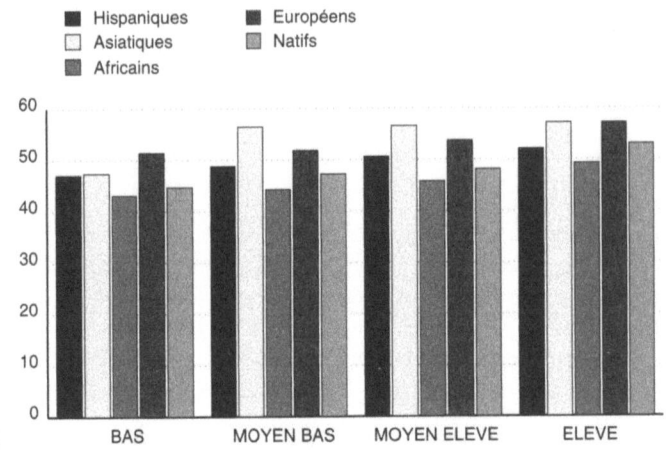

Tableau 2b — Mathématiques et origines raciales :
les scores en mathématiques au lycée et au-delà (femmes).

Hispaniques	47,04	48,78	50,64	52,09
Asiatiques	47,42	56,47	56,58	57,17
Africains	43,13	44,26	45,79	49,23
Européens	51,43	51,84	53,70	57,11
Natifs	44,72	47,23	48,11	53,03

En d'autres termes, l'origine raciale et ethnique de l'étudiant a un effet significatif sur ses scores en mathématiques. Comme le montre le tableau 2, les Asiatiques américains (54,41/filles et 55,84/garçons) et les Européens américains (53,52/filles et 55,67/garçons) obtiennent des scores en mathématiques bien supérieurs à ceux des hispaniques (49,64/filles et 52,22/garçons) et des natifs américains (48,27/filles et 49,77/garçons). Les Américains d'origine africaine ont les scores les plus bas (45,03/filles et 48,05/garçons).

Ces chiffres nous obligent à nous poser certaines questions sur notre conception explicite et/ou implicite du terme *surdoué*. Les «Noirs» sont-ils «*moins doués*» en mathématiques que les «Blancs», et ces derniers sont-ils «*moins doués*» que les «Jaunes»? Les tableaux 2a et 2b montrent que les garçons obtiennent des scores supérieurs à ceux des filles en mathématiques. Mais nous constatons que les filles asiatiques ont des scores supérieurs aux garçons africains américains, hispaniques et natifs américains. Ce phénomène soulève une importante question : qu'entendons-nous par «supériorité des garçons sur les filles en mathématiques»?

III. CLASSE SOCIALE ET MATHÉMATIQUES : « LES SOI-DISANT DIFFÉRENCES DE SSE »

La voie vers le succès scolaire, ou vers l'échec, commence très tôt. Il est clair que les enfants des familles aisées ont *a priori* un environnement social qui favorise l'acquisition d'un capital culturel assurant le succès scolaire (Bourdieu, 1977; Jenks et coll., 1972; Giroux, 1982; Mercy & Steelman, 1982). A l'intérieur du système scolaire, il y a d'énormes différences entre les écoles selon le milieu socio-économique et géographique. L'effet significatif entre le SSE et le score en mathématiques est évident. Les scores croissent en fonction du SSE. Par exemple, le score moyen de la classe supérieure est de 57,20, celui de la classe inférieure de 48,88. Les mêmes résultats apparaissent lorsqu'on compare les scores des garçons à ceux des filles des différents SSE; le score moyen de la classe supérieure est de 55,73 et celui de la classe inférieure de 46,75. Il apparaît donc bien dans ce tableau que les filles et les garçons de la classe supérieure obtiennent les scores les plus élevés comparés et à ceux des filles et des garçons des trois autres niveaux de SSE.

Le tableau 2 montre qu'aux Etats-Unis les étudiants appartenant au SSE supérieur, toutes ethnies confondues, ont les scores les plus élevés en mathématiques dans tous les cas, comparés aux étudiants de couches sociales dites inférieures. Nous remarquons que la catégorie sociale est donc un important facteur de succès. Mais regardons de plus près le tableau 2 : dans la catégorie sociale supérieure, les Américains d'origine asiatique obtiennent les meilleurs scores (57,17/filles et 60,57/garcons). Cependant, quand on examine la couche sociale dite inférieure, nous constatons que les enfants asiatiques obtiennent des scores plus bas (47,42/filles et 51,50/garçons) que les enfants américains d'origine européenne (51,43/filles et 54,52/garçons). Ce phénomène a évidemment une grande importance dans toute discussion sur le terme *surdoué*. Que cela signifie-t-il dans notre démarche pour définir le terme de *surdoué*? Il nous reste à examiner une dernière catégorie : les différences en mathématiques observées entre filles et garçons.

IV. LES FILLES SONT-ELLES MOINS « *DOUÉES* » QUE LES GARÇONS EN MATHÉMATIQUES?

De nombreuses études démontrent qu'il y a autant de filles que de garçons *surdoués*. Au départ au moins : nous le constatons en testant les enfants très jeunes, entre 3 et 8 ans. Mais, passé cet âge, les filles surdouées disparaissent peu à peu, et la proportion, à l'adolescence, devient environ d'un tiers de filles pour deux tiers de garçons (Benbow et Minor 1986; Benbow et Stanley 1982; Stanley et coll., 1992). Aux Etats-Unis, les femmes entrent à l'université aussi bien préparées que les hommes et 46 % des étudiants qui obtiennent la licence de mathématiques sont des femmes. En revanche, on ne peut pas en dire autant au niveau supérieur, de la maîtrise et du doctorat (PhD), pour lesquels on enregistre seulement respectivement 38 % et 18 % de femmes (Etats-Unis, Department of Education, National Center for Education Statistics, 1992). Comme le montre le tableau 2, une stricte comparaison par sexe donne un score global significativement plus élevé aux hommes (52,01 contre 50,29). Les études de Benbow et Stanley (1980, 1983) ont régulièrement montré une grande différence entre les sexes pour le score moyen à l'examen du *Scholactic Aptitude Tets in Mathematics* (SAT-M) parmi les enfants doués participant au *Johns Hopkins Regional Talent Searches* depuis 1972. Pour leur rapport de 1983, ils utilisèrent un échantillon de 19 937 filles et 19 883 garçons recrutés en partie dans la région mid-atlantique et en partie au service national des *surdoués* ouvert à tous les élèves au-dessous de 13 ans, chez lesquels ils observèrent une différence de score moyen de 30 points en faveur des garçons (416 pour les garçons contre 386 pour les filles avec des écarts types respectivement de 87 et 74).

Quand on est confronté à la soi-disant différence de performances en mathématiques entre les sexes, on est forcé de se poser la question : pourquoi ? Pourquoi la majorité des filles semble « *moins douée* » que les garçons ? Ici, nous ne nous demandons pas pourquoi les filles ont des scores inférieurs en mathématiques mais pourquoi les garçons sont « *plus doués* » que les filles. La lecture des données statistiques se résume à deux types d'interprétations, l'une « biologique » et l'autre « sociologique ». Certains chercheurs affirment que les différences entre les filles et les garçons (femmes et hommes) en mathématiques seraient dues, en partie, à des différences génétiques. Par exemple, le dernier livre de Benbow et Lubinski *Intellectual Talent* (1996) rassemble une majorité d'auteurs partisans des explications biologiques et qui pensent que les différences en « intelligence » entre les sexes (les races et les classes sociales) reflètent une différence génétique (parmi eux, Bouchard, Coleman, Cronbach, Humphrey, Jensen, Lykken, Stanley et Tannebaum). Rappelons que certains de ces auteurs ont signé le fameux article publié dans *Wall Street Journal*, Déc. 94, soutenant les thèses du livre de Hernstein et Murray (1994) sur le lien entre génétique et classe sociale. En revanche, les critiques de l'explication « biologique » mettent en évidence que le contexte socio-culturel, plus que la biologie, oriente filles et garçons dans des rôles sociaux différents. (Fischer et coll., 1996; Alper,

1993; Matyas, 1992; Halpern, 1992; Lytton & Rommey, 1991; Oakes, 1990; Vetter, 1989; Fennema, 1978). L'objet de cet article n'est pas d'analyser plus en profondeur ces deux grandes tendances explicatives des différences cognitives soit entre race ou classe sociale ou sexe ou l'interaction de ces trois catégories. Cependant, il est à noter que le facteur culturel a un impact très important à l'échelle internationale et transculturelle si on prend encore une fois les mathématiques comme base d'analyse pour définir et comprendre le concept de *surdoué*. Notons qu'aux Etats-Unis, il y a un rapport de 13 garçons pour chaque fille qui obtiennent des scores d'au moins 700 au SAT-M. Si maintenant, on sépare les Asiatiques des Caucasiens, le rapport tombe à 4 pour 1 pour les Asiatiques et monte à 16 pour 1 pour les Caucasiens. Près de la moitié des filles qui obtiennent un score élevé sont des asiatiques. Durant les quatre dernières années, au cours des olympiades internationales en mathématiques, il y a eu une chinoise, et parmi ces lycéennes, une a eu la médaille d'or et trois celle d'argent. Nous savons l'importance des structures socioculturelles sur ce que les filles et les garçons peuvent et ne peuvent pas faire. Prenons n'importe quelle discipline académique en science, en lettres ou en sciences sociales, nous aurions pu affirmer (avant les années 1960) que les femmes n'étaient pas *douées* ou *surdouées* dans aucune discipline littéraire, scientifique et sociale. Remarquons qu'à l'aube du XXIe siècle, il existe des disciplines où les femmes sont encore en large minorité, il est même étrange que des secteurs comme l'obstétrique et la gynécologie (disciplines purement orientées dans des recherches sur les femmes) sont encore le monopole des hommes. L'histoire nous apprend que ces monopoles peuvent être remis en cause. Cela ne signifie pas que, si le sexisme disparaît, il ne restera plus aucune différence. Il y a des différences biologiques entre les filles et les garçons, mais elles ne peuvent pas expliquer les différences en mathématiques entre les sexes. Il nous reste à savoir si ces dernières sont un phénomène international et transculturel. Le peu d'études transculturelles et internationales disponibles nous démontrent que certaines filles dans certains pays sont aussi *douées* ou *surdouées* que les garçons en mathématiques.

Examinons l'étude de Megaw, publiée en 1993 et 1994, sur les femmes en physique.

Les données de Megaw (1990), publiées dans *Scientific American*[2] et *Science*[3], montrent que les plus faibles pourcentages de femmes en sciences physiques dans les universités se trouvent dans certains des pays les plus industrialisés comme le Japon, le Canada, l'Allemagne, la Suisse, la Corée, les Etats-Unis, le Royaume-Uni et la France. Cette étude jette un

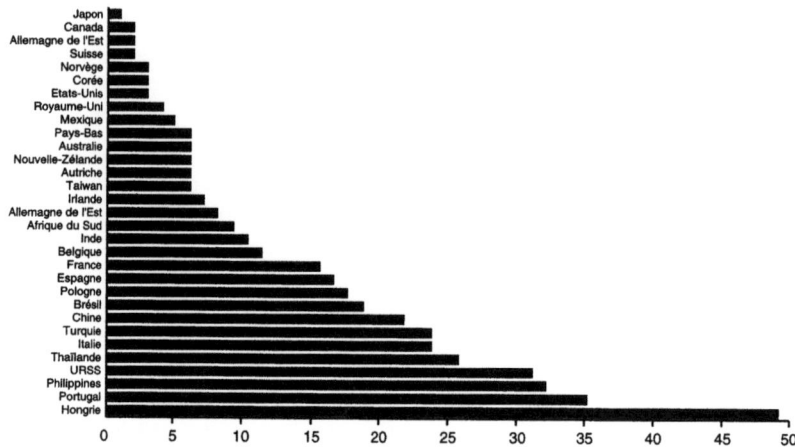

Tableau 3 — *Les femmes scientifiques en physique.*

éclairage sur le problème du rôle des femmes dans les sciences qui va *a contrario* des idées reçues à propos de la façon dont les diverses cultures traitent les femmes et replace la question du concept de *surdoué* dans un contexte historique et culturel. Le tableau 3 montre que parmi ces pays qui ont les plus fortes proportions de femmes physiciennes se trouvent la Hongrie, le Portugal, les Philippines, la Russie, la Thaïlande, l'Italie et la Turquie. Ce tableau est très instructif. Il révèle que la soi-disant idée que les femmes sont «*moins douées*» en mathématiques que les hommes est d'ordre culturel et non biologique. Par exemple, en Hongrie, il y a une quasi-parité entre les hommes et les femmes dans une discipline hautement mathématique comme la physique. Si les femmes se montrent aussi douées que les hommes dans certains pays, cela soulève une importante question : pourquoi les femmes dans des pays aussi démocratiques que la France, les Etats-Unis, le Japon, l'Allemagne, etc., sont-elles systématiquement «inférieures», «*moins douées*» et «*moins surdouées*» en mathématiques ?

Le tableau de Megaw est un merveilleux outil pour élucider certaines confusions basées sur des statistiques n'intégrant pas une perspective transculturelle et internationale. Ce tableau, sans aucun doute, révèle la très forte influence du milieu socioculturel et politique dans le succès ou non des femmes dans les matières scientifiques. Il montre l'importance de développer une approche transculturelle dans l'étude sur la socialisation des filles et des garçons dans nos sociétés (Lazarus, cité par Baragina, 1994; Rosser et Kelly, 1994).

Nous savons qu'il existe des théories très explicites sur les différences entre les sexes dans le domaine cognitif. Parallèlement à ces théories explicites, il y a une théorie que nous pourrions qualifier d'implicite qui est celle des différences au niveau du cerveau entre les filles et les garçons. Les études montrant les différences de poids, de taille, de latéralisation, de testostérone entre les filles et les garçons servent bien trop souvent à expliquer les performances inégales en mathématiques. Qu'en est-il? Que savons-nous du cerveau? Nous ne nierons par les dissemblances de cerveaux, puisque le premier auteur de cet article fait elle-même de la recherche en épidémiologie génétique ayant pour objectif l'application de la méthode des jumeaux à l'étude du développement des structures anatomiques cérébrales au cours de la période fœtale.

Il nous reste maintenant à poser une dernière question. Y a-t-il un centre de mathématiques dans le cerveau?

Le cerveau est la structure extrême déterminant le développement du comportement humain. Depuis les années 1980, les techniques d'imagerie cérébrale permettent l'observation directe du cerveau d'êtres humains vivants. Ces techniques nous permettent également de mesurer le cerveau humain *in vivo*, mais il ne semble pas qu'elles peuvent nous expliquer les différences en mathématiques entre les filles et les garçons. Pourrons-nous, grâce à elles, découvrir la soi-disant «bosse des mathématiques» ou des «gènes des mathématiques»? La question reste ouverte.

Comme le dit Minahan (1994), c'est sans aucun doute une erreur que de considérer les mathématiques comme nécessitant une seule qualité. Les neuropsychologues sont encore incapables d'établir une seule aire du cerveau comme centre des mathématiques. Mathématiques/arithmétique, en fait, sont probablement composés d'une multitude de qualités précises. McCloskey, Caramazza & Basili (1985) rapportent une série d'études de cas dans lesquels différentes petites mais cruciales parties de la capacité à travailler avec des nombres avaient été endommagées par des blessures du cerveau : des patients perdent la capacité de reconnaître les nombres par leur nom («un», «deux») mais peuvent opérer l'arithmétique normalement avec des chiffres. D'autres comprennent les nombres, mais ont perdu la compréhension des opérations arithmétiques ou des signes d'opération, tels «plus» ou «moins». D'autres peuvent appréhender les nombres et les signes opératoires, mais ont perdu le recouvrement des faits arithmétiques, comme la somme de 5 + 5.

Gardner (1986) s'est servi de l'existence d'idiots savants possédant des talents mathématiques exceptionnels comme preuve que les mathématiques sont une capacité intellectuelle distincte et localisable, mais il est difficile de la localiser. Certains problèmes mathématiques sont en grande partie verbaux par nature et certains autres sont clairement spatiaux en nature, tels des problèmes de géométrie (Fisher, 1992). Par exemple, une déficience mathématique sévère appelée acalculie est usuellement liée à l'endommagement de l'hémisphère gauche, et la dyscalculie, l'analogue mathématique de la dyslexie, va fréquemment de pair avec de sévères désordres du langage (Spiers, 1987). Des dommages touchant l'hémisphère droit causent souvent des difficultés pour développer les relations spatiales, une capacité qui est fondamentale en mathématiques. Des blessures à l'hémisphère gauche interfèrent quelquefois avec le fonctionnement arithmétique, ainsi que des lésions à l'hémispère droit. Cela suggère que les mathématiques nécessitent la mobilisation des deux hemisphères. En d'autres termes, « il n'y a pas de bosse des mathématiques, c'est une absurdité de fait », comme le dit Michel Duyme (1996).

V. DÉFINIR LE CONCEPT DE *SURDOUÉ* : NOTRE CHALLENGE

Les techniques d'imagerie cérébrale permettent de mettre en évidence des différences individuelles qu'il faudra chercher à expliquer. Y a-t-il un sexe, des races et des classes sociales doués en mathématiques ? Peut-on reconnaître les *surdoués* en mathématiques ? Il nous reste 1) à réflechir sur les raisons des différences entre les races, sexes et les classes sociales en mathématiques ; 2) essayer de comprendre le concept de *surdoué*, peu importe la matière intellectuelle ou physique. Les cinq critères de Sternberg (1993 : 6-9) nous semblent appropriés pour commencer une discussion sérieuse sur le concept de *surdoué*.

La théorie implicite pentagonale de Sternberg veut que pour qu'une personne soit considérée comme douée, elle doive remplir cinq critères :

1) Le critère d'excellence — les individus doués sont supérieurs à leurs pairs dans une ou plusieurs dimensions.

2) Le critère de rareté — les individus doués doivent montrer un haut niveau d'un attribut qui est rare parmi leurs pairs.

3) Le critère de productivité — l'individu évalué comme supérieur doit conduire ou potentiellement conduire à la productivité.

4) Le critère de démontrabilité — la supériorité d'un individu dans les dimensions qui déterminent le talent doit être démontrable à travers un ou plusieurs tests qui sont des arguments valides.

5) Le critère de valeur — le doué doit montrer une performance supérieure dans une dimension qui est mise en valeur par son identité.

Les cinq critères de Sternberg peuvent servir de modèles, afin de réfléchir non seulement sur le concept de *surdoué*, mais aussi sur l'élaboration de projet sur le développement des capacités intellectuelles, comme nous le faisons dans le domaine «physique et sportif».

NOTES

[1] PhD : doctorat américain. *Science*, 12 novembre 1993, vol. 262.
[2] *Scientific American*, novembre 1993, 102.
[3] *Science*, vol. 263, 11 mars 1994, 1468.

RÉFÉRENCES

Abergel M., Hostyn H. (1995), *QI êtes-vous?*, ACP Editions, Paris.
Alexander J.M., Carr M., Schwanenflugel P.J. (1995), Development of Metagognition in Gifted Children : Directions for Future Research, *Developmental Review*, 15 : 1-37.
Alper J. (1993), The pipeline is leaking women all the way along, *Science*, 260 : 409-411.
Barinaga M. (1994), Surprises across the cultural divide. Women in Science : Comparison across cultures, *Science*, 263 : 1468-1472.
Belkhir J., Yarnevich M., Shirley L., Charlemaine C. (1995), Mathematics For All Children : A Multicultural Race, gender & Class Analysis, *Race, Gender & Class* (1) : 125-160.
Belkhir J., Mangurian L., Charlemaine C., Brian M., Duyme M., Yarnevich M. (1996), Mathematics, Intelligence and the Human Brain : A Race, Gender & Class Critical Analysis, *Race, Gender & Class*, 3(2) : 143-173.
Benbow C.P., Lubinski D. (1993), Psychological profiles of the mathematically talented : some sex differences and evidence supporting their biological basis, *in* John Wiley & Sons, 44-66, *The Origins and Development of High Hability*, Ciba Foundation Symposium, 178, N.Y.
Benbow C.P., Lubinski D. (eds) (1996), *Intellectual Talent. Psychometric and Social Issues*, Baltimore, MD : Johns Hopkins Unyversity Press.
Benbow C.P., Minor L.L. (1986), Mathematically talented males and females and achivement in high school sciences, *Am. Educ. Res. J.*, 23 : 425-436.
Benbow C.P., Stanley J.C. (1980), Sex differences in mathematical reasoning ability : facts or artifacts?, *Science*, 210 : 1262-1264.
Benbow C.P., Stanley J.C. (1983), Sex differences in mathematical reasoning ability : more facts, *Science*, 222 : 1029-1031.

Benbow C.P., Stanley J.C. (1982), Consequences in high school and college of sex differences in mathematical reasoning ability : a longitudinal perspective, *Am. Educ. Res. J.*, 19 : 598-622.

Bourdieu P., Passeron J.C. (1977), *Reproduction in Education : Society and Culture*, Tr. Nice, London : Sage.

Byrnes G. (1989a), Overhaul urged for math teaching, *Science*, 243, 597.

Byrnes G. (1989b), US students flunk math, science, *Science*, 243, 729.

Campbell P.B. (1989), So what do we do with the poor, non-white female ? Issues of Gender, Race and Social Class in Mathematics and Equity, *Peabody Journal of Education*, 66(2) : 95-111.

Clarck B. (1983), *Growing up gifted* (2nd ed.), Columbus, Ohio : Merrill.

Clarck B. (1986), The integrative educative model, in J.S. Renzulli (ed.), *Systems and models for developing programs for the gifted and talented*, 57-91, Mansfield Center, CT : Creative Learning Press.

Comber L.C., Keeves J. (1973), *Science achievement in nineteen countries*, New York : Willey.

Cote S. (1995), L'institution scolaire et les enfants précoces, in *La journée des Enfants Précoces*, 4-12, pour l'AFEP, ACP Editions, Paris.

Cote S. (1996), Présentation du Congrès, in Précocité Intellectuelle : de la Mythologie à la Génétique, 3-5, Actes du Congrès du 30 mars pour l'AFEP, ACP Editions, Paris.

Duyme M. (1995), Le QI pourquoi ? Pour qui ?, in *La journée des Enfants Précoces*, 18-22, pour l'AFEP, ACP Editions, Paris.

Duyme M. (1996), Cerveau droit-cerveau gauche et fonctionnement mental de l'enfant précoce : l'exemple de la musique, in Précocité Intellectuelle : de la Mythologie à la Génétique, 40-43, Actes du Congrès : 30 mars, La Sorbonne, pour l'AFEP, ACP Editions, Paris.

Fennema E. (1978), Sex-related differences in mathematics achievement : Where and Why ?, in J.E. Jacobs (ed.), *Perspectives on women and mathematics* (ERIC N° ED166051), Columbus, Ohio : ERIC Clearinghouse for Science, Mathematics and Environmental Education.

Fisher J.P. (1992), *Apprentissages numériques*, Presses Universitaires de France.

Fischer C.S., Hour M., Jankowski M.S., Lucas S.R., Swilder A., Voss K. (1996), *Inequality by Design. Cracking the Bell Curve Myth*, New Jersey : Princeton University Press.

Freeman J. (1995), Annotation : Recent Studies of Giftedness in Children, *Journal of Child Psychology*, 36(4) : 531-547.

Galton F. (1869), *Hereditary genius*, London : Macmillan.

Gardner H. (1986), Notes on Cognitive Development Recent Trends, New Directions, in *The Brain, Cognition, and Education*, 259-285, S.L. Friedman, K.A. Klivington & R.W. Peterson (eds), NY : Academic Press, Inc. H.

Giroux H. (1982), *Teachers as Intellectuals*, Grandby, MA : Bergin & Garvey.

Guilford J.P. (1966), Intelligence : 1965 model, *American Psychologist*, 21 : 20-26.

Guilford J.P. (1967), *The nature of human intelligence*, NY : McGraw-Hill.

Hany E.A. (1987), *Models and strategies in the identification of gifted students*, Ph.D. thesis, University of Munich.

Halpern D.F. (1992), *Sex differences in cognitive abilities*, Hillsdale, NJ : Lawrence Erlbaum Associates, Publishers.

Herrnstein R.J., Murray C. (1994), *The Bell Curve : Intelligence and Class Structure in America Life*, NY : The Free Press.

Jacob K.J., Gifted and Talented Students Education Act of 1988, P.L. 100-297.

Jencks C. & coll. (1972), *Inequality : a reassessment of the effects of family and schooling in America*, NY : Harper et Row; *Who gets ahead? The determinants of economic success in America*, NY : Basic Books.

Khatena J. (1989), Intelligence and Creativity to Multitalent, *The Journal of Creative Behavior*, 23(2) : 93-97.

Kohr R.L., Masters, Coldiron J.R., Blust R.S., Skiffington E.W. (1989), The relationship of Race, Class and Gender with Mathematics Achievement for Fifth-, Eight- and Eleventh-Grade Students in Pennsylvania Schools, *Peabody Journal of Education*, 66(2) : 147-71.

Lapointe A.E., Mead N.A., Phillips G.W. (1989), *A world of differences*, Princepton, NJ : Educational Testing Service.

Lytton H., Romney D.M. (1991), Parent's differential socialization of boys and girls : a meta-analysis, *Psychological Bulletin*, 109 : 267-296.

Marjoram D.T.E., Nelson R.D. (1985), Mathematical Gifts, *in* Joan Freeman, *The Psychology of Gifted Children*, 185-200, John Wiley & Sons, Ltd.

Matyas M.L. (1992), Overview : The status of women in science and engineering, *in* M.L. Matyas and L.S. Dix (eds), *Science and engineering programs : on target for women ?*, Washington, DC : National Academy Press.

McCloskey M., Caramazza A., Basili A. (1985), Cognitive mechanisms in number processing and calculation : evidence from dyscalculia, *Brain and Cognition*, 4 : 171-196.

McKnight C.C., Crosswhite F.J., Dossey J.A., Kifer E., Swafford J.O., Travers K.J., Cooney T.J. (1987), *The underachieving curriculum : Assessing US school mathematics from an international perspective*, Champaign, IL : Stipes.

Mercy J., Steelman L.C. (1982), Familial influence on the intellectual attainment of children, *American Sociological Review*, 47 : 532-542.

Meyer M.R. (1989), Equity : The Missing Element in Recent Agendas for Mathematics Education, *Peabody Journal of Education*, 66(2) : 6-21.

Minaham N. (1994), *Continuing the Search for Causal Factors : Gender Differences in Mathematical Skills*, unpublished manuscript, University of Wisconsin Superior, Department of Psychology.

Oakes J. (1988), Tracking in Mathematics and Science Education : A Structural Contribution to Unequal Schooling, 106-125, *in Class, Race & Gender in American Education*, L. Weiss (ed.), Albany, NY : State University of New York.

Oakes J. (1990), *Lost talent : The underrepresentation of women, minorities and disabled in science and engineering*, Santa Monica, CA : Rand Corporation.

Renzulli J.S. (1977), *The enrichment triad model : a guide for developing defensive programs for the gifted and talented*, Wethersfield, Connecticut : Creative Learning Press.

Rosser S.V., Kelly B. (1994), From hostile exclusion to friendly inclusion : University of South of Carolina System Model Project for the Transformation of Science and Math Teaching to Reach Women in Varied Campus Settings, *Journal of Women and Minorities in Science and Engineering*, 1(1) : 29-44.

Secada W.G. (1989), Agenda Setting Enlightned Self-Interest and Equity in Mathematics Education, *Peabody Journal of Education*, 66(2) : 22-56.

Secada W.G., Meyer M.R. (1989), Needed : An Agenda for Equity in Mathematics Education, *Peabody Journal of Education*, 66(2) : 1-5.

Shore B.M. (1982), Developing a framework for the study of learning style in high level learning, *in* J.W. Keefe (ed.), *Student learning styles and brain behavior : Programs, instrumentation, research*, Reston, VA : Nat. Assoc. Of Secondary Shool Principals.

Shore B.M., Dover A.C. (1987), Metacognition, intelligence, and giftedness, *Gifted Child Quarterly*, 1(1) : 37-39.

Spiers P.A. (1987), Acalculia revisited : Current issues, *in* G. Deloche, X. Seron (eds), *Mathematical disabilities : A cognitive neuropsychological perspective*, 16-25, Hillsdale, NJ : Lawrence Erlbaum Associates.

Stanley J.C., Benbow C.P., Brody L.E., Dauber S., Lupkowski A.E. (1992), Gender differences on eighty-six nationally standardized aptitude and achivement tests, *in* Colangelo N., Assouline S.G., Ambroson D.L. (eds), *Talent Development*, Trillium Press, Unionville, NY, 42-65.

Sternberg R.J. (1980), Sketch of a componential subtheory of human intelligence, *Behavioral and Brain Sciences*, 7 : 269-315.

Sternberg R.J. (1985), Implicit theories of intelligence, creativity, and wisdom, *J. Pers. Soc. Psychol.*, 49 : 607-627.

Sternberg R.J. (1985), General intellectual ability, *in* R.J. Sternberg (ed.), *Human abilities : An information processing approach*, NY : Freeman.

Sternberg R.J., Davidson J.E. (1983), Insight in the gifted, *Educational Psychologist*, 18(1) : 51-57.

Sternberg R.J. (1993), The concept of «giftedeness» : a pentagonal implicit theory, *in* John Wiley & Sons, 5-16, *The Origins and Development of High Hability*, Ciba Foundation Symposium 178, N.Y.

Sternberg R.J., Conway B.E., Ketron J.L., Bernstein M. (1981), People's conception of intelligence, *Journal of Personnality and Social Psychology*, 41 : 37-55.

Stevenson H.W., Lee S.Y., Stigler J.W. (1986), Mathematics achievement of Chinese, Japanese, and American children, *Science*, 231, 693-699.

Subotnik R.L.M. (1925-1929), *Genetic Studies of genius vol. I-V*, Standford University Press, Standford.

Subotnik R., Kassan L., Summers E., Wasser A. (1993), *Genius revisited : high IQ children grow up*, New Jersey : Ablex.

Terman L.M. (1925-1929), *Genetic studies of genius vol. I-V*, Stanford University Press, Stanford.

Uttal D.H., Lummis M., Stevenson, H.W. (1988), Low and high mathematics achivement in Japanese, Chinese, and American elementary-school children, *Developmental Psychology*, 24 : 335-342.

Vetter H. (1989), *Women in Science : Progress and problems*, Paper presented at the Annual Meeting of the American Association for the Advancement of Science, San Francisco, CA.

Walberg H.J., Harnisch D.L., Tsai S.L. (1986), Elementary school mathematics productivity in twelve countries, *British educational Research Journal*, 12 : 237-248.

Ziv A. (1996), La précocité intellectuelle, talent, ou don intellectuel, *in* «Précocité Intellectuelle : de la mythologie à la Génétique», 23-28, Actes du Congrès : 30 Mars, La Sorbonne, pour l'AFEP, ACP Editions, Paris.

Chapitre 13
L'École - les Parents :
aide ou entrave à la précocité?

Sophie Cote

I. L'AFEP

L'Association Française pour les Enfants Précoces (AFEP) est née à l'initiative d'un Principal Honoraire de Collège qui, en tant que mère de famille, en tant que professeur d'abord et chef d'établissement ensuite, a été confrontée aux difficultés des parents d'enfants précoces dont le système éducatif n'avait pas pris en compte la différence et qui n'avaient pas pu s'adapter au système général.

Pour définir ses objectifs, le comité de l'association a fait une analyse des besoins et s'est appuyé sur des entretiens avec les familles et sur des enquêtes qui ont servi de support aux statistiques sur les résultats scolaires des enfants précoces jusqu'à la fin des études secondaires. Les statistiques (voir tableau 1) révèlent qu'un élève surdoué sur deux est en état d'échec plus ou moins grave en fin de classe de troisième. Quelques témoignages ont particulièrement retenu l'attention.

Les psychologues ont aidé par leur connaissance des enfants précoces, à préciser les qualités particulières qui peuvent se transformer, si l'environnement n'est pas favorable, en entraves à leur développement harmonieux et au déroulement réussi de leurs études. C'est en partant du vécu des enfants dès leur plus jeune âge, au sein de leur famille d'abord et à l'école ensuite, qu'il a été possible de déterminer les comportements critiques et paliers scolaires à risques, et de définir autant que faire se peut, la meilleure manière de créer un terrain favorable à leur épanouissement.

L'AFEP est la correspondante pour la France de l'European Council for High Ability (ECHA), et grâce à cette habilitation, est en contact avec les chercheurs, universitaires et ministères étrangers. Invitée à participer aux congrès internationaux, elle se tient informée des recherches et applications mondiales dans le domaine de la précocité.

II. L'ENFANT DANS SA FAMILLE

Tous les préceptes éducatifs devraient prendre pour modèle les premiers apprentissages d'un enfant. Lorsqu'il apprend à marcher, il est vacillant : il tombe, il se raccroche. Quelles que soient les embûches, il repart. Il est heureux de vaincre ses difficultés. Apprendre à parler, c'est intégrer des milliers de mots en un laps de temps très court. Pourquoi réussit-il cet énorme travail? Parce qu'il veut communiquer. Ce qui le pousse, c'est la motivation, le bonheur de réussir. Il ne faudrait jamais perdre pour lui cette notion de plaisir essentiel à tout progrès.

L'enfant peut être aidé par sa famille à réaliser ses potentialités tant affectives que culturelles, mais dans de nombreux cas, malgré des conditions apparemment favorables, des difficultés vont naître par excès de sensibilité.

1. Les relations affectives

Si à l'école, l'enfant précoce est essentiellement vu sous l'angle de l'intellect en raison des programmes éducatifs offerts qui font une faible part à la créativité et aux matières d'éveil, dans sa famille, il est avant tout affectivement et émotionnellement surdoué. Doué d'une extrême sensibilité, il perçoit les moindre signes et leur attribue souvent une signification excessive.

Christine (7 ans) qui lisait beaucoup la Comtesse de Ségur, un jour prononça cette phrase anachronique : «Je suis bien aise de pouvoir aller jouer.» Toute la famille de s'émerveiller bruyamment — mais de ce jour, l'enfant n'employa plus jamais cette expression : elle n'avait pas compris le sens de la réaction, mais elle savait que ce qu'elle avait dit n'était pas conforme à la règle, et qu'elle venait de se signaler comme ne le font pas les autres enfants. Le sentiment de risquer à tout moment d'être en porte-à-faux, déstabilise ces enfants.

Le sentiment d'exclusion chez l'enfant précoce est amplifié par le fait que les parents (tout comme les maîtres à l'école) n'attachent pas, généralement, en tant qu'adultes, la même interprétation aux faits.

Son intuition, son sens de l'anticipation le conduit parfois à dramatiser les situations, et laissant libre cours à son imagination, à les interpréter en signes avant coureurs de catastrophes. — Cassandre était sûrement une surdouée. — Parce qu'il projette ses prémonitions, il donne vie à «des prophéties auto-réalisatrices» (Albert Jacquard).

Une famille vit avec son histoire qui est assimilée par l'enfant. Souvent, un des parents ou les deux sont eux-mêmes surdoués, et chacun devinant l'autre, il ne peut plus y avoir de secrets au sein de la famille. L'adolescent précoce aura, dans ces conditions, d'autant plus de mal à s'émanciper et aura parfois des réactions violentes.

Si les parents savent prendre un certain recul par rapport à ces attitudes et sauvegarder pour le jeune un espace d'autonomie suffisant, l'adolescence se passera bien. Mais certains parents ne savent pas quel comportement adopter et les parents les plus sensibles aux réactions des enfants ne les préservent pas de la souffrance inhérente à leur émotivité, mais leur renvoient l'inquiétude qu'ils ont perçue. L'enfant perçoit ce malaise qui aggrave son angoisse et chacun se voit souffrant à travers l'autre. Le phénomène joue dans les deux sens : si l'enfant éprouve du plaisir et du bonheur, ses parents en seront pénétrés.

Ces interactions sont importantes dans l'éducation au sein de la famille moderne, restreinte, citadine et préoccupée de l'avenir des enfants. Dans cette nouvelle cellule, les grand-parents sont un recours pour l'enfant. Ils aident à dédramatiser les situations.

2. L'éveil intellectuel

L'enfant précoce a un vocabulaire très riche et parfois même une syntaxe étonnante. Marianne employait le subjonctif à l'âge de 18 mois. Elle avait dit à une amie de sa mère — il faut que «tu me prennes» dans tes bras — la mère n'avait pas prêté attention à cette «anomalie».

L'enfant précoce apprend souvent à lire seul très jeune. Dans ce domaine, le rôle de la famille est souvent déterminant. Sartre, dans Les «Mots», explique la naissance de son goût littéraire par la découverte des livres dans la bibliothèque de son grand-père.

La mère de Marcel Proust fit découvrir l'émotion littéraire à son fils âgé de sept ans, en lui lisant une nuit durant, François le Champi.

Pierre-Gilles de Gennes (Prix Nobel de Physique) n'est allé en classe qu'à l'âge de 12 ans. C'est sa mère qui, en lui faisant les premiers apprentissages, lui a donné le goût de la recherche personnelle.

Les exemples sont nombreux qui prouvent l'influence de la famille dans la réussite des êtres d'exception.

L'enfant s'épanouit d'autant plus qu'il est dans un milieu favorisé.

Il est plus facile pour un fils d'ingénieur de réussir en mathématiques car dans les moments d'hésitation, le père pourra le mettre sur la voie. Pour l'enfant précoce avide de voir, de s'étonner et d'apprendre, tout ce qui peut stimuler sa curiosité et son imagination est enrichissant : voir des expositions, aller dans des musées, voyager, visiter des pays, rencontrer d'autres us, avoir un ordinateur, une bibliothèque.

Encore faut-il que ce milieu soit favorable. Les conditions de la réussite passent par une bonne entente familiale, et une grande disponibilité pour satisfaire sa demande, pour lui apporter les réponses qu'il attend, pour dialoguer avec lui et surtout l'écouter. Pour peu que le foyer soit éclaté, que l'enfant soit ballotté d'un parent à l'autre, qu'il soit l'otage de sa famille, et l'enjeu d'un combat qui n'est pas le sien, son exclusion commencée est inscrite dans le devenir : « C'est Mozart qu'on assassine. » (Gilbert Cesbron)

Dans un milieu dit « défavorisé », l'enfant, s'il trouve à l'école l'aliment qu'il n'a pas chez lui et s'il est au sein d'une famille attentive et s'intéressant à ses études, évitera les écueils plus nombreux pour lui. Si ces conditions ne sont pas réalisées, il aura beaucoup de mal à faire son chemin. Pour lui, l'école aura une mission essentielle.

Les parents peu instruits ne savent souvent pas où trouver l'information et ne savent pas faire les démarches nécessaires à l'accomplissement des possibilités de l'enfant. Dialoguer avec le maître ou l'institution scolaire est déjà un premier obstacle.

3. Les sources de conflit

Très en avance et très rapide dans sa pensée, le précoce est parfois aussi très pudique, très rêveur, très lent dans les gestes de la vie courante — il fait à la fois l'admiration de son entourage et l'exaspère — le lever, le matin, peut être un vrai drame. Le problème avec la gestion du temps est un facteur de dégradation des relations parents-enfants.

Nicole, toujours dans son rêve, jamais prête à la maison pour partir à l'école, lors d'un séjour en colonie de vacances était toujours la première prête. Elle se révéla alors leader et montra un aspect de sa personnalité inconnue de sa famille. Ayant un grand ascendant sur ses camarades, elle avait hâte d'organiser des activités et de les entraîner. De retour chez elle, n'ayant plus de motivation, elle recommença à être constamment en retard, ce qui déclenchait chaque jour un conflit dès le matin et une détérioration progressive des relations. L'enfant était de plus en plus en retard — la mère de plus en plus agressive. Un rite s'était enclenché qui perdura suffisamment pour que cette enfant, devenue adulte, ne fût plus jamais à l'heure.

Les conflits peuvent prendre plusieurs aspects :

Soit le conflit larvé : l'enfant se soumet, mais ne communique plus, s'évade dans le rêve, s'isole. Les parents ne comprennent pas qu'ils perdent le contact avec leur enfant.

Soit l'enfant ne pouvant se soumettre à une condition qu'il considère comme injuste, se révolte — le ton monte, le vocabulaire s'enrichit de propos parfaitement inadmissibles du point de vue des parents, mais le dialogue persiste : il n'est pas de bon aloi, mais les liens pour être surprenants ne sont pas distendus.

III. L'ENFANT, LES PARENTS ET L'ÉCOLE

Très longtemps, il a existé deux mondes séparés dans lesquels évoluaient les enfants.

D'une part la famille, et d'autre part l'école.

De nos jours, les deux mondes sont imbriqués. L'école s'est insinuée dans la famille et l'intrusion de ce partenaire est venue créer une difficulté supplémentaire dans les rapports parents-enfants.

Le Ministère qui chapeautait l'école s'appelait le Ministère de l'Instruction Publique — il s'intitule désormais le Ministère de l'Éducation Nationale. Est-ce à dire que l'école a pris le relais dans l'éducation des enfants ? Mais on peut se demander également pourquoi les parents chargés de l'éducation ont pris le relais de l'instruction — ces inter-pénétrations ne sont pas bonnes — à moins qu'elles ne soient le constat que chacun, de l'école et des parents, n'ont pas assumé leur rôle !

1. L'école au sein de la famille

Certains parents favorisent vraiment l'essor de leur enfant parce qu'ils sont disponibles, ont accès à la culture et à l'information et ont suffisamment de confiance en eux et en l'avenir de leur enfant pour ne pas tout miser sur la réussite scolaire.

Étude de quelques cas douloureux qui pourraient paraître caricaturaux mais qui sont assez fréquents pour qu'ils ne soient pas considérés comme marginaux.

Comment au conflit de génération est venu s'ajouter, pour quelques parents de surdoués, le conflit scolaire? Quels peuvent être les effets d'une pression trop forte exercée sur l'enfant par des parents dont les espoirs sont trop éloignés de ce qu'il peut ou veut réussir?

Les parents et les enseignants

Les parents, mieux informés sur la précocité, veulent faire reconnaître leur enfant par les enseignants et ne sont pas toujours entendus. Ils sont souvent traités par le mépris si ce n'est accusés de maltraiter leur enfant lorsqu'ils veulent lui faire sauter des classes ou lorsqu'ils donnent à la maison un apport culturel jugé trop important par l'école. Ils constatent bien les dégâts engendrés par la stagnation imposée à leur enfant et l'ennui qu'elle génère, mais, leurs recours rejetés, ils se soumettent, et l'enfant ne s'intéresse plus à l'étude : de plus en plus distrait, de plus en plus maladroit; il écrit mal, il présente mal ses devoirs. Et vient un temps où il ne se manifeste plus : il dévore des livres et rêve. Les maîtres s'exacerbent de ce qu'ils qualifient de mauvaise volonté. Car, paradoxalement, ces mêmes maîtres qui refusent les sauts de classe, les reconnaissent intelligents.

On peut lire sur le bulletin trimestriel de Nicolas : «Avec ses capacités, il devrait être premier de la classe», ou pire encore pour Sébastien : «En ne faisant rien, il est premier de sa classe».

Les parents convoqués exercent, à leur tour, une pression à la maison. Le climat familial en est tout pollué. Les soirées et journées à faire ingurgiter des notions que l'enfant a complètement acquises en classe dès le premier jet mais qu'il refuse. Le rabâchage de la maison redoublant le rabâchage de la classe, la situation devient intenable. Il ne reste plus d'espace pour la culture, la créativité, le loisir.

Parfois aussi, ses parents lui volent ses études. Souvent, ils ont vécu des crises analogues et plus ils ont raté leurs études, plus ils ont envie de faire celles de leurs enfants pour rattraper le temps perdu — de sorte que le petit espace qui risquerait de rester libre pour intéresser l'enfant, est capté et il ne lui reste plus rien.

Les renvois

En classe, il arrive que l'enfant se réveille, devienne impertinent. Le maître sensible au mépris de cet enfant qui a deviné ses faiblesses et qui le juge, ne peut plus supporter son regard : l'enfant déstabilise le maître et le dénonce à la classe par son attitude. Le maître lui devient hostile. Et tout va basculer quand les renvois vont commencer. Alors les parents qui, eux, ne peuvent renvoyer leur enfant, qui en vain ont essayé de le sermonner, à bout d'arguments et de solutions, soit le déscolarise — ce qui n'est pas une bonne solution —, soit se déchargent de leur responsabilité d'éducateurs, abdiquent. Sur le conseil de l'école, ils confient l'enfant aux psychologues et c'est ainsi que commence, en toute bonne foi, une médicalisation d'un phénomène normal — l'ennui faute de stimulation — qui a désarçonné les parents les mieux intentionnés du monde. De psychothérapies en psychanalyses, le surdoué en prend parfois pour toute la vie. Il garde une rancune au cœur à l'égard de l'école et de ses parents qui n'ont pas su contribuer à son épanouissement.

2. L'adolescent exclu

Le plus triste, dans ces renvois intempestifs et injustifiés (car si l'enfant est en échec ce n'est pas de sa faute mais de celle du système scolaire), c'est que cet enfant qui a eu du mal à se faire des amis, qui souvent a été rejeté par ses camarades, si par bonheur, il y est un peu parvenu, va être «exclu», perdre ses amis (souvent, il n'aura plus envie de s'en faire d'autres de peur d'avoir encore à les perdre). Et cette exclusion est pour l'enfant une grande injustice. Ce renvoi a souvent lieu en 5ᵉ à l'âge de l'adolescence et de la puberté. L'enfant s'en veut de décevoir ses parents, de les faire souffrir, eux qui avaient mis tant d'espoirs en lui. Les parents offrent à leur enfant une image d'impuissance au moment où il aurait le plus besoin d'un tuteur fort pour l'aider à se constituer. La situation est d'autant plus grave que la peur du chômage et l'importance accordée au diplôme sont chaque jour soulignées par les parents, les enseignants et les médias. Un climat de peur s'installe au foyer — traité en paria, cet enfant qui aurait dû être la fleur de sa famille, devient incapable de se construire, et souvent de fonder une famille.

3. La spécificité du système scolaire français : les Grandes Écoles

En France, l'aboutissement des études pour les meilleurs élèves, c'est l'entrée dans les Grandes Écoles, après des concours très sélectifs, préparés pendant deux ou trois ans. Pour intégrer ces écoles prestigieuses, les jeunes doivent faire des sacrifices énormes et entrer dans un moule très strict : trop originaux, ils ne seront jamais reçus. Les parents, dès qu'ils ont pris conscience de la précocité de leur enfant, ambitionnent pour lui son entrée à l'École Polytechnique ou à l'École Normale Supérieure. S'il ne peut réussir, la déception est grande pour toute la famille. Le système des grandes écoles accentue la pression parfois malsaine faite, dès son jeune âge, sur l'enfant précoce pour une réussite scolaire maxima — l'enfant fait du latin et du grec, non pour connaître les auteurs anciens mais pour être dans une bonne classe. Il n'y a plus de place pour la culture, pour le plaisir. Tout engagement devient un challenge : que ce soit au conservatoire pour la musique ou au gymnase pour le sport. Les galeries de peinture ne sont visitées que pour accroître le savoir et tout est subordonné aux performances. L'enfant n'a plus, à la limite, d'espace libre pour se laisser aller à son imagination et même son espace vital est envahi.

IV. L'ÉCOLE INADAPTÉE : ENTRAVE A LA PRÉCOCITÉ

Pour l'enfant qui ne peut s'adapter au système normalisé (étant entendu que certains le peuvent et sont parfaitement épanouis), toutes ses qualités se retournent contre lui : l'imagination devient distraction, rêvasserie, sa soif d'avaler le monde devient dilettantisme, l'amour du travail bien fait devient perfectionnisme. Il a un vocabulaire riche, on le dit pédant. Il veut poser des questions, il est impatient de répondre au professeur, on le dit perturbateur, égoïste, cherchant à attirer l'attention sur lui. Il travaille vite, on le dit bâcleur et superficiel.

1. L'échec scolaire

A partir des réponses fournies par quelques 300 parents d'enfants précoces, une statistique a été établie et commentée par A. Carinato, enseignante.

Tableau 1 — Taux de réussite et d'échec des enfants précoces.

Niveau	excellents-bons	moyens-médiocres	en difficulté
Maternelle	100 %	0 %	0 %
Primaire	75-85 %	13 %	2 %
Collège 5^e	60 %	25 %	15 %
Collège 4^e	40 %	32 %	28 %
Collège 3^e	33 %	34 %	33 %

Dans les 34 % d'élèves dont les résultats sont devenus moyens ou médiocres en 3e, il semblerait que 17 % redresseraient leur situation scolaire, mais que 17 % n'atteindraient plus le niveau d'études supérieures auquel leur potentialité leur permettrait de prétendre. Cependant, il faudra poursuivre les enquêtes, car nous n'avons pas encore assez de recul et l'échantillonnage des élèves en lycée (seconde à terminale) n'était pas assez important pour que des conclusions fiables puissent être tirées. Il faut aussi apporter un correctif à ces résultats : l'association est un centre d'information et d'aide. C'est ce qui explique qu'une grande partie des adhérents viennent à l'association parce qu'ils ont rencontré des difficultés.

Il conviendra de vérifier ces résultats auprès d'un échantillon d'enfants précoces extérieurs à l'association, ce qui présente des difficultés sur le panel à déterminer. Qui est précoce en l'absence de la mesure du QI ? Une réflexion est en cours.

2. Les paliers dangereux

Dans un système scolaire trop rigide et trop uniformisé, la précocité peut être un handicap (Albert Jacquard). De notre statistique, il ressort que le danger de voir l'enfant s'étioler et s'éteindre se situe à trois paliers différents.

– en maternelle, s'il est maintenu trop longtemps dans des classes où sa curiosité ne peut être stimulée et satisfaite ;

– à l'école primaire où il ne peut étancher sa soif d'apprendre parce qu'on le freine dans un enseignement répétitif fastidieux pour lui ;

– au collège, à partir en particulier de la 5e.

Dans les deux premiers niveaux de sa scolarité, souvent, parce qu'il est gentil et qu'il veut faire plaisir, il essaie de s'accommoder de la situation. Mais l'ennui le gagne et au collège, il ne supporte plus l'indigence de l'enseignement qu'il reçoit par rapport à ce qu'il attend. Il est à noter que les filles, plus dociles, évitent plus l'écueil de l'échec que les garçons qui sont moins souples et n'acceptent pas de s'ennuyer, d'où deux attitudes : ils deviennent ou rêveurs ou perturbateurs.

C'est donc au niveau du collège que l'AFEP porte principalement son effort pour faire reconnaître la nécessité pour les pouvoirs publics de créer des classes spéciales pour enfants précoces au sein des collèges traditionnels, pour ne pas les couper de leurs camarades mais pour leur permettre d'étudier à leur rythme et pour satisfaire leur besoin d'approfondissement et d'enrichissement.

V. QUELLES SONT PÉDAGOGIQUEMENT LES URGENCES A TRAITER ?

Toujours en partant du terrain, l'association est arrivée à des conclusions concernant les domaines les plus urgents à traiter.

1. *Dès que l'enfant a manifesté son désir d'apprendre à lire*, il ne doit plus rester dans la classe enfantine et il doit rejoindre la classe de l'apprentissage de la lecture.

En 1960, 20 % des enfants de 5 ans ou moins entraient en classe de lecture. En 1994, seulement 1,5 %, ce qui ne représente pas le taux d'enfants précoces (2,3 %). Il ne doit pas y avoir discontinuité dans les processus d'apprentissage.

Tableau 2 — **Répartition par âge en C.P. (première classe de l'enseignement élémentaire) public et privé - Évolution en France métropolitaine[1] (en %)**

	1960 1961	1970 1971	1980 1981	1985 1986	1989 1990	1990 1991	1991 1992	1992 1993	1993 1994	1994 1995	1995 1996a
CP, 5 ans et moins	20,1	5,4	2,1	2,1	1,8	1,8	1,6	1,5	1,6	1,5	2,8

2. *En primaire*, la classe à deux niveaux est une bonne réponse aux attentes des parents. L'enfant précoce, parce qu'il a fini très vite le travail qui lui a été donné, écoute la leçon que le maître dispense à ses camarades du cours supérieur et ainsi, tout naturellement, reçoit, les deux niveaux à la fois. En l'absence de cette structure, il faut que l'école accepte les sauts de classe.

3. *Au collège*, différentes solutions sont appliquées dans les pays prenant en compte dans leurs systèmes scolaires, la précocité. Mais, la plus simple et apparemment, la plus efficace, c'est la constitution d'une structure spéciale. Dans cette optique, et après quelques années de pratique d'une classe spéciale pour enfants précoces au Collège du Cèdre au Vésinet[2], des enseignements ont pu être tirés, et il semble que l'effort doive être porté essentiellement sur quelques points dégagés en partant des particularités de ces enfants.

VI. L'AIDE A LA PRÉCOCITÉ - LES QUALITÉS DE L'ENFANT PRÉCOCE A EXPLOITER POUR UNE RÉUSSITE SCOLAIRE

1. Le rythme d'apprentissage

Une grande vivacité d'esprit qui lui permet de comprendre très rapidement les notions nouvelles qui lui sont enseignées. Un cours bien construit n'a pas besoin d'être longuement expliqué : l'enfant doué de logique, suit le fil tissé par le maître et arrive en même temps que lui à la fin du raisonnement, si ce n'est avant lui.

Cet enfant doit pouvoir étudier à son rythme et ne pas être soumis à un rythme standard pour lequel il n'est pas fait. Mais même si l'accélération du cursus n'est pas envisagée, l'accélération du rythme d'apprentissage s'impose. Au collège, la pédagogie différenciée est un leurre. Un professeur qui voit les élèves groupés par trente au sein d'une classe, trois heures par semaine en séquences d'une heure pendant laquelle, il doit faire réciter les leçons, corriger les devoirs, faire le cours et vérifier par des contrôles écrits que le message est passé, n'a absolument pas le temps de prendre en compte la différence de chaque élève, vu dans son individualité.

Les élèves réunis dans une seule classe en fonction de leurs aptitudes et non de leurs résultats scolaires (certains d'entre eux ont renoncé à leur talent dès le plus jeune âge pour ne pas se différencier des autres), malgré la grande diversité qui subsiste entre eux, vont pouvoir apprendre sans être soumis à un système répétitif.

Dans des classes pour enfants précoces, l'étude n'est jamais une corvée, mais un jeu. Quand la cloche retentit annonçant la fin du cours, les enfants rechignent à partir, comme lorsque qu'on les interrompt au milieu d'un jeu, car l'excitation intellectuelle est pour eux une grande joie. Il faut entretenir chez eux l'enthousiasme, la boulimie d'apprendre, faire en sorte que la motivation soit le facteur qui les pousse à toujours aller de l'avant. En un mot qu'ils soient épanouis et heureux!

Comment peut-on avoir, dans un système égalitariste, quelques années plus tard, tant d'enfants qui s'ennuient? Est-il supportable de les voir tristes et sans désirs?

2. Le travail personnel

Toute acquisition de connaissances nécessite, à plus ou moins long terme au cours de la scolarité, un travail personnel : il n'y a pas de réussite sans efforts personnels, sans travail et sans persévérance. Si cet apprentissage n'a pas été commencé en primaire, c'est dès la 6e qu'il est indispensable de faire l'éducation à l'effort personnel et d'habituer l'enfant au travail dont le besoin ne s'est pas fait sentir dans les petites classes, à lui qui recevait le savoir «comme l'éponge absorbe l'eau» (Rémy Chauvin).

3. La méthodologie

Les connexions se font si vite dans sa tête qu'on appelle souvent intuition ce qui en fait est un remarquable travail intellectuel, si rapide que l'enfant lui-même n'en est pas conscient. Arrivé à la solution de tout problème comme par un flash, le jeune fonctionne à l'économie. Mais les notions devenant plus complexes, lorsqu'il arrive dans les grandes classes et que la démarche nécessite désormais un travail plus méthodique, il est désemparé. C'est au collège qu'il faut lui apprendre à décomposer son raisonnement, à s'imposer des étapes, à suivre un chemin balisé. Il ne voit pas l'utilité de ce travail de fourmi pour lequel il n'est pas fait. Pour qu'il accepte ces contraintes, il faut d'abord lui en faire comprendre la nécessité et surtout, lui donner des compensations.

4. Il aime la liberté, il a *besoin de créativité*

Des espaces de temps libre doivent lui être réservés pour laisser son imagination aller son train : c'est la meilleure façon de combiner rigueur et créativité. Les parents dans ce domaine ont un rôle essentiel à jouer.

5. L'enfant précoce veut être comme les autres

Il est *conformiste* comme le sont tous les adolescents. Mais souvent, il est en grande diffculté dans le domaine relationnel. Il est, parfois, dans l'impossibilité d'entrer dans le carcan que la société s'est donnée pour modèle. Lui qui devrait devenir un beau chêne est transformé, au prix d'efforts immenses, en bonzaï. Toute cette imagination, cette sève juvénile bouillonnante captée et réduite à la médiocrité! La moitié de ces enfants, si on n'y prend garde, ne peut accepter ce statut qu'on est en train de leur bâtir et souvent, s'ils ne sont pas assez sûrs d'eux pour se révolter, ils se réfugient dans la maladie.

C'est ce qui est ressorti des témoignages concordants que nous avons recueillis.

CONCLUSION

A la différence des auteurs qui ont participé à cet ouvrage, dont le rôle était d'éclairer d'un jour nouveau les enfants «dits précoces», l'Association Française pour les Enfants Précoces mène un combat pour que, à partir de données fournies par les scientifiques, le système scolaire évolue en leur faveur.

Quelle est la part de la génétique, quelle est la part de l'environnement? Ce n'est pas à l'association, aux parents d'élèves, aux enseignants de le déterminer. Les enfants sont là. Tels qu'ils sont, ils ont droit à un enseignement approprié à leurs potentialités.

Bien longtemps, la question de la reconnaissance des enfants précoces a été éludée. Différentes attitudes étaient à observer au travers des réponses qui étaient faites par les pouvoirs publics, par les syndicats, par les enseignants, par les psychologues.

Première réponse : il y a des priorités à respecter. La précocité n'en est pas une. Certes, 2,3 % d'une classe d'âge ne représentent pas un phénomène majoritaire.

Deuxième réponse : la maturité. Que d'erreurs grossières ont été commises en son nom. S'occupe-t-on de la maturité des uns et des autres au sein d'une fratrie? Ni l'âge, ni la «maturité» n'empêchent des frères et sœurs de vivre au sein d'une même famille : c'est une question d'éducation. Les uns et les autres doivent apprendre à vivre ensemble, à s'écouter, à se respecter.

Troisième réponse : les mentalités ne sont pas prêtes. Des idées préconçues, des tabous, la peur de l'intelligence, en un mot l'obscurantisme et la pression exercée sur les pouvoirs publics qui redoutent toujours des remous dès que des changements sont envisagés, empêchent la reconnaissance des enfants précoces.

Sous l'influence de l'action des chercheurs, des universitaires, des associations et des médias, des verrous sont en train de sauter : les enfants précoces commencent à être regardés avec plus de tolérance et d'indulgence. La prise en charge scolaire est d'autant plus importante que le milieu dans lequel évolue l'enfant est culturellement défavorisé car il ne pourra pas recevoir de sa famille ce que l'école ne lui donne pas. Dans le système actuel, il n'a que peu de chance de réussir pleinement.

A l'heure où, dans tous les pays, les gouvernements mettent à la disposition des futurs athlètes des moyens très importants pour leur permettre de représenter leur pays tous les quatre ans aux Jeux Olympiques, pour les mettre dans les conditions de rapporter des médailles, de monter sur les podiums au son des hymnes nationaux, il semble que d'aucuns commencent à penser que pour les «intellectuellement précoces», il faudrait aussi faire un effort. A ce compte, les prix Nobel, plus nombreux, seront aussi la fierté de leur pays, à cette différence près que leurs découvertes seront pérennisées et la science valorisée pour un monde meilleur.

NOTES

[1] Statistiques DEP. Repères et références statistiques Edition 1996.
[a] Pour l'année 1995-1996, seules les statistiques de l'enseignement privé ont été prises en compte, les chiffres de l'enseignement public n'étant pas encore connus. Ces résultats prouvent que la souplesse est plus grande en privé qu'en public et que malgré tous les efforts de l'Éducation Nationale, l'école est bien à deux vitesses.
[2] Ville de la banlieue Ouest de Paris.

Chapitre 14
Reconnaissance et devenir des enfants précoces non-reconnus

Marie-Claude Vichot-Chalon

Dans le cadre de projets d'école ou d'actions éducatives innovantes, nous avons mis en place une dynamique triangulaire enseignant-enfant-parent, basée sur le lien et la complémentarité famille/école et éducation/apprentissage, pour développer les compétences transversales des enfants par la mise en place d'une pédagogie différenciée.

Depuis 1995, au sein de l'AFEP, nous avons été amenés à transposer notre expérience, sur les processus cognitifs et la complémentarité famille/école, aux problèmes des enfants précoces.

Ainsi, nous sommes en contact avec ces enfants, leurs familles et des enseignants. Nous avons pu mettre en évidence des tendances à la précocité à travers les perceptions de l'entourage, à partir des passations de tests d'intelligence, de personnalité et des suivis de ces enfants et de leurs familles.

Ces constats seront présentés dans la première partie.

Dans la seconde partie, nous présenterons l'évolution de ces tendances avec l'âge chez les enfants précoces non reconnus.

I. RECONNAISSANCE DES ENFANTS PRÉCOCES

1. Traits de caractères dominants tels que perçus par l'entourage

Tout enfant est semblable et différent. L'enfant précoce ne déroge pas à cette règle.

Mais les parents et les enseignants utilisent pour décrire les enfants précoces un certain nombre de qualificatifs spécifiques.

C'est à partir de ceux-ci que l'on peut établir des traits de caractères dominants étant bien entendu qu'il s'agit là de la perception subjective des enfants par leur entourage.

La curiosité

L'enfant précoce pose beaucoup de questions (pourquoi? comment?). L'origine de l'univers, l'origine de l'homme et son devenir l'intéressent.

L'entourage répond à ses questions mais souvent s'épuise. L'enfant cherche et découvre alors un moyen avec lequel il peut satisfaire son insatiable curiosité : la lecture. Son accès va lui permettre de trouver, seul, les réponses aux questions qu'il se pose.

Plus tard, l'ordinateur, le multimédia, seront également des outils qui lui permettront d'explorer seul et sans limite.

L'attention sélective

L'enfant précoce semble absorbé par les activités qu'il a choisies. Il aime découvrir seul. Il est alors sourd à toute demande externe. Parfois, il faut lui retirer le jeu ou le livre des mains pour être entendu. Il veut aller jusqu'au bout, sans prendre en compte les impératifs de la vie quotidienne.

La rêverie

A l'opposé, l'enfant précoce peut être inattentif, désintéressé par une activité proposée par l'adulte où il s'est déjà exercé et qu'il a comprise. Face à une répétition, il se démobilise et son attention est alors attirée par autre chose. Il s'évade dans un autre monde. Il est ailleurs. Et son retour n'est pas forcément en synchronie avec le signal de l'exécution (consigne du maître ou ordre parental). L'enfant se retrouve sans savoir ce qu'il doit faire.

La créativité

L'enfant précoce n'aime pas la répétition. Il aime inventer de nouveaux chemins, de nouvelles façons d'agir. Il fonctionne dans la logique du «et puis» et du «ou bien». Il va au-delà de l'information donnée. Ceci peut être source de malentendu et de conflit. L'enfant a compris, mais il hésite. Il va vers d'autres solutions, en hiérarchisant les éléments, d'une autre manière, ou en rajoutant un autre élément pour que le problème devienne plus intéressant. Il est déjà parti dans une nouvelle construction. De ce fait, l'enfant ne répond pas tout de suite et l'adulte peut interpréter son silence par une incompréhension du problème.

Il lui faut alors du courage et de l'assurance pour dire «J'ai compris mais je pense que...»

La dyssynchronie

L'entourage ressent un décalage entre la pertinence des remarques de l'enfant précoce et son comportement qualifié de «bébé».

Il retrouve ce décalage entre la pertinence de ses remarques et ses productions.

Il retrouve également ce décalage entre la vitesse de compréhension et la lenteur à l'exécution.

L'enfant précoce veut comprendre. Il joue en démêlant les problèmes et il aime ça. Il a plaisir à dénouer une situation initiale complexe, dénoncer les différents points pour les hiérarchiser dans un ordre différent et les remanier vers différentes situations finales plus ou moins complexes.

Mais il se démobilise à l'exécution qu'il peut trouver difficile et souvent insatisfaisante. Il aura tendance à s'énerver jusqu'à détruire ou déchirer son exécution. Il a des difficultés dans la motricité fine (enfiler une chaussette, faire des collages) mais il a une facilité à disserter dans l'abstraction.

L'insoumission

L'enfant précoce a des difficultés à terminer un travail demandé par autrui, à aller jusqu'au bout, jusqu'à une exécution complète qui nécessite du temps et de la persévérance.

C'est là le point crucial où le médiateur, parent ou enseignant, doit intervenir et faire entrer en jeu l'exigence de l'achèvement de la tâche.

Une grande sensibilité

L'enfant précoce est très sensible. Il peut se replier sans rien dire. Il peut également se rebiffer avec humour ce qui sera, selon le lieu et l'écoute, entendu comme un appel, ou méconnu, ou, pire encore, réprimandé.

2. Profils d'intelligence

L'enfant précoce se caractérise par une grande mobilité cognitive due à de grandes capacités :

– de perception (en fonction de trois indices : inférentiel, catégoriel, prédictif);

– d'attention sélective (très concentré quand le sujet l'intéresse, il se démobilise quand il connaît le sujet ou que le sujet ne l'intéresse pas);

– de mémoire (grande efficacité de la mémoire de travail qui utilise une mémoire à long terme développée).

L'enfant précoce comprend vite, mais sa réponse peut être différée dans le temps. Il prend en compte un nombre d'indices supérieur à la normale avec plusieurs solutions possibles selon les critères de hiérarchisation choisies.

Cette mobilité cognitive se traduit par la capacité de l'enfant précoce

– à faire des décompositions;

– à faire des analyses poussées à partir de discriminations subtiles;

– à faire des hypothèses de combinaisons;

– à restructurer ses connaissances.

L'enfant précoce devance. A l'âge des opérations concrètes et de l'assimilation de la logique par interaction sur les objets, il a plaisir à s'exercer préférentiellement dans la logique du discours, par les notions d'abstraction, sans passer par l'interaction sur les objets concrets.

C'est cette préférence qui semble induire la dyssynchronie, observée plus tard chez certains enfants qui n'ont pas intégré l'exigence de la persévérance.

Les profils d'intelligence d'enfants précoces présentent des particularités que nous vous proposons d'observer à l'aide des trois exemples dans les tableaux.

Premier exemple : CP, 6 ans.

	TESTS VERBAUX						TESTS NON-VERBAUX			
	Information	Similitude	Arithmétique	Vocabulaire	Compréhension		Comp. images	Arrang. images	Cubes	Assemb. objets	Code
20						20					
19						19					
18						18					
17		●			●	17					
16	●		●			16					
15						15		●			
14				●		14					
13						13			●		●
12						12				●	
11						11					
10						10	●				
9						9					

Deuxième exemple : CE2, 8 ans.

	TESTS VERBAUX						TESTS NON-VERBAUX			
	Information	Similitude	Arithmétique	Vocabulaire	Compréhension		Comp. images	Arrang. images	Cubes	Assemb. objets	Code
20						20					
19						19					
18						18					
17						17					
16		●	●		●	16	●				
15	●			●		15			●		
14						14					
13						13					
12						12					
11						11					●
10						10					
9						9		●		●	

Troisième exemple : 5e, 12 ans.

	TESTS VERBAUX						TESTS NON-VERBAUX			
	Information	Similitude	Arithmétique	Vocabulaire	Compréhension		Comp. images	Arrang. images	Cubes	Assemb. objets	Code
20						20					
19		●				19		●	●		
18	●					18					
17					●	17					
16						16	●				
15						15					
14			●	●		14					
13						13					
12						12				●	
11						11					
10						10					
9						9					●

Dans les trois exemples, les profils présentent des particularités que l'on retrouve dans la majorité des enfants précoces.

Le score des deux ensembles de tests verbaux et non-verbaux sont supérieures à la moyenne.

Les scores obtenus dans les sous-tests verbaux sont supérieurs à ceux des sous-tests non-verbaux.

Trois sous tests non verbaux ont un score inférieur à dix : Arrangement d'images, Assemblages d'objets, code. Les deux premiers sous-tests sont des sous-tests où interviennent des manipulations et la notion de temps. Au sous-test code, la consigne est précise ne laissant aucune place à la créativité et le temps d'exécution y est également limité.

Le chiffre du Quotient Intellectuel (QI) est établi à partir des échelles de Wechsler validés, étalonnés et actualisés régulièrement par des équipes des psychologues.

Ces tests évaluent de nombreuses fonctions : le vocabulaire, la perception, la mémoire, les stratégies, la logique, la compréhension, l'arithmétique, le code.

Ils fournissent non seulement une base pour la description du niveau de développement, mais aussi un moyen de comparer la performance dans les mêmes aptitudes que celles qui sont évaluées à des âges ultérieurs.

Les QI ont une moyenne de 100 et un écart type de 15.

2,5 % des enfants ont un QI supérieur à 130 et sont considérés comme précoce.

Une évaluation du QI est nécessaire pour confirmer ou infirmer la perception de l'entourage de cette précocité, pour permettre une médiation plus pertinente et autoriser l'enfant à se construire dans la reconnaissance de cette différence.

II. ÉVOLUTION DES ENFANTS PRÉCOCES NON-RECONNUS

Les familles d'enfants précoces non-reconnus sont souvent désarmées. Les instituteurs, les professeurs ne savent que faire. Les enfants précoces non-reconnus sont souvent en échec scolaire ou en exclusion sociale. Ils dérangent. Ils se sentent écartés, exclus, entraînés vers une marginalisation qu'ils n'ont pas choisie.

1. Problèmes dominants perçus par l'entourage

Précisons qu'il s'agit, encore là, de la manière dont ces enfants sont perçus par leur entourage.

Problèmes relationnels : souffrance - manque de persévérance - abandon - dépression - agressivité

Étant dans la logique du discours, l'enfant recherche l'aîné, l'adulte. Il lui pose de nombreuses questions, le monopolise. Il joue peu avec les enfants de son âge, n'ayant pas les mêmes centres d'intérêt. Il est hors norme. Il dérange.

Du fait de sa grande sensibilité, il ne se sent pas compris par les autres. On se moque de lui. Il peut être rejeté, persécuté et peut devenir le souffre douleur. Il se sent exclu. Il est étiqueté « pas comme les autres », « faillot », intellectuel, ou débile.

S'il a acquis la persévérance, soit il finit par s'exclure lui-même et s'isoler dans une activité solitaire mais en gardant son identité qui le fait sortir du rang et le démarque des autres, soit il agresse à son tour car il se sent agressé.

S'il capitule et abandonne, il va adopter un profil bas pour se faire accepter. De peur d'être rejeté, il cède. Son sacrifice n'est guère payant ; il vit dans l'angoisse et doute de l'attention des autres. Là encore, les autres le rejettent.

Ces trois scénarios peuvent être mis en place par le même enfant au cours de son évolution.

Manque de confiance : non-connaissance de soi - sous estimation de soi - angoisse

L'enfant précoce non-reconnu ne sait pas qu'il pense vite et bien. Il doute de lui et recherche une difficulté qui n'existe pas. Il se compare à ses camarades de classe, plus lents. « Ils n'ont pas encore trouvé, je dois me tromper. » Il ne s'attribue pas la compétence de contrôle de la situation, traduisant ainsi une représentation négative de soi. Donc, il doute de lui, il vérifie, choisit une autre voie. Il complexifie. Il ne sait plus. L'angoisse monte. Le temps passe. Il n'a pu faire que la moitié de l'exercice et il ne sait pas si cela est juste. Il ne se connaît pas. Il ne connaît pas ses limites.

194 LA PRÉCOCITÉ INTELLECTUELLE

Pourrait mieux faire : rêveur - inattentif - passif - non-concerné - inorganisé

L'enfant précoce non-reconnu travaille en dessous de ses capacités. Il n'a guère de possibilité d'aller jusqu'au bout de ses possibilités. Il n'a pas le plaisir de se dépasser. Démotivé, il s'évade ailleurs. On ne prend en considération qu'une partie de sa personne, il ne prend en compte qu'une partie du cours et ne pourra apprendre qu'une partie. Les manques s'accumulent. On le traite d'inculte, de fainéant. Il manque d'organisation, de méthode, d'approfondissement, de motivation.

2. Évolution des profils avec l'âge

Les profils présentés dans le tableau ont été établis à partir de trois groupes de 20 enfants précoces : un groupe d'enfants en école maternelle, un groupe d'enfants en école primaire et un groupe d'enfants au collège (voir tableau 2). Chaque courbe représente la moyenne des courbes des individus de chaque groupe.

○ Ecole maternelle – ● Ecole primaire – ■ Collège.

	TESTS VERBAUX						TESTS NON-VERBAUX			
	Information	Similitude	Arithmétique	Vocabulaire	Compréhension		Comp. images	Arrang. images	Cubes	Assemb. objets	Code
20						20					
19						19					
18						18					
17	○				○	17	○				
16	●■					16					
15		○●■	○	○	●■	15		■			
14		■		●■		14	■		■		
13			●			13	●	●	●	●	
12						12					●
11						11					○■
10						10					
9						9					

Tableau 2 — Evolution des profils avec l'âge.

	QI verbal	QI non-verbal	Ecart
Ecole maternelle	137	136	1
Ecole primaire	129	123	6
Collège	131	125	6

A l'école maternelle :

Le niveau moyen du QI total est supérieur à ceux de l'école primaire et du collège.

Les scores obtenus dans les différents tests sont assez homogènes.

Le score de l'ensemble des sous-tests verbaux est supérieur à celui des sous-tests non-verbaux. L'écart est d'un point.

A l'école primaire :

Le niveau moyen du QI total est inférieur aux deux autres.

Les scores dans les différents sous-tests sont plus hétérogènes.

Le score de l'ensemble des sous-tests verbaux est supérieur à celui des sous-tests non-verbaux. L'écart est de six points.

Au collège :

Le niveau moyen du QI total est supérieur à celui de l'école primaire mais reste en dessous de celui de l'école maternelle.

L'écart entre les tests verbaux et les non-verbaux est de six points.

Au niveau verbal :

Le score du sous-test similitudes subit peu d'écart au cours des années.

Les scores aux sous-tests arithmétique et compréhension diminuent de deux points entre l'école maternelle et l'école primaire puis remonte très légèrement au collège.

Le score au sous-test vocabulaire diminue également d'un point au cours de la scolarité.

Au niveau non-verbal :

Les sous-tests non-verbaux ne sont pas tout à fait les mêmes en maternelle d'une part et en primaire et au collège d'autre part.

On peut tout de même observer une diminution nette des performances entre l'école maternelle et l'école primaire et une légère remontée au collège de tous les sous-tests sans atteindre le niveau du QI non-verbal de l'école maternelle.

Seul le sous-test code diminue de l'école primaire au collège.

On constate donc une baisse des scores du QI Total au cours de l'évolution de l'âge. Il se maintient tout de même à un bon niveau.

Lors de la passation des tests projectifs, la confusion, le mal être et la souffrance relatés par l'entourage s'expriment. L'enfant ne connaît pas ses limites. Il a du mal à cerner celles des autres. Cette confusion peut aller jusqu'à une déstructuration. La gestion affective devenue négative entraîne une souffrance parfois extrême du fait de la très grande sensibilité de l'enfant précoce, se traduisant socialement par une démobilisation scolaire ou une marginalisation.

III. ANALYSE

Etre reconnu, respecté est un besoin fondamental qui permet l'épanouissement de l'individu.

1. L'estime de soi

Tout enfant se construit à partir de la différenciation de soi par rapport aux autres.

L'enfant prend conscience qu'il est un individu à part entière, semblable mais différent. L'estime de soi est un aspect important de la prise de conscience de soi et de la connaissance de soi. Elle signifie le respect de soi. L'enfant respecté va se construire avec l'envie de découvrir, d'aller vers les autres, de s'adapter.

Or l'enfant précoce non-reconnu se construit dans l'angoisse de mal faire, dans des limites confuses, ne connaissant ni ne comprenant ses limites. Ainsi l'évaluation de soi ne peut se mettre en place chez l'enfant précoce non respecté. L'évaluation de soi n'apparaît pas car l'enfant, ne vivant pas à son propre rythme d'acquisition est placé dans l'impossibilité d'utiliser ses capacités jusqu'à ses propres limites. Il va donc se construire incomplet, mutilé. Il peut alors ne plus répondre à l'attente d'autrui et se sentir ainsi fautif. La composante affective devient négative.

Paradoxalement, les tests projectifs font ressortir du domaine de l'inconscient de l'enfant précoce non-reconnu, une reconnaissance par lui-même de ses capacités réelles. Il est en attente. «Aujourd'hui, je ne sais pas mais demain je serai chef», dit-il.

2. La motivation

L'enfant se construit également à travers une mise en relation de deux données : celle de l'expérience antérieure et certains éléments nouveaux.

Cette construction est rendue possible par deux facteurs : la rencontre d'obstacles qui provoquent la prise de conscience de besoins nouveaux, ce que l'on appelle la motivation, et l'analyse de ces obstacles.

Cette prise de conscience de besoins nouveaux repose sur une notion fondamentale.

On ne peut motiver un enfant que dans une certaine zone de développement (zone proximale de développement de Vygostky) qui se situe entre ce qu'un enfant est capable de faire avec de l'aide et ce qu'un enfant sera capable de faire seul demain.

Dans cette construction, l'enfant gagne peu à peu cette compétence, qui fait de lui un être autonome, capable de réfléchir, c'est-à-dire non seulement de contrôler ses comportements mais aussi de contrôler ses processus cognitifs.

Un enfant précoce non-reconnu est placé dans un système d'apprentissage où le rythme et le niveau des obstacles rencontrés ne créent pas de prise de conscience de besoins nouveaux. La motivation ne peut donc pas exister et l'analyse de ces obstacles est donc incomplète.

CONCLUSION

La synthèse de la manière dont sont perçus les enfants précoces non-reconnus par leur entourage et l'analyse des résultats des tests d'intelligence et de personnalité de ces enfants ont permis de montrer que leurs dysfonctionnements affectif et cognitif sont liés probablement à deux facteurs principaux, une sous-estimation de soi et une démotivation.

Le cumul de ces deux facteurs entraînent une sous-utilisation des capacités réelles induisant alors l'échec scolaire et des problèmes relationnels pouvant aller jusqu'à l'exclusion sociale.

Au-delà de ces constats, on retrouve une incompréhension et une souffrance de l'enfant devant lesquelles les familles peuvent se sentir désarmées puis englouties.

RÉFÉRENCES

Arsac J., *Les machines à penser. Des ordinateurs et des hommes*, 1987, Seuil.
Baddeley G., *La mémoire Humaine*, 1993, PUF.
Bruner J.S., *Le développement de l'enfant. Savoir faire, Savoir dire*, 1987, PUF.
Croizier M., *Motivation, projet, apprentissages*, 1993, EFS éd.
Fraisse P., *Plaidoyer pour la mémoire*, 1962, PUF.
Lautrey J., *Classe sociale, milieu familial, intelligence*, 1980, PUF.
Lécuyer R., *Bébés astronomes, bébés psychologues*, 1993, Mardaga.
Lentin J.P., *Je pense donc je me trompe*, 1994, Albin Michel.
Meirieu Ph., *Le choix d'éduquer, éthique et pédagogie*, 1991, ESF éd.
Monteil J.M., *Soi et le contexte*, Armand Colin.
Reuchlin M., *Les différences individuelles dans le développement cognitif de l'enfant*, 1989, PUF.
Reuchlin M., *Les différences individuelles à l'école*, 1991, PUF.
Piajet J., Inhelder B., *Mémoire et intelligence*, 1968, PUF.
Tourrette C., *D'un bébé à l'autre*, 1991, PUF.
Trocmé-Fabre H., *J'aprends, donc je suis*, 1987, Les éditions d'organisation.
Vygotski L.S., *Pensée et Langage*, 1985, Editions Sociales.

Table des matières

PREMIÈRE PARTIE

MYTHES ET RÉALITÉS DE LA PRÉCOCITÉ INTELLECTUELLE

Chapitre 1
Les enfants précoces : une étude historique 9

Chapitre 2
Les représentations mythiques de l'intelligence dans le débat sur
l'enfant précoce 19

Chapitre 3
La créativité : source de conflits 29

Chapitre 4
Génétique, environnement et précocité des performances intellectuelles   41

DEUXIÈME PARTIE

FONCTIONNEMENT MENTAL

Chapitre 5
Connexionisme et acquisition de connaissances 65

Chapitre 6
Sommeil et efficience mentale : sommeil et précocité intellectuelle 85

Chapitre 7
Efficience neurocognitive et inadaption des enfants précoces 93

Chapitre 8
Précocité intellectuelle et dissociation entre intelligence et expérience :
possible contribution d'une approche pathologique 99

Chapitre 9
Développement socio-émotionnel des enfants intellectuellement
précoces 115

TROISIÈME PARTIE

CONSIDÉRATIONS PSYCHOPÉDAGOGIQUES DE LA PRÉCOCITÉ INTELLECTUELLE

Chapitre 10
Quelle pédagogie pour les enfants intellectuellement précoces? 135

Chapitre 11
Les enfants précoces et les mathématiques 149

Chapitre 12
Le concept de *surdoué* et mathématiques : une analyse par race, sexe et classe sociale 159

Chapitre 13
L'École - les Parents : aide ou entrave à la précocité? 177

Chapitre 14
Reconnaissance et devenir des enfants précoces non-reconnus 191

CHEZ LE MÊME ÉDITEUR

PSYCHOLOGIE ET SCIENCES HUMAINES
collection publiée sous la direction de MARC RICHELLE

1 Dr Paul Chauchard : LA MAITRISE DE SOI. *9e éd.*
7 Paul-A. Osterrieth : FAIRE DES ADULTES. *16e éd.*
9 Daniel Widlöcher : L'INTERPRETATION DES DESSINS D'ENFANTS. *13e éd.*
11 Berthe Reymond-Rivier : LE DEVELOPPEMENT SOCIAL DE L'ENFANT ET DE L'ADOLESCENT. *13e éd.*
22 H.T. Klinkhamer-Steketée : PSYCHOTHERAPIE PAR LE JEU. *4e éd.*
24 Marc Richelle : POURQUOI LES PSYCHOLOGUES? *6e éd.*
25 Lucien Israel : LE MEDECIN FACE AU MALADE. *5e éd.*
26 Francine Robaye-Geelen : L'ENFANT AU CERVEAU BLESSE. *2e éd.*
27 B.F. Skinner : LA REVOLUTION SCIENTIFIQUE DE L'ENSEIGNEMENT. *3e éd.*
29 J.C. Ruwet : ETHOLOGIE : BIOLOGIE DU COMPORTEMENT. *3e éd.*
38 B.-F. Skinner : L'ANALYSE EXPERIMENTALE DU COMPORTEMENT. *2e éd.*
40 R. Droz et M. Rahmy : LIRE PIAGET. *7e éd.*
42 Denis Szabo, Denis Gagné, Alice Parizeau : L'ADOLESCENT ET LA SOCIETE. *2e éd.*
43 Pierre Oléron : LANGAGE ET DEVELOPPEMENT MENTAL. *2e éd.*
45 Gertrud L. Wyatt : LA RELATION MERE-ENFANT ET L'ACQUISITION DU LANGAGE. *2e éd.*
49 T. Ayllon et N. Azrin : TRAITEMENT COMPORTEMENTAL EN INSTITUTION PSYCHIATRIQUE
52 G. Kellens : BANQUEROUTE ET BANQUEROUTIERS
55 Alain Lieury : LA MEMOIRE
58 Jean-Marie Paisse : L'UNIVERS SYMBOLIQUE DE L'ENFANT ARRIERE MENTAL
59 Jacques Van Rillaer : L'AGRESSIVITE HUMAINE
61 Jérôme Kagan : COMPRENDRE L'ENFANT
62 Michel S. Gazzaniga : LE CERVEAU DEDOUBLE
64 X. Seron, J.L. Lambert, M. Van der Linden : LA MODIFICATION DU COMPORTEMENT
65 W. Huber : INTRODUCTION A LA PSYCHOLOGIE DE LA PERSONNALITE. *7e éd.*
66 Emile Meurice : PSYCHIATRIE ET VIE SOCIALE
67 J. Château, H. Gratiot-Alphandéry, R. Doron et P. Cazayus : LES GRANDES PSYCHOLOGIES MODERNES
68 P. Sifnéos : PSYCHOTHERAPIE BREVE ET CRISE EMOTIONNELLE
69 Marc Richelle : B.F. SKINNER OU LE PERIL BEHAVIORISTE
70 J.P. Bronckart : THEORIES DU LANGAGE
71 Anika Lemaire : JACQUES LACAN. *8e éd. revue et augmentée.*
72 J.L. Lambert : INTRODUCTION A L'ARRIERATION MENTALE
73 T.G.R. Bower : DEVELOPPEMENT PSYCHOLOGIQUE DE LA PREMIERE ENFANCE. *4e éd.*
74 J. Rondal : LANGAGE ET EDUCATION
75 Sheila Kitzinger : PREPARER A L'ACCOUCHEMENT
76 Ovide Fontaine : INTRODUCTION AUX THERAPIES COMPORTEMENTALES
77 Jacques-Philippe Leyens : PSYCHOLOGIE SOCIALE. *nouvelle édition 1997*
78 Jean Rondal : VOTRE ENFANT APPREND A PARLER *3e éd.*
79 Michel Legrand : LE TEST DE SZONDI
80 H.J. Eysenck : LA NEVROSE ET VOUS
81 Albert Demaret : ETHOLOGIE ET PSYCHIATRIE
82 Jean-Luc Lambert et Jean A. Rondal : LE MONGOLISME. *4e éd.*
83 Albert Bandura : L'APPRENTISSAGE SOCIAL
84 Xavier Seron : APHASIE ET NEUROPSYCHOLOGIE
85 Roger Rondeau : LES GROUPES EN CRISE?

86 J. Danset-Léger : L'ENFANT ET LES IMAGES DE LA LITTERATURE ENFANTINE
87 Herbert S. Terrace : NIM. UN CHIMPANZE QUI A APPRIS LE LANGAGE GESTUEL
88 Roger Gilbert : BON POUR ENSEIGNER?
89 Wing, Cooper et Sartorius : GUIDE POUR UN EXAMEN PSYCHIATRIQUE
90 Jean Costermans : PSYCHOLOGIE DU LANGAGE
91 Françoise Macar : LE TEMPS, PERSPECTIVES PSYCHOPHYSIOLOGIQUES
92 Jacques Van Rillaer : LES ILLUSIONS DE LA PSYCHANALYSE. 4e éd.
93 Alain Lieury : LES PROCEDES MNEMOTECHNIQUES
94 Georges Thinès : PHENOMENOLOGIE ET SCIENCE DU COMPORTEMENT
95 Rudolph Schaffer : COMPORTEMENT MATERNEL
96 Daniel Stern : MERE ET ENFANT, LES PREMIERES RELATIONS. 3e éd.
97 R. Kempe & C. Kempe : L'ENFANCE TORTUREE
98 Jean-Luc Lambert : ENSEIGNEMENT SPECIAL ET HANDICAP MENTAL
99 Jean Morval : INTRODUCTION A LA PSYCHOLOGIE DE L'ENVIRONNEMENT
100 Pierre Oleron et al. : SAVOIRS ET SAVOIR-FAIRE PSYCHOLOGIQUES CHEZ L'ENFANT
101 Bernard I. Murstein : STYLES DE VIE INTIME
102 Rondal/Lambert/Chipman : PSYCHOLINGUISTIQUE ET HANDICAP MENTAL
103 Brédart/Rondal : L'ANALYSE DU LANGAGE CHEZ L'ENFANT. 2e éd.
104 David Malan : PSYCHODYNAMIQUE ET PSYCHOTHERAPIE INDIVIDUELLE
105 Philippe Muller : WAGNER PAR SES REVES
106 John Eccles : LE MYSTERE HUMAIN
107 Xavier Seron : REEDUQUER LE CERVEAU
108 Moreau/Richelle : L'ACQUISITION DU LANGAGE. 5e éd.
109 Georges Nizard : ANALYSE TRANSACTIONNELLE ET SOIN INFIRMIER
110 Howard Gardner : GRIBOUILLAGES ET DESSINS D'ENFANTS, LEUR SIGNIFICATION. 3e éd.
111 Wilson/Otto : LA FEMME MODERNE ET L'ALCOOL
112 Edwards : DESSINER GRACE AU CERVEAU DROIT. 9e éd.
113 Rondal : L'INTERACTION ADULTE-ENFANT
114 Blancheteau : L'APPRENTISSAGE CHEZ L'ANIMAL
115 Boutin : FORMATION ET DEVELOPPEMENTS
116 Húsen : L'ECOLE EN QUESTION
117 Ferrero/Besse : L'ENFANT ET SES COMPLEXES
118 R. Bruyer : LE VISAGE ET L'EXPRESSION FACIALE
119 J.P. Leyens : SOMMES-NOUS TOUS DES PSYCHOLOGUES?
120 J. Château : L'INTELLIGENCE OU LES INTELLIGENCES?
121 M. Claes : L'EXPERIENCE ADOLESCENTE
122 J. Hayes et P. Nutman : COMPRENDRE LES CHOMEURS
123 S. Sturdivant : LES FEMMES ET LA PSYCHOTHERAPIE
124 A. Pomerleau et G. Malcuit : L'ENFANT ET SON ENVIRONNEMENT
125 A. Van Hout et X. Seron : L'APHASIE DE L'ENFANT
126 A. Vergote : RELIGION, FOI, INCROYANCE
127 Sivadon/Fernandez-Zoïla : TEMPS DE TRAVAIL, TEMPS DE VIVRE
128 Born : JEUNES DEVIANTS OU DELINQUANTS JUVENILES?
129 Hamers/Blanc : BILINGUALITE ET BILINGUISME
130 Legrand : PSYCHANALYSE, SCIENCE, SOCIETE
131 Le Camus : PRATIQUES PSYCHOMOTRICES
132 Lars Fredén : ASPECTS PSYCHOSOCIAUX DE LA DEPRESSION
133 Mount : LA FAMILLE SUBVERSIVE
134 Magerotte : MANUEL D'EDUCATION COMPORTEMENTALE CLINIQUE
135 Dailly/Moscato : LATERALISATION ET LATERALITE CHEZ L'ENFANT
136 Bonnet/Tamine-Gardes : QUAND L'ENFANT PARLE DU LANGAGE
137 Bruyer : LES SCIENCES HUMAINES ET LES DROITS DE L'HOMME
138 Taulelle : L'ENFANT A LA RENCONTRE DU LANGAGE

139 de Boucaud : PSYCHOLOGIE DE L'ENFANT ASTHMATIQUE
140 Duruz : NARCISSE EN QUETE DE SOI
141 Feyereisen/de Lannoy : PSYCHOLOGIE DU GESTE
142 Florin et al. : LE LANGAGE A L'ECOLE MATERNELLE
143 Debuyst : MODELE ETHOLOGIQUE ET CRIMINOLOGIE
144 Ashton/Stepney : FUMER
145 Winkel et al. : L'IMAGE DE LA FEMME DANS LES LIVRES SCOLAIRES
146 Bideau/Richelle : PSYCHOLOGIE DEVELOPPEMENTALE
147 Schmid-Kitsikis : THEORIE CLINIQUE ET FONCTIONNEMENT MENTAL
148 Guggenbühl/Craig : POUVOIR ET RELATION D'AIDE
149 Rondal : LANGAGE ET COMMUNICATION CHEZ LES HANDICAPES MENTAUX
150 Moscato et al. : FONCTIONNEMENT COGNITIF ET INDIVIDUALITE
151 Château : L'HUMANISATION OU LES PREMIERS PAS DES VALEURS HUMAINES
152 Avery/Litwack : NEE TROP TOT
153 Rondal : LE DEVELOPPEMENT DU LANGAGE CHEZ L'ENFANT TRISOMIQUE 21
154 Kellens : QU'AS-TU FAIT DE TON FRERE?
155 Rondal/Henrot : LE LANGAGE DES SIGNES. 2e éd.
156 Lafontaine : LE PARTI PRIS DES MOTS
157 Bonnet/Hoc/Tiberghien : AUTOMATIQUE, INTELLIGENCE ARTIFICIELLE ET PSYCHOLOGIE
158 Giovannini et al. : PSYCHOLOGIE ET SANTE
159 Wilmotte et al. : LE SUICIDE
160 Giurgea : L'HERITAGE DE PAVLOV
161 Ionescu : MANUEL D'INTERVENTION EN DEFICIENCE MENTALE N° 1
162 Ionescu : MANUEL D'INTERVENTION EN DEFICIENCE MENTALE N° 2
163 Pieraut-Le Bonniec : CONNAITRE ET LE DIRE
164 Huber : PSYCHOLOGIE CLINIQUE AUJOURD'HUI
165 Rondal et al. : PROBLEMES DE PSYCHOLINGUISTIQUE
166 Slukin : LE LIEN MATERNEL
167 Baudour : L'AMOUR CONDAMNE
168 Wilwerth : VISAGES DE LA LITTERATURE FEMININE
169 Edwards : VISION, DESSIN, CREATIVITE. 3e éd.
170 Lutte : LIBERER L'ADOLESCENCE
171 Defays : L'ESPRIT EN FRICHE
172 Broome Walace : PSYCHOLOGIE ET PROBLEMES GYNECOLOGIQUES
173 Aimard : LES BEBES DE L'HUMOUR
174 Perruchet : LES AUTOMATISMES COGNITIFS
175 Bawin-Legros : FAMILLES, MARIAGE, DIVORCE
176 Pourtois/Desmet : EPISTEMOLOGIE ET INSTRUMENTATION EN SCIENCES HUMAINES. 2e éd.
177 Sloboda : L'ESPRIT MUSICIEN
178 Fraisse : POUR LA PSYCHOLOGIE SCIENTIFIQUE
179 Ruffiot : PSYCHOLOGIE DU SIDA
180 McAdams/Deliège : LA MUSIQUE ET LES SCIENCES COGNITIVES
181 Argentin : QUAND FAIRE C'EST DIRE...
182 Van der Linden : LES TROUBLES DE LA MEMOIRE
183 Lecuyer : BEBES ASTRONOMES, BEBES PSYCHOLOGUES : L'INTELLIGENCE DE LA 1re ANNEE
184 Immelmann : DICTIONNAIRE DE L'ETHOLOGIE
185 Collectif : ACTEUR SOCIAL ET DELINQUANCE
186 Fontana : GERER LE STRESS
187 Bouchard : DE LA PHENOMENOLOGIE A LA PSYCHANALYSE
188 Chanceaulme : MOURIR, ULTIME TENDRESSE
189 Rivière : LA PSYCHOLOGIE DE VYGOTSKY
190 Lecoq : APPRENTISSAGE DE LA LECTURE ET DYSLEXIE

191 de Montmolin/Amalberti/Theureau : MODELES DE L'ANALYSE DU TRAVAIL
192 Minary : MODELES SYSTEMIQUES ET PSYCHOLOGIE
193 Grégoire : EVALUER L'INTELLIGENCE DE L'ENFANT
194 Gommers/van den Bosch/de Aguilar : POUR UNE VIEILLESSE AUTONOME
195 Van Rillaer : LA GESTION DE SOI
196 Lecas : L'ATTENTION VISUELLE
197 Macquet : TOXICOMANIES ET FORMES DE LA VIE QUOTIDIENNE
198 Giurgea : LE VIEILLISSEMENT CEREBRAL
199 Pillon : LA MEMOIRE DES MOTS
200 Pouthas/Jouen : LES COMPORTEMENTS DU BEBE : EXPRESSION DE SON SAVOIR ?
201 Montangero/Maurice-Naville : PIAGET OU L'INTELLIGENCE EN MARCHE
202 Colin A. Epsie : LE TRAITEMENT PSYCHOLOGIQUE DE L'INSOMNIE
203 Samalin-Amboise : VIVRE A DEUX
204 Bourhis/Leyens : STEREOTYPES, DISCRIMINATION ET RELATIONS INTERGROUPES
205 Feltz/Lambert : ENTRE LE CORPS ET L'ESPRIT
206 Francès : MOTIVATION ET EFFICIENCE AU TRAVAIL
207 Houziaux : EDUCATION DU PATIENT ET ORDINATEUR
208 Roques : SORTIR DU CHOMAGE
209 Bléandonu : L'ANALYSE DES REVES ET LE REGARD MENTAL
210 Born/Delville/Mercier/Snad/Beeckmans : LES ABUS SEXUELS D'ENFANTS
211 Siguan : L'EUROPE DES LANGUES
212 de Bonis : CONNAITRE LES EMOTIONS HUMAINES
213 Retschitzki/Gurtner : L'ENFANT ET L'ORDINATEUR
214 Leyens/Yzerbyt/Schadron : STEREOTYPES ET COGNITION SOCIALE
215 Tiberghien : LA MEMOIRE OUBLIEE
216 Wynants : L'ORTHOGRAPHE, UNE NORME SOCIALE
217 Rondal : L'EVALUATION DU LANGAGE
218 Moreau : SOCIOLINGUISTIQUE, CONCEPTS DE BASE
219 Rouquette : LA CHASSE À L'IMMIGRÉ
220 Grubar/Duyme/Cote et al. : LA PRÉCOCITÉ INTELLECTUELLE DE LA MYTHOLOGIE À LA GÉNÉTIQUE. 2ᵉ éd.
221 Pomini et al. : THÉRAPIE PSYCHOLOGIQUE DES SCHIZOPHRÉNIES
222 Houdé et al. : DESCARTES ET SON ŒUVRE AUJOURD'HUI
223 Richelle : DÉFENSE DES SCIENCES HUMAINES
224 Leclercq : POUR UNE PÉDAGOGIE UNIVERSITAIRE DE QUALITÉ
225 Gillis : L'AUTISME ATTRAPÉ PAR LE CORPS
226 Pithon : LES TENDANCES ACTUELLES DE L'INTERVENTION PRÉCOCE EN EUROPE
227 Montangero : RÊVE ET COGNITION
228 Stern : LA FICTION PSYCHANALYTIQUE
229 Grégoire : L'ÉVALUATION CLINIQUE DE L'INTELLIGENCE DE L'ENFANT
230 Otte : LES ORIGINES DE LA PENSÉE
231 Rondal : LE LANGAGE : DE L'ANIMAL AUX ORIGINES DU LANGAGE HUMAIN
232 Gauthier : POUVOIR ET LIBERTÉ EN POLITIQUE - ACTUALITÉ DE SPINOZA
233 Zazzo : UNE MÉMOIRE POUR DEUX

Manuels et Traités

Droz-Richelle : MANUEL DE PSYCHOLOGIE. *5ᵉ éd.*
Rondal-Esperet : MANUEL DE PSYCHOLOGIE DE L'ENFANT. *Nlle éd.*
Rondal-Seron : LES TROUBLES DU LANGAGE. *Nlle éd.*
Fontaine-Cottraux-Ladouceur : CLINIQUES DE THERAPIE COMPORTEMENTALE. *2ᵉ éd.*
Godefroid : LES CHEMINS DE LA PSYCHOLOGIE. *2ᵉ éd.*
Seron-Jeannerod : NEUROPSYCHOLOGIE HUMAINE. *2ᵉ éd.*